Fritzsch · **Nürnberg im Krieg**

Fotografierte Zeitgeschichte
Droste

Robert Fritzsch

Nürnberg im Krieg

Im Dritten Reich 1939–1945

Droste Verlag Düsseldorf

Fotonachweis:
Bundesarchiv Koblenz: 5, 6, 58; W. Behringer, «Bratwursthäusle» Nürnberg: 12, 13; Dr. Dillmann, Nürnberg: 50; Hochbauamt Stadt Nürnberg: 25–34, 36, 51, 53–57, 59–62, 64, 69–82, 86, 88, 90, 98–100, 104; Lichtbildstelle Bundesbahndirektion Nürnberg: 67, 83, 84; Slg. Dr. Fritzsch, Nürnberg: 63, 101; Slg. H. Kolb, Paramus/New Jersey 48, 49; Staatsarchiv Nürnberg: 39–41, 45, 46; Stadtarchiv Nürnberg: 3, 9, 10, 16, 17, 19, 20, 22–24, 35, 37, 52, 85, 87, 92, 93, 97, 102, 103; Stadtbibliothek Nürnberg: 1, 2, 4, 7, 11, 14, 15, 18, 21, 38, 42–44, 47, 65, 66, 68, 89, 94–96; Verlag Nürnberger Presse Archiv: 91

CIP – Kurztitelaufnahme der Deutschen Bibliothek

Fritzsch, Robert:
Nürnberg im Krieg: im Dritten Reich
1939–1945 / Robert Fritzsch. – Düsseldorf: Droste, 1984.
(Fotografierte Zeitgeschichte)
ISBN 3-7700-0645-3

Über den Autor:

Dr. Robert Fritzsch, Ltd. Bibliotheksdirektor, Jahrgang 1928, studierte Geschichte, Literaturwissenschaft, Germ. Philologie. Fachausbildung für den Bibliotheksdienst. Seit 1961 Leitung der Stadtbücherei Kassel. Seit 1973 Leitung der Stadtbibliothek Nürnberg. Im Frühjahr 1983 erschien von Dr. Fritzsch im Droste Verlag ,,Nürnberg unterm Hakenkreuz. Im Dritten Reich 1933–1939“.

Einband- und Buchgestaltung: Helmut Schwanen
Gesamtherstellung: Rheindruck Düsseldorf GmbH
Lithos: Droste Repro
ISBN 3-7700-0645-3

Inhalt

1. Vorabend und Beginn des Krieges (1939)

Nürnberg hieß während des Dritten Reiches nicht einfach Nürnberg, sondern trug die amtliche Bezeichnung «Stadt der Reichsparteitage». Auf persönlichen Wunsch Hitlers fanden die wichtigsten Selbstdarstellungen des nationalsozialistischen Regimes alljährlich in Nürnberg statt. Mit überwältigendem Aufwand inszeniert, sollten sie der Welt die Kraft und Größe des neuen Reiches und der NS-Bewegung vorführen. Um den angemessenen Rahmen für diese Riesenveranstaltungen zu schaffen, entstand am Rand der Stadt die größte Baustelle Deutschlands, vielleicht sogar der Welt. Auf dem Reichsparteitag 1935 wurden zwei Gesetze erlassen, die die soziale und rechtliche Stellung der deutschen Juden einschneidend veränderten und die als «Nürnberger Gesetze» in die Geschichte eingegangen sind. Sie hätten in einer anderen deutschen Stadt ebenso verkündet werden können; Judenhaß und Judendiskriminierung wurden allerdings nirgendwo stärker propagiert als in Nürnberg. Das besorgten vor allem der «Frankenführer» Julius Streicher und seine antisemitische Hetz-Zeitung «Der Stürmer», die von Nürnberg aus allwöchentlich hunderttausendfach in alle Welt ging. Dabei war diese Stadt nach der sozialen und parteipolitischen Struktur ihrer Bevölkerung keineswegs besonders prädestiniert gewesen für ihre spätere herausgehobene Rolle im NS-Staat. Die «rote» Arbeiter- und Industriestadt ließ sich nur schwer erobern und selbst zusammen mit ihren deutschnationalen Bundesgenossen konnten die Nationalsozialisten auch 1933 nicht die Mehrheit erringen. Aber dann funktionierten wie überall im Deutschen Reich NS-Machtübernahme und NS-Gleichschaltung auch in Nürnberg bestürzend schnell und gründlich. Daran vermochte auch ein noch so tapfer geleisteter Widerstand, in dem vor allem die alten politischen Arbeitertraditionen lebendig waren, nichts zu ändern. Die Bevölkerung Nürnbergs in ihrer Mehrheit war während des Dritten Reiches vom Nationalsozialismus nicht stärker erfaßt und geprägt als die Deutschen in allen anderen Teilen des Reiches. Aber das Regime und seine Repräsentanten am Ort taten alles, um in der öffentlichen Meinung der Welt Nürnberg als eine Stadt besonderer Art, als eine Symbolstadt des Nationalsozialismus erscheinen zu lassen. So galt sie im Zweiten Weltkrieg für die britische Luftkriegsführung nicht nur als ein wichtiges industrielles Ziel, sondern auch als «ein politisches Ziel erster Ordnung und eine der heiligen Stätten des Nazi-Glaubens»[1].

Anfangs der dreißiger Jahre fand der Gedanke des «Luftschutzes», des vorbeugenden Schutzes der Zivilbevölkerung vor den Folgen von Luftan-

1 *Zu Beginn der dreißiger Jahre verbreitete sich die Einsicht, daß in einem modernen Krieg Luftangriffe eine wichtige Rolle spielen würden, und damit zusammenhängend der Gedanke an vorbeugenden Schutz vor deren Folgen. Auch in der Werbung fanden solche Gedanken ihren Niederschlag.*
Im Bild: Anzeige aus einer Nürnberger Vorstadtzeitung vom Herbst 1933.

griffen, in allen großen europäischen Staaten weite Verbreitung. Als das nationalsozialistische Regime seit 1935/36 den Luftschutz mit wachsender Dringlichkeit propagierte, konnte es sich dabei – wie auch auf anderen Gebieten – auf grundlegende Vorarbeiten der Weimarer Republik stützen. Schon 1934 wurde Nürnberg wegen seiner Bedeutung als Industrie- und Verkehrszentrum in die Gruppe der «Luftschutzorte 1. Ordnung» eingereiht, also derjenigen Städte, die im Ernstfall als vorrangig gefährdet galten und für die deshalb besondere Luftschutzvorbereitungen vorzusehen waren. Im Mai und November 1936 fanden vorher angekündigte Luftschutzübungen statt, wobei der (Probe)Alarm durch Radfahrer ausgelöst wurde, die mit blauer Armbinde gekennzeichnet und mit Signalhörnern ausgestattet waren (die erste Verdunkelungsübung hatte man bereits im November 1933 abgehalten). Ebenfalls 1936 wurde in der Nürnberger Ostendstraße die «Reichsluftschutzschule Hermann Göring» eingeweiht, die erste Ausbildungsstätte für «Amtswalter» des Luftschutzes, benannt nach dem «Reichsminister für die Luftfahrt», dem auch der zivile Luftschutz unterstand. Mit zunehmender Kriegsgefahr in Mitteleuropa, hervorgerufen durch die aggressive Außenpolitik des Dritten Reiches, verstärkte das Regime 1938/39 massiv seine Luftschutzpropaganda und -maßnahmen. Im Februar 1938 begann in Nürnberg als einer der ersten deutschen Städte die Ausgabe der «Volksgasmaske», die jedermann für 5 RM erwerben sollte: sie war, so lautete die amtliche Version, dazu «bestimmt, den Frieden zu verbürgen, den wir uns zum Aufbau unseres Reiches mit allen Mitteln erhalten wollen»[2]. Und es folgten zahlreiche andere Maßnahmen, die die Bevölkerung psychologisch und handgreiflich auf die Möglichkeit eines Luftkrieges vorbereiten sollten: ein «Jugendluftschutztag» im Juni 1938 mit Propagandamärschen von Hitler-Jungen mit aufgesetzter Volksgasmaske – Aufrufe und Ratschläge in Zeitungen und Zeitschriften für die Herrichtung von Luftschutzräumen im Oktober – eine ganze «Reichsluftschutzwoche» im Mai 1939 mit Fliegeralarmübungen und Vorträgen in allen Schulen, mit Schauvorführungen von Brandbekämpfung, mit Übungen in Erster Hilfe, Kundgebungen, Werbemärschen und, auch derart Makabres gab es, «Spielen unter der Volksgasmaske». Die Stadtverwaltung richtete am 28. September 1938 sogar eine eigene Dienststelle ein zur Bearbeitung aller auf sie «zukommenden Aufgaben auf dem Gebiete der Reichsverteidigung einschließlich der die Stadtverwaltung berührenden Angelegenheiten des zivilen Luftschutzes[3]». Die baulichen Luft-

Jugend warb für den Luftschutz

Am Mittwoch wurde auch in Nürnberg aus Anlaß des im ganzen Reich durchgeführten Jugendluftschutztag von der Nürnberger Hitler-Jugend für den Luftschutz geworben. In den Schulen wurde von seiten der Lehrkräfte nach einem Probefliegeralarm auf die Bedeutung des Luftschutzes und die Notwendigkeit der Mitarbeit aller Jugendlichen am Luftschutz hingewiesen. Am Nachmittag veranstaltete das Jungvolk Propagandamärsche durch die Stadt, wobei die Jungen Volksgasmasken trugen. Sie forderten die Bevölkerung zu aktiver Teilnahme am Luftschutz und zum Erwerb der Volksgasmaske auf.

2 Als im Gefolge der aggressiven Außenpolitik des Dritten Reiches die Kriegsgefahr in Mitteleuropa ab 1938 spürbar zunahm, verstärkte das NS-Regime seine Luftschutzpropaganda und Luftschutzmaßnahmen. Dazu gehörten auch Bestrebungen, die gesamte Bevölkerung mit «Volksgasmasken» auszustatten.
Im Bild: Zeitungsbericht von einem Propagandamarsch der «Hitler-Jugend» im Juni 1938.

schutzmaßnahmen blieben bis Kriegsbeginn allerdings sehr bescheiden. Der zunächst behelfsmäßige Ausbau öffentlicher Luftschutzräume und die Anlage unterirdischer «Rettungsstellen» – für die erste Versorgung von Verletzten – kamen in den meisten Fällen über das Stadium der Planung nicht hinaus.

> «Gegenwärtig nimmt im Gesprächsstoff der Bevölkerung die Lage von Danzig einen breiten Raum ein. Mit Sorgen sehen teilweise die Menschen dem Ausbruch eines Krieges entgegen.»
>
> *(Aus einem Stimmungsbericht für die NSDAP-Kreisleitung Nürnberg-Stadt vom 20. August 1939)*[4]

Gegen Ende des Monats August 1939, als der Nürnberg-Mögeldorfer Ortsgruppenleiter seinen Partei-Oberen diese Sorge vieler «Volksgenossen» mitteilte, traten einige Ereignisse ein, die auch für weniger sorgenvolle Gemüter unübersehbar machten, daß sich die politische Lage dramatisch verschärft hatte. In der Nacht vom 25. zum 26. August trafen in zahlreichen Nürnberger Familien Gestellungsbefehle ein: viele Väter und Söhne, die Reservisten waren oder schon im Ersten Weltkrieg «gedient» hatten, mußten sich unverzüglich melden. Anderntags war, so meldet die Stadtchronik, das Stadtbild «von neu eingekleideten Soldaten beherrscht»[5]. Urlauber und Sommerfrischler traten teilweise fluchtartig die Heimreise an und verursachten vielfach überbesetzte Reisezüge. Für viele, die nicht schnell genug aufbrachen – in Nürnberg war noch allgemeine Urlaubs- und Ferienzeit –, war es eine böse Überraschung, als am Sonntagabend der zivile Eisenbahnverkehr vorübergehend bis auf wenige verbleibende Züge eingeschränkt wurde: die zahlreichen Militärtransporte Richtung Osten und Westen brauchten freie Strecken. Ebenfalls an diesem letzten Augustwochenende erfuhr die Bevölkerung, daß man ab sofort die meisten Lebensmittel und Textilien nicht mehr frei und in beliebiger Menge kaufen konnte. Die Rationierung der wichtigsten Verbrauchsgüter bezog sich auch auf Seife, Kohlen, Schuhe, ja selbst Leder für das Besohlen von Schuhen. Jedermann erhielt Lebensmittelkarten mit zahlreichen Abschnitten, für die jeweils genau festgelegt war, was und in welcher Menge darauf gekauft werden konnte (z. B. 100 g Fleisch, 62,5 g Käse). Ausgegeben wurden, geltend für jeweils vier Wochen, eine «Reichsfleischkarte», eine «Reichsfettkarte», eine «Reichszuckerkarte», wenig später folgten auch eine «Reichsbrotkarte» (ab 25. September) und eine «Reichskleiderkarte» (ab 25. November). In der ersten «Zuteilungsperiode» ab Ende August gab es für den «Normalverbraucher» pro Tag 60 g Fett, 100 g Fleisch oder Wurst, ⅕ Liter Milch. Für Kinder, werdende und stillende Mütter und Schwerarbeiter gab es Zulagen. Für alle Angelegenheiten, die mit der Rationierung der Lebensmittel und der Bezugscheinpflicht für viele Gebrauchsgüter zusammenhingen, entstand ein riesiger Verwaltungsapparat mit Ernährungsamt, Wirtschaftsamt und rund 20 meist in Schulhäusern untergebrachten «Lebensmittelkartenstellen», die am 29. August 1939 ihre Arbeit aufnahmen. Städtische Bedienstete und Lehrkräfte, unterstützt

3 *Daß sich im August 1939 die Kriegsgefahr dramatisch zugespitzt hatte, zeigte sich der Bevölkerung vor allem auch an der schlagartig verfügten Rationierung von Lebensmitteln und anderen Verbrauchsgütern gegen Ende dieses Monats. Jedermann erhielt eine «Reichsfleischkarte», «Reichsfettkarte», «Reichszuckerkarte», bald darauf auch eine «Reichsbrotkarte» und eine «Reichskleiderkarte».*
Im Bild: eine der frühesten Lebensmittelkarten (2. «Zuteilungsperiode»).

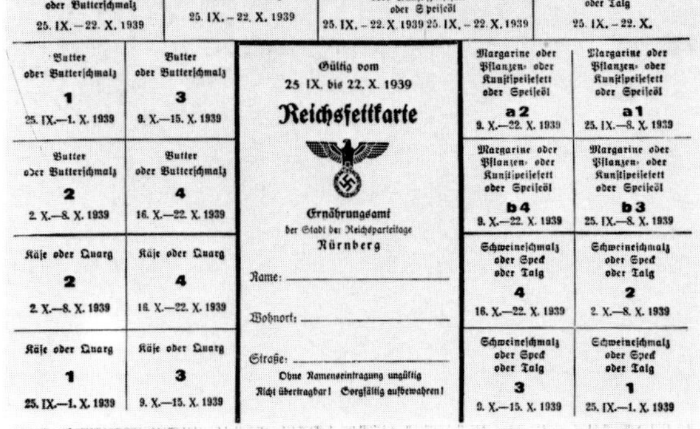
Ernährungsamt der Stadt der Reichsparteitage Nürnberg Bestellschein für Butter oder Butterschmalz 25. IX. – 22. X. 1939
Ernährungsamt der Stadt der Reichsparteitage Nürnberg Bestellschein für Käse und Quarg 25. IX. – 22. X. 1939
Ernährungsamt der Stadt der Reichsparteitage Nürnberg Bestellschein für Margarine oder Pflanzen- oder Kunstspeisefett oder Speiseöl 25. IX. – 22. X. 1939 25. IX. – 22. X. 1939
Ernährungsamt der Stadt der Reichsparteitage Nürnberg Bestellschein für Schweineschmalz oder Speck oder Talg 25. IX. – 22. X.

Butter oder Butterschmalz 1 25. IX.—1. X. 1939
Butter oder Butterschmalz 3 9. X.—15. X. 1939
Butter oder Butterschmalz 2 2. X.—8. X. 1939
Butter oder Butterschmalz 4 16. X.—22. X. 1939
Käse oder Quarg 2 2. X.—8. X. 1939
Käse oder Quarg 4 16. X.—22. X. 1939
Käse oder Quarg 1 25. IX.—1. X. 1939
Käse oder Quarg 3 9. X.—15. X. 1939

Gültig vom 25 IX. bis 22. X. 1939
Reichsfettkarte
Ernährungsamt der Stadt der Reichsparteitage Nürnberg
Name:
Wohnort:
Straße:
Ohne Nameneintragung ungültig
Nicht übertragbar! Sorgfältig aufbewahren!

Margarine oder Pflanzen- oder Kunstspeisefett oder Speiseöl a2 9. X.—22. X. 1939
Margarine oder Pflanzen- oder Kunstspeisefett oder Speiseöl a1 25. IX.—8. X. 1939
Margarine oder Pflanzen- oder Kunstspeisefett oder Speiseöl b4 9. X.—22. X. 1939
Margarine oder Pflanzen- oder Kunstspeisefett oder Speiseöl b3 25. IX.—8. X. 1939
Schweineschmalz oder Speck oder Talg 4 16. X.—22. X. 1939
Schweineschmalz oder Speck oder Talg 2 2. X.—8. X. 1939
Schweineschmalz oder Speck oder Talg 3 9. X.—15. X. 1939
Schweineschmalz oder Speck oder Talg 1 25. IX.—1. X. 1939

4 *Seit Beginn des Dritten Reiches fanden die größten nationalsozialistischen Selbstdarstellungen, die «Reichsparteitage», auf Hitlers persönlichen Wunsch regelmäßig in Nürnberg statt. «Reichsparteitag des Friedens» sollte der Parteitag 1939 offiziell heißen – am 27. August 1939 platzte in die spannungsreiche Atmosphäre jener Tage die Meldung, daß er abgesagt sei.*
Im Bild: Begrüßungstor an einer Nürnberger Ausfallstraße beim Reichsparteitag 1938.

durch Hitler-Jungen, die beim Tragen der Pakete halfen, brachten den Nürnbergern die Lebensmittelkarten ins Haus – im Gegensatz zu vielen anderen Städten, wo die Bürger ihre Lebensmittelkarten bei den Ausgabestellen selbst abholen mußten.

Und schließlich gab es noch ein Ereignis, das auch den letzten Nürnbergern die Augen über den Ernst der Lage öffnete. «Die Vorbereitung der Massenquartiere zum Reichsparteitag» – «Stadtschmückung noch reichhaltiger» – «Nürnberg ist gerüstet! In jedem Jahr besser und vollkommener»: so lauteten im August 1939 charakteristische Überschriften im Lokalteil der Zeitungen[6]. Schon seit Wochen und Monaten liefen die Vorbereitungen zum Reichsparteitag auf Hochtouren. Auf der Hinfahrt zu den Bayreuther Festspielen am 24. Juli und auf dem Rückweg zehn Tage später, am 3. August, legte Hitler kurze Zwischenaufenthalte in Nürnberg ein, um das riesige Baugelände im Südosten der Stadt zu besuchen und sich über den letzten Stand der Vorbereitungen zu informieren (das sollten seine letzten Besuche in dieser Stadt sein, deren Schicksal er geprägt hatte wie kein anderer Einzelner in Hunderten von Jahren). Der Parteitag sollte, wie er in einer Rede am 1. April angekündigt hatte, diesmal «Reichsparteitag des Friedens» heißen. Viele Teilnehmer waren im August schon auf dem Weg nach Nürnberg. Auf den Straßen des Fichtelgebirges und der Fränkischen Schweiz zogen Hitlerjugend-Kolonnen mit geschulterten Fahnen Richtung Nürnberg. Manche, wie die Pommern von der Insel Rügen, waren schon am 15. Juli aufgebrochen. In der Stadt begann das Aufstellen von Fahnenmasten und Tribünen, das Aufziehen von Fahnen und Girlanden – ein von Tag zu Tag üppiger werdender Straßenschmuck kündigte unverkennbar das Nahen des großen Ereignisses. An dem Tag, an dem über 3000 «Arbeitsmaiden», also weibliche Angehörige des «Reichsarbeitsdienstes», zur Vorbereitung des Reichsparteitags in Nürnberg eintrafen – es war der 22. August – erläuterte Hitler den auf dem Obersalzberg zusammengerufenen Oberbefehlshabern der Wehrmacht seine feste Entschlossenheit zum Krieg und äußerte am Schluß seiner Ansprache, er habe nur Angst, «daß mir noch im letzten Moment irgendein Schweinehund einen Vermittlungsplan vorlegt»[7]. Einige Tage später platzte in die Endphase der Vorbereitungen zum «Reichsparteitag des Friedens» und die gespannte Atmosphäre jener Tage folgende kurze Nachricht hinein:

> «Der für die Zeit vom 2. bis 11. September d. J. angesetzte Reichsparteitag findet nicht statt. Ob seine spätere Abhaltung ins Auge gefaßt werden kann, hängt von den Zeitumständen ab.»
>
> *(Verlautbarung der Pressestelle der NSDAP vom 27. August 1939)*[8]

Nationalsozialistische Deutsche Arbeiterpartei
Reichsleitung

Briefanschrift:
Nürnberg-O, Guntherstr. 45
Telefon-Nummer: 2971

Zentralorgan der Partei:
„Völkischer Beobachter"
Verlag: München, Thierschstr. 11, ℱ 22131
Berlin, Zimmerstr. 88, ℱ 110022
Schriftleitung: München, Schellingstr. 39, ℱ 20801
Berlin, Zimmerstr. 88, ℱ 110022

Der Reichsorganisationsleiter
Zeichen:

Organisationsleitung
der Reichsparteitage

Nürnberg, den 23.August 1939
Guntherstr. 45

Ihr Zeichen:

A n z u g s o r d n u n g
für den Reichsparteitag 1939

Anlässlich des Reichsparteitages werden auf Befehl des Führers seitens der im Verteiler aufgeführten Politischen Leiter und Gliederungsführer zu den aufgezeigten Veranstaltungen die nachstehend aufgeführten Anzugsarten getragen:

I.

Betr.:
1. Eintreffen des Führers;
2. Empfang des Führers;
3. Eröffnungskongress;
4. Appell des Reichsarbeitsdienstes;
5. Tag der Gemeinschaft;
6. Fackelzug der Politischen Leiter;
7. Endkämpfe der NS.-Kampfspiele;
8. Appell der Politischen Leiter;
9. Appell der Hitlerjugend;
10. Grosser Appell und Vorbeimarsch;
11. Vorführung der Wehrmacht;
12. Schluss-Kongress;
13. Zapfenstreich;
14. Sondertagungen, - Veranstaltungen.

Zu den vorstehend genannten Veranstaltungen wird Dienstanzug (Rock, Stiefelhose, weisse Wäsche, Lederzeug, Binder und Handschuhe, nach den Vorschriften der einzelnen Formationen) getragen.

Höflichkeitsformeln fallen bei allen parteiamtlichen Schreiben weg.

\- 2 -

II.

Betr.
1. Presse-Empfang;
2. Festaufführung: "Die Meistersinger von Nürnberg";
3. Sämtliche Zwischenkongresse;
4. Ausstellung "Frau und Mutter";
5. Kulturtagung;
6. Essen im Deutschen Hof;
7. Diplomaten-Empfang.

Zu den vorstehenden Veranstaltungen wird Ausgehanzug (Rock, lange Hose, weisse Wäsche, ohne Lederzeug und ohne Feldbinde, Handschuhe und Binder, nach den Vorschriften der einzelnen Formationen) getragen.

Die übrigen Politischen Leiter und Gliederungsangehörigen tragen bei allen Veranstaltungen, an denen sie als Zuschauer teilnehmen einfachen Dienstanzug, soweit es sich um Veranstaltungen unter II handelt, Ausgehanzug mit weisser Wäsche (in der von ihrer übergeordneten Dienststelle angeordneten Ausführung).

Soweit es sich dabei um den Besuch von Zwischenkongressen handelt, ist insbesondere hinsichtlich des Tragens der weissen Wäsche für solche Parteigenossen, die nicht Gelegenheit oder Zeit haben, sich umzuziehen, eine Ausnahme zugelassen.

Heil Hitler!

Der Reichsorganisationsleiter der NSDAP.
I.A.

Stabsleiter

Verteiler:
Reichsleiter
Gauleiter
Hauptdienstleiter
Reichshauptamtsleiter
Stellv.Gauleiter
Reichsamtsleiter
Obergruppenführer, Gruppenführer
Obergebietsführer, Gebietsführer
Generalarbeitsführer, Oberstarbeitsführer
Kreisleiter
Gauamtsleiter
Reichshauptstellenleiter.

5/6 *Als Hitlers Entschlossenheit zur gewaltsamen Durchsetzung seiner Absichten längst unumstößlich war und die Kriegsvorbereitungen des NS-Regimes auf höchsten Touren liefen, wurde in Nürnberg noch emsig der «Reichsparteitag des Friedens» vorbereitet. Tausende waren Ende August schon auf dem Weg nach Nürnberg, alles war schon bis ins kleinste geregelt. Aber statt des «Parteitags des Friedens» begann am 1. September 1939 der Zweite Weltkrieg.*

Die gleichgeschaltete Presse Nürnbergs, bis zu diesem Tag randvoll mit Meldungen und Berichten zum bevorstehenden Parteitag, druckte die Notiz ohne jeglichen Kommentar ab; von Stund an war vom «Reichsparteitag des Friedens» nichts mehr zu hören und zu lesen. Still wurden die Fahnen wieder abgenommen, die Girlanden entfernt, die Vorauskommandos heimgeschickt, den anrückenden Marschkolonnen Kehrtwendung befohlen.

> «Der Berichtsmonat stand, namentlich in seiner zweiten Hälfte, völlig im Banne der Deutschland bewegenden außenpolitischen Ereignisse. Die allgemeine Stimmung war besorgt, ja zum Teil gedrückt, wozu insbesondere die zahlreichen Einberufungen beitrugen. Bis zuletzt aber herrschte die Überzeugung vor, daß es doch noch gelingen werde, den Krieg zu vermeiden. . . . Die Stimmung der Bevölkerung ist seitdem ernst, aber entschlossen. Es herrscht nicht die überschwängliche Begeisterung der Augusttage von 1914. Das kann nicht überraschen, wenn man bedenkt, daß die gegenwärtige Generation noch zum größten Teil den opferreichen Weltkrieg erlebte».
>
> *(Aus dem Monatsbericht des Regierungspräsidenten von Ober- und Mittelfranken für August 1939)*[9]

Unmittelbar nach der Übertragung von Hitlers Rede am 1. September, in der er der erschrockenen Nation den Beginn des ihm und Deutschland «aufgezwungenen» Krieges verkündete, wurde das erst wenige Tage zuvor eröffnete Nürnberger Volksfest geschlossen. Nirgends gab es an diesem Spätsommertag eine Spur von Aufbruchsstim-

Samstag, 2. September 1939
Fränkischer Kurier
Nürnberg-Fürther Neueste Nachrichten
106. Jahrgang • Nr. 243
Der deutsche Gegenschlag

Fränkische Tageszeitung
Nürnberg
Die Wehrmacht übernahm den aktiven Schutz Großdeutschlands
Die ersten Erfolge des Gegenstoßes
Die Tagesziele erreicht – Der Vormarsch im Rollen

Nürnberger Zeitung
Heute mit Sonntags-NZ und „Frau und Haus"
Die große Heimatzeitung Nordbayerns
Samstag-Sonntag, 2./3. September 1939
Der Vormarsch rollt

8 Uhr-Blatt
Die große illustrierte Abendzeitung Süddeutschlands
Die reichhaltige Wochenend-Nummer
Die erlösten Volksdeutschen grüßen ihre Befreier
Die Flüchtlinge kehren in ihre Heimat zurück
Unsere Flieger schützen den deutschen Luftraum

7 Gemäß amtlicher Sprachregelung war der in den Morgenstunden des 1. September 1939 begonnene deutsche Angriff die Reaktion auf angeblich vorangegangene Provokationen und Kriegshandlungen Polens und eine Selbsthilfe-Aktion zur Befreiung unterdrückter «Volksdeutscher».

Im Bild: Titelseiten der in Nürnberg erscheinenden Tageszeitungen vom ersten Tag nach Kriegsausbruch.

Nürnberger Beobachter

Ich bin entschlossen, erstens die Frage Danzig, zweitens die Frage des Korridors zu lösen und drittens dafür zu sorgen, daß im Verhältnis Deutschlands zu Polen eine Wendung eintritt, die ein friedliches Zusammenleben sicherstellt. Ich bin entschlossen, so lange zu kämpfen, bis entweder die derzeitige polnische Regierung dazu geneigt ist, diese Aenderung herzustellen oder bis eine andere polnische Regierung dazu bereit ist.

Der Führer in seiner Rede vor dem Reichstag am 3. 9. 1939.

Mehr Disziplin

im verdunkelten Straßenverkehr!

Disziplin im Straßenverkehr ist eine kameradschaftliche Haltung, die jeder anständige Mensch zu jeder Stunde bewahrt. Wieviel mehr noch aber ist eine solche Straßendisziplin gerade jetzt bei der alltäglichen Verdunkelung notwendig. Jeder — ob Fußgänger, Kraft- oder Radfahrer — muß sich stets so verhalten, daß er keinen Mitmenschen gefährdet und auch sich selbst nicht.

Man soll stets nur ein mäßiges Tempo fahren und mit einer solchen Beleuchtung, die einerseits den Abdunkelungsvorschriften völlig entspricht, anderseits aber auch für die anderen Verkehrsteilnehmer auf einige Entfernung sichtbar ist, wobei jede Blendwirkung streng vermieden werden muß. Auf keinen Fall aber darf ein Kraftfahrzeug oder Fahrrad völlig unbeleuchtet fahren.

Radfahrer sollen stets peinlich die rechte Straßenseite einhalten. Nicht nebeneinander, sondern immer hintereinander und ganz rechts zu fahren, das ist eine Pflicht, die der Radfahrer gerade jetzt bei der Verdunkelung besonders streng beachten

Grünschmuck im Luftschutzkeller

Nürnberg hat die Keller eingerichtet - Sonderbericht von einer ausgedehnten Rundfahrt

Seit dem Aufruf des Luftschutzes ist in allen Nürnberger Häusern emsig und freudig daran gearbeitet worden, die Luftschutzkeller, soweit sie nicht bereits allen Anforderungen des Luftschutzes genügten, so auszubauen und instand zu setzen, daß sie allen Hausbewohnern einen entsprechenden Schutz gewähren können. Ueberall zeigt sich, daß die in den letzten Jahren geleistete Vorarbeit nicht umsonst gewesen ist. Ohne große Kosten, mit den einfachsten Mitteln wurden die Häuser und besonders die Keller luftschutzbereit gemacht und manche Hausgemeinschaften haben die Keller so ausgebaut, daß man sie mit Recht als vorbildlich bezeichnen kann.

Vor allem haben die Frauen, die ja dabei besonders tätig waren, Wert darauf gelegt, die Keller auch wohnlich einzurichten. Es gibt Luftschutzkeller, in denen man sichs sozusagen bequem machen kann. Selbst Decken auf den Tischen, Blumen und Grünschmuck haben wir da unten entdeckt. Hausapotheke, Spaten, Pickel, Brecheisen, nichts fehlt, auch nicht die Stange zum Einstoßen der Sandsackdeckungen, auch nicht der Notabort. Meist sind vor den Schutzräumen Gasschleusen eingebaut. Verblüffend einfach haben manche das Problem der gasdichten Abschließung der Schutzräume gelöst: Auf die Lattenverschläge wurden Pappdeckel genagelt und auf diese wieder mehrere Schichten Zeitungspapier mit Kleister aufgeleimt. Die Türen sind mit Filzstreifen abgedichtet, ebenso die Kellerfenster hinter den Sandsackdeckungen.

Wo die Keller freitragende Decken haben, sind diese meist mit einem oder zwei Balken abgestützt. In den Gasschleusen findet man Tragbahren, Kübel mit Chlorkalk, Schraubenschlüssel, Hämmer und andere Werkzeuge. Ueberall ist großes Augenmerk auf die Einrichtung der Notausstiege gelegt worden. Sie sind so angelegt, daß auch die „Dicken" durchkriechen können. Natürlich fehlt auch die Notbeleuchtung nicht. Wo nicht eigens das elektrische Licht in die Keller gelegt worden ist, liegen Taschenlampen bereit, da ja offenes Licht nicht gebrannt werden soll. Auf den Gas- und Wasseruhren liegen die Absperrschlüssel bereit, um die Leitungen absperren zu können.

Bei unserer Besichtigungsfahrt durch die Nürnberger Luftschutzkeller konnten wir feststellen, daß — die üblichen Ausnahmen derer, die nicht alle werden, in Kauf genommen — fast alle splittersicher, in vielen Fällen sogar gassicher ausgebaut sind. Und überall sind fleißige Hände am Werk, sie noch weiter zu vervollkommnen.

K. Pf.

Ein Beispiel von vielen Aufn.: Wolkenstörfer (2)

Unsere Hausfrauen haben aus den Luftschutzkellern luftgeschützte Wohnräume gemacht. Selbst die Decke auf dem Tisch fehlt nicht und einer hat sogar für einen tadellosen Radioanschluß gesorgt

8 *Unmittelbar nach Kriegsausbruch wurde der «zivile Luftschutz» aufgerufen. Dazu gehörten vor allem die «Verdunkelungspflicht» und der angeordnete Ausbau von Kellerräumen zu behelfsmäßigen Luftschutzräumen. Die verlogene Idyllik von behaglichen Luftschutzkellern, die der abgebildete Zeitungsbericht im September 1939 seinen Lesern vorgaukelte, schwand in den Bombennächten wenige Jahre später schnell dahin.*

mung, von nationalem Hochgefühl. Der Polizeipräsident rief in seiner Eigenschaft als örtlicher Luftschutzleiter sofort den «zivilen Luftschutz» aus. Für die Bevölkerung bedeutete das am spürbarsten: die «Verdunkelungspflicht» trat in Kraft. Alle Fenster mußten durch schwarze Vorhänge oder Rollos aus schwarzem Papier so gesichert werden, daß keinerlei Lichtschein nach außen dringen konnte. Straßen- und Schaufensterbeleuchtung blieben ausgeschaltet, die Scheinwerfer von Autos und Straßenbahnen wurden bis auf einen schmalen Schlitz abgedunkelt. Während der amtlich festgesetzten Verdunkelungszeiten war die Höchstgeschwindigkeit innerhalb geschlossener Ortschaften 15 Stundenkilometer; an gekennzeichneten Fußgängerüberwegen mußte sogar abgestoppt werden (Vorschrift ab 1. Oktober 1939). Bordsteine, Hausecken und 13 000 Alleebäume an öffentlichen Straßen erhielten Streifen aus weißer Farbe. Neben den Luftschutzarbeiten in zahllosen Privathäusern begann an weit über hundert Stellen im Stadtgebiet der behelfsmäßige Ausbau öffentlicher Luftschutzräume und Rettungsstellen. Im Zeitungsbericht über eine Besichtigungsfahrt durch private Nürnberger Luftschutzkeller hieß es: «Es gibt Luftschutzkeller, in denen man sichs sozusagen bequem machen kann. Selbst Decken auf den Tischen, Blumen und Grünschmuck haben wir da unten entdeckt»[10]. (In den Bombennächten wenige Jahre später war es mit

9 Auch der «Kunstluftschutz», der Schutz von Kunst- und Kulturgütern, an denen Nürnberg überreich war, begann gleich nach Kriegsausbruch. Besonders wertvolle ortsfeste Kunstwerke versuchte man durch Holzverschalungen oder aufgeschichtete Sandsäcke vor Bombensplittern und Luftdruck zu schützen.
Im Bild: die verschalte «Brautpforte» an der Nordseite von St. Sebald mit ihrem kostbaren Maßwerk- und Figurenschmuck.

solcher verlogenen Luftschutz-Idyllik rasch vorbei.) In aller Welt galt Nürnberg, vor allem dank seiner Wiederentdeckung durch die deutsche Romantik, als eine der führenden Kunststädte. Die Stadt war, nach einem weitverbreiteten Gedicht des 19. Jahrhunderts, «der edlen Künste voll». Unmittelbar nach Kriegsausbruch begann auch der «Kunstluftschutz», der zunächst provisorische Schutz von Kunstgütern. Die Museen, allen voran das weltberühmte «Germanische Nationalmuseum», schlossen ihre Pforten und verlagerten ihre wertvollsten Werke fürs erste in tiefgelegenen Depoträumen und Bank-Tresoren. Gleiches besorgte die Nürnberger Stadtbibliothek mit ihren unermeßlichen Schätzen an Handschriften und Frühdrucken, darunter Autographen von Albrecht Dürer und Hans Sachs. Die kostbaren Glasgemälde der Hauptkirchen wurden abgenommen und nach gewissenhafter Numerierung bruchsicher in Kisten verpackt. Besonders hochwertige Plastiken an der Außenseite von St. Sebald und St. Lorenz begann man mit Holz zu verschalen oder mittels aufgeschichteter Sandsäcke zu schützen. Auch die «Reichskleinodien», die kaiserlichen Insignien des mittelalterlichen Reiches, die zu den berühmtesten beweglichen Kunstschätzen in der Stadt zählten, verpackte man sofort nach Kriegsbeginn in Kisten, lagerte sie zunächst im Tresor eines Bankhauses und verwahrte sie ab Februar 1940 in einem eigens für solche Zwecke ausgebauten «Kunstbunker» im felsigen Untergrund der nördlichen Altstadt.

Neben den großen einschneidenden Eingriffen – den immer zahlreicher werdenden Einberufungen von Männern im wehrfähigen Alter, der Lebensmittelrationierung und den verschiedenen Luftschutzvorkehrungen – gab es schon in den ersten Kriegstagen und -wochen viele andere, weniger spektakuläre Dinge, die den Alltag der Bevölkerung und das Erscheinungsbild der Stadt zusätzlich veränderten. Die gewohnte tägliche Zeitung erschien plötzlich in stark reduziertem Umfang, zwecks Papiereinsparung. Der private Autoverkehr wurde drastisch eingeschränkt. Weiterhin verkehren durften nur solche PKWs, deren Verwendung im öffentlichen Interesse lag und deren Zulassung durch einen roten Winkel auf dem Nummernschild gekennzeichnet war. An vielen Stellen im Stadtgebiet waren großformatige Landkarten aufgestellt, auf denen der jeweils neueste Frontverlauf im «Polenfeldzug» eingetragen war. Aus dem Westen des Reiches kamen in großen Transporten Grenzlandbewohner, die dort vorsorglich evakuiert worden waren, und wurden in städtischen Schulhäusern untergebracht. Deshalb mußten, sehr zur Freude der Kinder, die Schulferien bis zum 2. Oktober verlängert werden. In den Zeitungen erschienen Aufrufe an Frauen und

Mädchen, beim Roten Kreuz Dienst zu tun – Aufrufe an Hausfrauen, beim Einkauf leere Tüten mitzubringen – die ersten Traueranzeigen mit einem Eisernen Kreuz in der Ecke links oben und dem Hinweis: gefallen «fürs Vaterland» oder «für Volk und Vaterland» (die später übliche Formel «Für Führer, Volk und Vaterland» war zu dieser Zeit noch ganz selten). Im Straßenbild tauchten Briefträgerinnen und Straßenbahnschaffnerinnen auf, die zum Kriegsdienst eingezogene Männer zu ersetzen hatten. Auf Anordnung des Oberbürgermeisters wurde am 22. September 1939 ein «Kriegskommissariat» eingerichtet. Darin waren alle kriegswichtigen Aufgaben und Arbeitsbereiche der Stadtverwaltung zusammengefaßt, nämlich Kriegswirtschaft, Kriegsfürsorge, ziviler Luftschutz und Preisprüfung. Die nach den zahlreichen Einberufungen und anderweitigen Dienstverpflichtungen noch verbliebenen Kräfte sollten möglichst rationell eingesetzt werden; jegliche Überschneidungen und Doppelarbeit innerhalb der Verwaltung zu vermeiden war dringlicher

10 *Die ersten Feuerwehreinheiten aus Nürnberger «Hitler-Jungen» und «Pimpfen» waren schon vor Kriegsausbruch aufgestellt worden. Sie standen unter der fachlichen Leitung der Berufsfeuerwehr, die nunmehr «Feuerschutzpolizei» hieß.*
Im Bild: eine angetretene Einheit der HJ-Feuerwehr im August 1939 (genau drei Jahre später folgte die «Feuertaufe»).

11 *Neben Lebensmittelrationierung, Luftschutzmaßnahmen, Einberufungen und anderen Veränderungen im Leben der Bevölkerung gab es nach dem «Blitzsieg» über Polen in mancher Hinsicht noch eine fast friedensmäßige Normalität des Alltags. Die abgebildete Anzeigenseite vom November 1939 spiegelt eine Warenfülle, die an Vorkriegszeiten erinnert.*

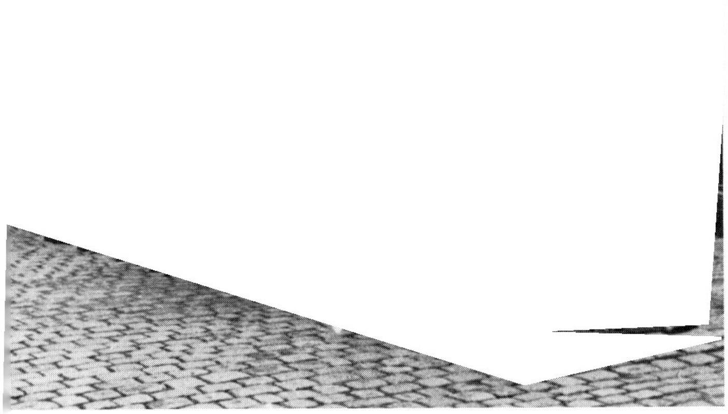

denn je. Unter Vorsitz des Oberbürgermeisters oder seines Vertreters kam dieses «Kriegskommissariat» an jedem Werktag zusammen.
Und dicht daneben und gleichzeitig gab es auch die Normalität des Alltags: Straßenbahn- und Eisenbahn- und Postverkehr wie zuvor, Kinos und Theater und Konzerte mit ungeschmälerten Programmen, Geschäfte mit reichhaltigem Warenangebot und unveränderter Zeitungswerbung, die gewohnte Fülle sportlicher Ereignisse. Es war nicht mehr Friedenszeit – daran wurden die

Bewohner der Stadt auf mannigfache Weise erinnert. Aber ebenso waren sie auch noch weit entfernt von solchen Kriegszuständen, wie sie wenige Jahre später das Alltagsleben um- und umkehrten und die Stadt schließlich bis zur Unkenntlichkeit veränderten. Noch schien wenig auf die kommende Entwicklung hinzudeuten. Polen wurde überraschend schnell und gründlich geschlagen – «mit Mann und Roß und Wagen», wie es in einem alten, im September 1939 wieder vielzitierten Kriegsgedicht hieß. An der Westfront blieb es völlig ruhig. Die gefürchteten feindlichen Luftangriffe fanden nicht statt.

Die Bevölkerung konnte – in doppelter Hinsicht – ruhig schlafen. Das äußerte sich auch darin, daß trotz Krieg und Ernst der Zeit der Kirchenbesuch innerhalb der Evang.-Lutherischen Landeskirche, der die weitaus meisten Nürnberger angehörten, keineswegs zunahm. Die Landeskirche hatte stürmische Zeiten hinter sich. Sie hatte im «Kirchenkampf» 1934/35, der seinen Höhepunkt in Nürnberg hatte, alle Eingriffsversuche von Partei und Staat in ihre Organisation und Lehre entschieden abgewehrt. Aus der Auseinandersetzung mit den regimehörigen «Deutschen Christen», die zeitweise Nürnberg zu einer ihrer Hochburgen machen zu können schienen, war sie siegreich hervorgegangen. Politischen Widerstand allerdings lehnte die Kirchenleitung mit Landesbischof Meiser an der Spitze ausdrücklich ab. In der Alltagspraxis ging der Kleinkrieg des NS-Regimes gegen die christlichen Kirchen mit seinen zahlreichen Schikanen, Behinderungen, Einschränkungen kirchlicher Arbeit aber weiter. Systematisch wurden die Kirchen aus dem öffentlichen Leben hinausgedrängt. Der zunächst äußerst günstige Kriegsverlauf, die jahrelange antikirchliche Propaganda und der personelle Aderlaß der Kirchen infolge Einberufungen und Nachwuchsmangel wirkten hier zusammen. (Anfang 1943 war in Nürnberg über die Hälfte aller evangelischen Pfarrer-Stellen unbesetzt.)

Seit der nationalsozialistischen Machtübernahme war der «Frankenführer» Julius Streicher der mächtigste Mann in der Stadt und darüber hinaus in ganz Mittelfranken. Zwar waren ihm staatliche oder städtische Ämter verschlossen geblieben, aber gestützt auf eine starke Hausmacht innerhalb der Partei, auf seine antisemitische Zeitung «Der Stürmer» mit ihrer riesigen Verbreitung und auf Hitlers persönliche Freundschaft, konnte er auf Behörden, Institutionen und Wirtschaft seines Gaues einen kaum begrenzten Druck und Einfluß ausüben. Bei der «Arisierung», der gewaltsamen Überführung jüdischen Eigentums in die Hände der Partei und «verdienter» Partei-Anhänger, hatten er und seine Vertrauten im Jahr 1938 allerdings den Bogen überspannt. Seine Rivalen, allen voran der Nürnberger Polizeipräsident Dr. Martin, brachten es zuwege, daß eine auswärtige Kommission die Machenschaften von Streicher und seiner Clique untersuchen konnte. Dabei kamen, neben zahlreichen Ungesetzlichkeiten bei der «wilden» Arisierung, am Rand haarsträubende Dinge über Streichers Verhalten und Privatleben zutage: daß er beispielsweise von Männern seiner Umgebung Eheringe hatte einsammeln und daraus ein Schmuckkästchen für eine befreundete Schauspielerin herstellen lassen, daß er einen Insassen des Polizeigefängnisses eigenhändig verprügelt hatte und so fort. In ihrem Abschlußbericht äußerte die Kommission vorsichtig die Meinung – mehr konnte sie in dieser Hinsicht nicht tun –, im Gau Franken seien personelle Veränderungen unumgänglich. Der Machtkampf des Nürnberger Polizeipräsidenten und des Oberbürgermeisters gegen Streicher ging noch monatelang weiter, begleitet von Beleidigungen, anonymen Beschuldigungen und einer Flut von Gerüchten.

Im Spätherbst 1939 unternahm Streicher eine große Kundgebungstour durch «seine» fränkischen Lande und hielt markige Reden in zahlreichen Kleinstädten und Marktflecken. Ende Dezember erschien nochmals seine traditionelle Losung für das kommende Jahr: «Der Weltfeind ist der Jude. Der Sieg über seine Knechtsvölker ist sein Untergang»[11]. Den haßerfüllten Tenor solcher Losungen kannte man in Nürnberg nun schon seit Jahren. Im Februar 1940 kam es endlich zur Verhandlung vor dem Obersten Parteigericht. Das abschließende Urteil des aus sechs Gauleitern zusammengesetzten Gremiums über Streicher lautete: «zur Menschenführung ungeeignet». Hitler entschied daraufhin widerstrebend, daß der «Frankenführer» seine Ämter nicht mehr ausüben dürfe und sich auf sein Gut in der Nähe Nürnbergs zurückziehen müsse, bei gleichzeitigem Besuchsverbot für alle Parteigenossen. Eine offizielle Absetzung und eine Unterrichtung der Öffentlich-

Bis zum Spätherbst 1941 lauteten die Meldungen von den deutschen Fronten durchwegs gut und siegverheißend. In einem «Blitzkrieg» war Polen überrannt worden und hörte nach wenigen Wochen auf, als Staat zu bestehen. Die mächtige französische Armee verharrte in der für unüberwindlich gehaltenen Maginot-Linie und machte keinerlei Anstalten zu Kampfhandlungen an Deutschlands Westgrenze. Im April 1940 besetzten deutsche Truppen Dänemark und Norwegen und errangen dort einen weiteren «Blitzsieg». Am 10. Mai 1940 begann der deutsche Angriff gegen Frankreich, Belgien und die Niederlande – am 15. Mai kapitulierte Holland, am 28. Mai Belgien, am 22. Juni Frankreich. Auch im folgenden Jahr häuften sich die Siegesmeldungen. Das «Deutsche Afrika-Korps» eroberte das dem italienischen Bundesgenossen verlorengegangene Libyen zurück. Im «Balkanfeldzug» im April 1941 wurden Jugoslawien und Griechenland innerhalb

14/15 *In Schule und NS-Jugendorganisation und häufig auch im Elternhaus wuchsen die Kinder im Geist blinder Siegeszuversicht, nationaler Überheblichkeit und einer verlogenen Kriegsromantik auf. In vielfältiger Weise kam die in den ersten Jahren weitverbreitete Kriegsbegeisterung der Jugend zum Ausdruck.*
Im Bild: zwei preisgekrönte Beiträge aus einem im Frühjahr 1940 veranstalteten Wettbewerb «Die Nürnberger Schuljugend grüßt die Soldaten an der Front».

Lieber Soldat!

Wie geht es Dir?
Sag', wie gefällt's Dir im Feldquartier?
Du mußt nun immer auf Posten stehen,
kämpfen und nach dem Feinde sehen!
Ihr bekommt hoffentlich immer gut zu essen,
und zu Eurem Wohlsein wird nichts vergessen?
Bei uns ist schon viel wegen Euch rationiert,
was uns aber nicht im mind'sten geniert!
Man kann ja in dem Kriege eben
nicht wie im Frieden so üppig leben;
das gehört zur Selbstverständlichkeit! —
Ach Ihr Soldaten seid schon so weit!
Ich bewundere Euch oft im stillen,
wie viele Pflichten müßt Ihr erfüllen!

Doch ist der Arbeit auch noch so viel,
für sie gibt's ein beglückendes Ziel:
Einheit und Freiheit und unser Recht!
Dies war immer das Höchste dem deutschen Geschlecht.
Doch, lieber Soldat, jetzt geht's zum Schluß,
denn wieder ich von Dir scheiden muß.
Drum wünsch' ich Dir viel Glück und Segen,
auf Deinen weit'ren Lebenswegen
und daß Du mög'st in Deinen Reih'n
stets einer der tapfersten Kämpfer sein;
auch immer treu und mutig streiten
um Großdeutschland den ruhmvollsten Sieg zu bereiten!

Eveline Z., 9 Jahre (Volksschule)

weniger Wochen niedergerungen und zur Kapitulation gezwungen. Und auch der Überfall der Sowjetunion am 22. Juni 1941 und der anschließende «Ostfeldzug» begann mit deutschen Erfolgen, die weltweites Staunen erregten. Im November standen deutsche Truppen in Sichtweite vor Moskau. Das Geschehen auf den Kriegsschauplätzen machte es der Masse der Bevölkerung nicht schwer, an eine nur begrenzte Dauer und einen siegreichen Ausgang des Krieges zu glauben.

> «Die Bevölkerung der Ortsgruppe erträgt die Lasten des Krieges mit Würde und mit größtem Vertrauen auf den Führer und auf die Wehrmacht, deren Leistungen täglich in Erstaunen versetzen.»
>
> *(Aus einem Stimmungsbericht für die NSDAP-Kreisleitung Nürnberg vom 26. Juni 1940)*[1]

Weit weniger günstig sah es, vor allem in Großstädten, bei der Versorgung der Zivilbevölkerung mit Lebensmitteln und anderen Gütern des Alltags aus. Den Stadtbewohnern der mittleren und älteren Jahrgänge steckte die Erinnerung an gewisse Hungerperioden während des Ersten Weltkriegs, die noch keine 25 Jahre zurücklagen, noch tief in den Knochen. Organisiert war die Lebensmittelversorgung – im Gegensatz zum Ersten Weltkrieg – gut und reichseinheitlich. Es gab rund 50 verschiedene Verbraucherkategorien mit unterschiedlichen Zuteilungen: neben den «Normalverbrauchern» (über 18 Jahren) Kleinstkinder (bis 3 Jahre), Kleinkinder, Kinder, Jugendliche, Nachtarbeiter, Schwerarbeiter, Schwerstarbeiter, werdende Mütter, stillende Mütter, in Lagern untergebrachte Mitglieder des «Reichsarbeitsdienstes», verschiedene Gruppen von Wehrmachtsangehörigen und so fort. Die Rationen selbst waren schon zu Kriegsbeginn knapp bemessen. Schon im Herbst 1939 blieben sie weit hinter dem Vorkriegsverbrauch zurück, selbst weit hinter dem Durchschnittsverbrauch im Jahr 1932, also dem Jahr der größten Arbeitslosigkeit und des Massenelends: bei Fleisch um nahezu 40%, bei Fett um 47%, bei Zucker um 35%[2]. Diese Rationen wurden in den ersten Kriegsjahren einige Male gekürzt. So erhielten beispielsweise Normalverbraucher ab Herbst 1940 statt bisher 175 g Butter pro Woche (einschließlich Butterschmalz) nur 137,5 g, und im Sommer 1941 sanken die wöchentlichen Fleischrationen von 500 g auf 400 g. Gelegentliche, meist regionale «Sonderzuteilungen» waren bescheiden genug: die Nürnberger Hausfrauen konnten im Februar 1940 eine zusätzliche Zuteilung von 125 g Kunsthonig, im Juli 1941 von 500 g Zucker («für Einmachzwecke») kaufen. Wer eine Trauung oder eine Goldene oder Silberne Hochzeit im Familienkreis feiern wollte, konnte in den ersten Kriegsjahren noch eine Lebensmittel-Sonderzuteilung beantragen, allerdings für höchstens 12 Teilnehmer. Wurde bei den rationierten Lebensmitteln vor allem über die zu niedrigen Rationen geklagt, so bezogen sich bei denjenigen Lebensmitteln, die es (zunächst noch) «ohne Marken» gab, die Klagen auf die mangelhafte Versorgung und Verteilung überhaupt. Obst und Gemüse waren in der Großstadt nahezu immer Mangelware. Wer keine Verwandten oder Bekannten auf dem Land oder keine besonderen «Beziehungen» zu einem Händler hatte, war schlecht daran. Bei Geschäften, wo es «markenfreie» Lebensmittel gab, bildeten sich häufig Warteschlangen.

> «In einer Meldung aus Nürnberg wird u. a. angeführt, daß die Bildung von Schlangen vor Fischhandlungen und Pferdemetzgereien in der letzten Zeit einen bedenklichen Umfang erreicht habe. . . . Vor einer Nordsee-Verkaufsstelle hätten vor einigen Tagen über 1000 Personen gestanden, die in einer Zehnerreihe den Gehsteig sowie den Zugang zu fünf anderen Geschäften versperrten. . . . Daß sich Leute ab früh 3 oder 4 Uhr bei Pferdemetzgereien anstellten, sei weder in Nürnberg noch Fürth mehr eine Seltenheit.»
>
> *(Aus einem geheimen Lagebericht des SD vom 3. April 1941)*[3]

Diese häufigen Versorgungsschwierigkeiten, die den Stadtbewohnern das tägliche Leben schwer machten, beschränkten sich keineswegs auf den Bereich der Ernährung. Auch bei Seife, Waschmitteln, Textilien, Brennmaterial für den Winter und vielen anderen Gegenständen des Alltagsbedarfs waren Mangelerscheinungen an der Tagesordnung. Der erste Kriegswinter war, wie in ganz Europa, ungewöhnlich streng. Wochenlang herrschte nach der Jahreswende 1939/40 starker Frost. Der Kohlenmangel nahm in Nordbayern, wie in vielen Teilen des Reiches, geradezu «katastrophale Ausmaße»[4] an. Die Reichsbahn, die seinerzeit ihren Betrieb noch vorwiegend mit kohlegefeuerten Dampflokomotiven abwickelte, mußte ihren Personenverkehr drastisch einschränken. Die Nürnberger Schulen konnten nicht mehr geheizt werden und erst Anfang März 1940 den vollen Unterricht wieder aufnehmen. (Ähnliches wiederholte sich im Winter 1941/42 – jenem äußerst strengen Winter, der das mangelhaft ausgerüstete deutsche «Ostheer» an den Rand einer Katastrophe brachte.) Auch die seit November 1939 ausgegebene «Reichskleiderkarte», die zum Kauf von Textilien nach weitgehend freier Wahl, aber in äußerst enggezogenen Mengengrenzen berechtigte, diente der Verwaltung und Einteilung des Mangels. Wer beispielsweise für den Winter sich einen Anzug kaufte, der konnte sich während der einjährigen Gültigkeitsdauer der Kleiderkarte dazu etwa noch ein Nachthemd und drei Paar Socken kaufen: dann war das ganze Bekleidungs- und Wäschekontingent für ein volles Jahr erschöpft. Nicht nur in der Küche, im ganzen Haushalt und Alltag bekamen Findigkeit und Improvisationsgeschick einen immer höheren Stellenwert. So bot im Sommer 1940 die Nürnberger «Frauenschaft», die spezielle Frauenorganisation der NSDAP, Lehrkurse über das «sachgemäße Ansetzen von Strümpfen aller Art» an. Die Nürnberger Hausfrauen konnten dabei lernen, wie man aus drei Paar zerrissenen Strümpfen, die durch Stopfen nicht mehr zu reparieren waren, zwei Paar «neuwertige» fabrizieren kann[5]. Auf den Straßen der Stadt wurde seit Sommer 1940 das Klappern von Holzsohlen zum vertrauten Klang: Schuhindustrie und -handel boten Damenschuhe mit Holzsohlen an, übrigens auch Winterschuhe in dieser Ausführung.
Alle diese mannigfachen Versorgungsschwierigkeiten, dieser ständige Zwang zu Aushilfen und Notbehelfen: sie drückten auf die Stimmung der Bevölkerung.

«Es ist sonderbar, daß trotz dieses nicht mehr lebenswerten Lebens die Menschen dennoch bereit sind, sich für das Reich einzusetzen und es zu stützen. Es ist tragisch, daß fast sieben Jahre Naziherrschaft, mit einem Krieg als Resultat, es nicht vermocht haben, der Gesamtheit darüber Klarheit zu vermitteln, daß ihre Nöte nicht zufällig sind, daß das eigene Leid nicht die Schuld des einzelnen andern, sondern Ausdruck und Folge des politischen Systems sind.»

(Aus einem «Deutschland-Bericht» der Exil-SPD vom Januar 1940)[6]

16 *Um dem ständigen Rohstoffmangel der deutschen Kriegswirtschaft zu begegnen, wurden häufig Sammlungen von Altmaterialien und nicht mehr benötigten Gegenständen verschiedenster Art veranstaltet. Eine erste Großaktion war im März 1940 die «Metallspende des Deutschen Volkes», propagiert als Geburtstagsgabe der Nation an Hitler.*
Im Bild: «Jungvolk» beim Abtransport der vom renommierten 1. FCN, dem mehrfachen Deutschen Fußballmeister, gespendeten Ehrenpokale und Siegestrophäen.

17 *Altmetallsammlungen, Büchersammlungen für Soldaten, Schuhsammlungen, Altpapiersammlungen, Flaschensammlungen, Sammlungen von gebrauchten Textilien: so ging das fort und fort.*
Im Bild: ein propagandistisch aufgezogener Beitrag der Stadtverwaltung zur «Altkleider- und Spinnstoffsammlung» im Juni 1942.

Aber die Masse der Bevölkerung hielt ihr Leben zu diesem Zeitpunkt keineswegs für «nicht mehr lebenswert». Solange die Nachrichten von den Fronten ausnahmslos günstig lauteten, blieb die Grundstimmung der breiten Masse zuversichtlich, blieb der Glaube an ein baldiges und selbstverständlich siegreiches Kriegsende ungebrochen.
Daß im Deutschland schon der ersten Kriegsjahre an allen Ecken und Enden Mangel herrschte, merkten die Nürnberger nicht nur an den knappen Zuteilungen und an den Warteschlangen vor solchen Geschäften, wo es «markenfrei» zu kaufen gab. Schon im Herbst 1939 rief die Hitlerjugend zu einer Altmetall-Sammlung, die Partei zu einer Büchersammlung für Soldaten, die NS-Frauenschaft zu einer Sammlung gebrauchter Schuhe auf. Im März 1940 folgte die «Metallspende des Deutschen Volkes»: alle entbehrlichen Gegenstände aus Metall jeder Art sollten als «Geburtstagsgabe der deutschen Nation» zu Hitlers Geburtstag abgeliefert werden. Bei dieser Metallsammlung lieferten beispielsweise alle Nürnberger Friseure geschlossen ihre traditionellen Aushängebecken aus Messing ab und der renommierte «Club» (der 1. FCN) spendete seine erkämpften Ehrenpokale und -preise. So ging das fort: Alteisensammlungen, Altpapiersammlungen, Flaschensammlungen. «Der Besitz von genügend Rohstoffen hilft den Krieg gewinnen! Hausfrauen, denkt daran und tut euere Pflicht!», hieß es in einem Aufruf der NSDAP-Kreisleitung Nürnberg anfangs 1941[7]. Die meiste Beachtung aber – und das nicht unbedingt im Sinne des Regimes – fand in der Bevölkerung die mit großem propagandistischem Aufwand gestartete und durchgeführte Sammlung von Winterkleidung und Wollsachen für die Soldaten der Ostfront um die Jahreswende 1941/42. Man spendete, ja opferte in reichem Maße, aber nicht ohne skeptische Gedanken: war es um die Versorgung der Frontsoldaten doch nicht so gut bestellt? Als Rohmaterial für Rüstungszwecke mußten im ersten Halbjahr 1942 auch die meisten Kirchenglocken abgeliefert werden. Hängen blieben lediglich künstlerisch und

historisch wertvolle Glocken und jeweils die einzige Glocke, die jede Kirchengemeinde behalten durfte.
Nicht nur in Form der zahlreichen Sammlungen, bei denen Jungen und Mädchen stark eingespannt waren, griff der Krieg – lange schon vor dem Einsetzen der ersten Luftangriffe – tief in den Alltag der Jugend ein. Das Sammeln von Altmaterial war eine Domäne der Schuljugend. Was in

18 *Der Einbruch des harten russischen Winters 1941 brachte das deutsche Ostheer, das als Folge trügerischer Illusionen über einen baldigen Zusammenbruch der Sowjetunion für einen Winterkrieg nicht ausgerüstet war, an den Rand einer Katastrophe. Eine eilig angesetzte Sammlung von Wollsachen und Winterkleidung für die Frontsoldaten machte der völlig überraschten Bevölkerung den Ernst der Lage deutlich.*
Im Bild: Aufruf an die Frauen vom Januar 1942.

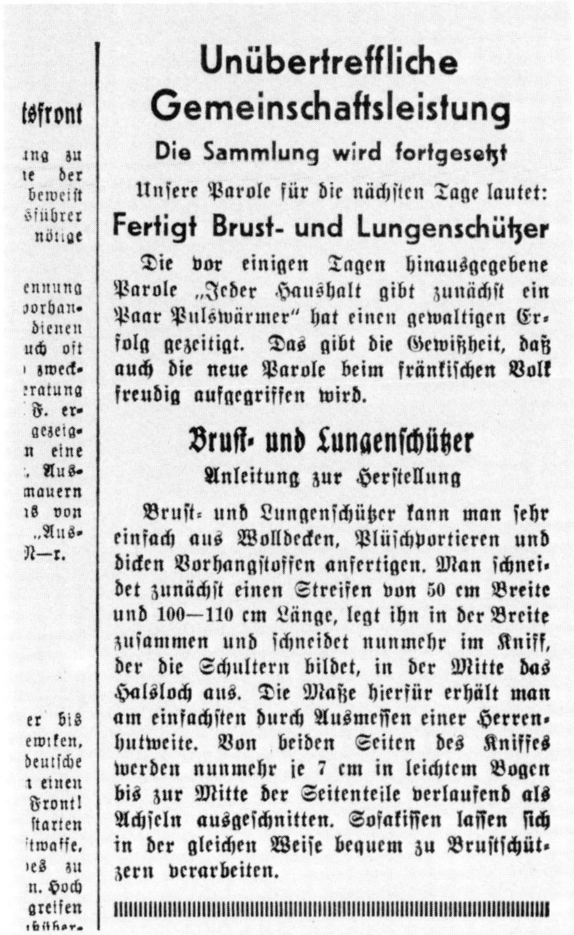

Unübertreffliche Gemeinschaftsleistung

Die Sammlung wird fortgesetzt

Unsere Parole für die nächsten Tage lautet:

Fertigt Brust- und Lungenschützer

Die vor einigen Tagen hinausgegebene Parole „Jeder Haushalt gibt zunächst ein Paar Pulswärmer“ hat einen gewaltigen Erfolg gezeitigt. Das gibt die Gewißheit, daß auch die neue Parole beim fränkischen Volk freudig aufgegriffen wird.

Brust- und Lungenschützer

Anleitung zur Herstellung

Brust- und Lungenschützer kann man sehr einfach aus Wolldecken, Plüschportieren und dicken Vorhangstoffen anfertigen. Man schneidet zunächst einen Streifen von 50 cm Breite und 100—110 cm Länge, legt ihn in der Breite zusammen und schneidet nunmehr im Kniff, der die Schultern bildet, in der Mitte das Halsloch aus. Die Maße hierfür erhält man am einfachsten durch Ausmessen einer Herrenhutweite. Von beiden Seiten des Kniffes werden nunmehr je 7 cm in leichtem Bogen bis zur Mitte der Seitenteile verlaufend als Achseln ausgeschnitten. Sofakissen lassen sich in der gleichen Weise bequem zu Brustschützern verarbeiten.

19/20 *Schon lange vor dem Beginn der Luftangriffe griff der Krieg in Form mannigfacher Dienstverpflichtungen und Freizeitbeschränkungen tief in den Alltag der Jugend ein. Unaufhörlich appellierte das NS-Regime an Idealismus, Gemeinschaftssinn, Opferbereitschaft und Abenteuerfreude junger Menschen. In der Wirklichkeit sah die Resonanz nicht immer so strahlend aus wie die offiziellen Fotos glauben machen wollten.*
Im Bild: «Hitlerjungen» beim Austragen von Lebensmittelkarten und als Hilfsschaffner bei der Städt. Straßenbahn.

Nürnberger Haushaltungen an Altpapier, Knochen, Lumpen, Tuben, Korken, Stanniolpapier, Altmetallen anfiel, holten die jugendlichen «Altstoffsammler» ab und transportierten es in ihre Schulen, wo auf den Schulhöfen große Kisten und Tonnen aufgestellt waren, in die die Altstoffe, nach Materialart getrennt, geworfen wurden. Die eifrigsten Sammler erhielten Buchgeschenke oder Theaterkarten. Andere Sammelaktionen bezogen sich auf Heil- und Teekräuter, und auch bei den aus Friedenszeiten sattsam bekannten Haus- und Straßensammlungen für das «Winterhilfswerk» an Wochenenden mußten – oder durften, je nach Einstellung – die Nürnberger «Pimpfe», «Hitlerjungen» und «Jungmädel» häufig teilnehmen. Im Sommer 1940 waren viele Nürnberger Schulkinder jeden Samstag (zwischen 15. Juni und Ernte) zur Suche nach dem Kartoffelkäfer eingesetzt – einem schädlichen Insekt, vor dessen Auftreten man seinerzeit große Angst hatte. Die Älteren über 14 waren in den Ferien zum «Ernteeinsatz» aufgefordert, zur Mithilfe bei der Getreide-, Obst- oder Hopfenernte. Zunächst war die Teilnahme freiwillig, ab 1941 für die Dauer von zwei Wochen Pflicht (seither ist «Hopfenzupfen» Tausenden ehemaliger Nürnberger Hitler-Jungen in lebhafter Erinnerung). Schüler der Oberklassen waren allmonatlich beim Verteilen der Lebensmittelkarten eingesetzt. Andere Formen der Pflichten und Freizeitbeschränkungen waren Mithilfe beim Kohlenausladen und Schneeräumen, Singen und Liebesgaben-Verteilen in Kasernen und Lazaretten und Umsiedler-Lagern, Stricken von Strümpfen, Basteln von Spielzeug, Hilfe in Kindergärten und Nähstuben und beim Roten Kreuz.

21 *Die berufstätige Frau entsprach nicht dem nationalsozialistischen Frauenideal. Aber seit Kriegsbeginn wurde die Frau als «Arbeitskameradin» zunehmend umworben und geschätzt, denn die Front benötigte immer mehr Soldaten und die Rüstungsindustrie immer mehr Arbeitskräfte. Wie in vielen anderen früher reinen «Männerberufen» wurden auch bei der Straßenbahn weibliche Mitarbeiter zum gewohnten Anblick.*

> Der Krieg stellt «unsere Jugend vor neue, nie gekannte Aufgaben. Er führt sie aus der Enge heraus, in der in Friedenszeiten sonst Kinder aufwachsen. Er weitet ihren Blick, er führt sie frühzeitig hinein in das Erleben der Gemeinschaft unseres Volkes. Auch in der Schulstube. . . . Und wenn der Lehrer gar täglich den Heeresbericht erläutert und die Schüler im Halbkreis um die Karte stehen, da spüren sie die Wucht und Größe unserer Zeit!»
>
> *(Der Nürnberger Stadtschulrat Fink in einem Zeitschriftenaufsatz im Herbst 1941)*[8]

Die «Wucht und Größe der Zeit» hatten auch die Frauen und Mädchen überreich zu verspüren. Seit Kriegsbeginn bestand für alle Mädchen eine halbjährige Dienstpflicht im «Reichsarbeitsdienst», die in der Regel in Lagern auf dem Lande zu erfüllen war, und seit Herbst 1941 zusätzlich eine halbjährige Pflicht zum «Kriegshilfsdienst» in Behörden, Lazaretten oder Rüstungsbetrieben. Zahlreiche Mädchen leisteten als «Schaffnermaiden» bei der Nürnberger Straßenbahn oder als Hausgehilfinnen in Krankenhäusern ihre Dienstpflicht ab. Von diesen zeitlich begrenzten Verpflichtungen abgesehen, setzte man beim weiblichen Geschlecht in den ersten Kriegsjahren mehr auf Freiwilligkeit. Im Gegensatz zur früheren nationalsozialistischen Geringschätzung weiblicher Berufsarbeit wurde die Frau seit Kriegsbeginn immer stärker als «Arbeitskameradin» umworben und aufgefordert, berufstätig zu werden. In zunehmendem Maß sah man Frauen im Schalterdienst bei Behörden, Bahnhöfen und Postämtern, als Schaffnerinnen bei Reichsbahn und Straßenbahn, als Briefträgerinnen, als angelernte Arbeiterinnen vor allem in Rüstungsbetrieben. In allen Fällen ging es darum, Männer für den Wehrdienst freizustellen. Die Arbeitszeit bei der Stadtverwaltung, bei der besonders viele Frauen beschäftigt waren, betrug ab 1. April 1941 51 Wochenstunden (einschließlich samstags von 7–13 Uhr). Die «werktätigen Frauen des Kriegseinsatzes» konnten, wie es in einer für Soldaten bestimmten Zeitschrift der Nürnberger Stadtverwaltung hieß, «nach jedem Feierabend das stolze Gefühl und das beglückende Bewußtsein mit nach Hause nehmen, unmittelbar und an wichtiger Stelle mitgeholfen zu haben im größten und entscheidendsten Kampf, den das deutsche Volk im Verlaufe seiner tausendjährigen Geschichte jemals zu bestehen hatte!»[9]. Aber trotz solcher Sprüche und häufiger Werbung hielt sich die Neigung der Frauen, freiwillig einen Arbeitsplatz zu übernehmen, in engen Grenzen, und behördliche Lageberichte dieser Jahre waren voller Klagen über die mangelnde Bereitschaft der Frauen, in Fabriken «für den Endsieg» zu arbeiten. Die meisten Frauen verzichteten gern auf die neugestiftete «Kriegsverdienstmedaille» für weibliche Arbeitskräfte, mit der im Oktober 1941 zehn Arbeiterinnen in einem Nürnberger Rüstungswerk mit großem Aufwand an Prominenz und Propaganda durch einen leibhaftigen General dekoriert wurden.

22 *Zahllose Frauen mußten sich während des Krieges im zivilen Luftschutz betätigen. Dabei spielte die Schulung im rechtzeitigen Entdecken und Angehen von Entstehungsbränden – entscheidend für jede wirksame Brandbekämpfung während und nach Luftangriffen – eine wichtige Rolle.*
Im Bild: weibliche Luftschutzkräfte mit Feuerpatsche und Handlöschspritze bei einer Übung im Juni 1940.

Brot und Spiele – das «Brot» war knapp geworden, nicht aber die «Spiele». Das Angebot öffentlicher Veranstaltungen blieb zunächst noch bunt und umfangreich. Laufend wurde in den seit 1933 wohlvertrauten Formen an die Spende- und Opferbereitschaft der Bevölkerung appelliert. An den Wochenenden beherrschten wie eh und je Straßensammlungen mit ihren Beiprogrammen häufig das Bild der Stadt, im Winter für das «Kriegswinterhilfswerk», im Sommer – das war neu – für das «Kriegshilfswerk» des Roten Kreuzes. Neben den üblichen Standkonzerten gab es eine Fülle von Attraktionen: sportliche, militärische, polizeiliche Vorführungen – offene Türen in Kasernen und Pferdelazaretten – Ausstellungen z. B. von erbeuteten Waffen (nach dem «Westfeldzug» 1940 war in der Nähe des Bahnhofs ein riesiges französisches Eisenbahngeschütz aufgefahren) – in Wurfbuden konnte man nach den Köpfen «berüchtigter Plutokraten», also gegnerischer Staatsmänner werfen – die an den Sammlungen wechselweise beteiligten Organisationen der Partei und des Staates boten den Zuschauern viel, um deren Geld aus den Taschen zu ziehen. 200000–220000 RM waren das durchschnittliche Sammelergebnis; die seinerzeit verkauften Abzeichen sind heute begehrte Sammelobjekte. Daneben gab es, wie in der Vorkriegszeit, Haussammlungen und die bekannten «Eintopfsonntage», an denen in Lokalen und Privathaushalten nur ein einfaches Eintopfgericht serviert und das eingesparte Geld abgeliefert werden sollte.

23 *Die großen Anfangssiege der Jahre 1939–1941 waren willkommene Anlässe für öffentliches Feiern mit Beflaggungen, Glockengeläut, Paraden und Aufmärschen.*
Im Bild: Parade einer aus dem Frankreich-Feldzug zurückkehrenden Division auf dem «Adolf-Hitler-Platz». Französische Beutegeschütze flankierten die Stelle, an der die militärische und politische Prominenz der Stadt die Parade abnahm – an dieser Stelle hatte bei den Reichsparteitagen stets Hitler beim Vorbeimarsch seiner uniformierten Anhänger gestanden.

In den ersten Kriegsjahren fanden sich auch noch andere Anlässe für öffentliche Schau-Spiele. Zwar waren die Aufrufe «Fahnen heraus» nicht mehr so häufig wie vor dem Ausbruch des Krieges, aber die großen Siege der Jahre 1939–1941 ließ sich das Regime für publikumswirksames Feiern mit Glokkengeläut und Beflaggung nicht entgehen. Anläßlich des Einmarsches deutscher Truppen in Paris und der siegreichen Beendigung des Norwegen-Feldzugs ordnete Hitler – wie schon zwei Wochen zuvor aus ähnlichem Anlaß – eine mehrtägige Beflaggung an.

Am 4. August 1940 fand die große Parade einer aus Frankreich siegreich zurückkehrenden Division statt – abermals stand die Stadt in üppigem Fahnenschmuck. Im Gegensatz zu Hitlers Geburtstag, der wie in Friedenszeiten mit Großkundgebungen, Appellen in Schulen und Betrieben und zahllosen Hakenkreuzfahnen gefei-

«Im Nu war die ganze Stadt wieder ein Fahnenmeer. Es dauerte keine drei Minuten nach der Aufforderung, bis aus allen Fenstern, von allen Häusern und Türmen die Hakenkreuzfahnen wehten, die wir erst eingezogen haben. Und wenn einer eine eben noch unbeflaggte Straße betreten hatte, so war sie schon im schönsten Festschmuck, bevor er noch bis zur Mitte gekommen war. Ein solches Tempo haben wir noch nicht erlebt. Nun flattern die Fahnen wieder als ein Zeichen des Dankes an unsere heldenhaften Brüder, Söhne und Väter, die deutsches Land und Volk schirmen und unaufhaltsam den Sieg erzwingen.»

(Aus einem Nürnberger Zeitungsbericht vom 15. Juni 1940)[10]

ert wurde, ging es bei den meisten anderen «nationalen Gedenktagen» ohne öffentliche Beflaggungen ab. Rührig blieb die Partei mit Propagandaveranstaltungen. Neben zahlreichen «Schulungsabenden» und «Amtswalter-Appellen» fand jeweils im Herbst eine große Versammlungswelle statt, die bis in jeden Stadtteil und jedes Dorf drang. «Am Ende steht der Sieg», war ein Zeitungsbericht über die Eröffnung der Aktion 1941 überschrieben[11], und im folgenden Jahr hieß die entsprechende Überschrift «Durchhalten bis zum Endsieg»[12]. Morgenfeiern in pseudoreligiösen Formen, HJ-Filmstunden und andere Sonntagvormittag-Veranstaltungen ergänzten das «Angebot» in zunehmender Weise und sollten gleichzeitig den Besuch der Gottesdienste erschweren.

Am 4. April 1942 konnten die Nürnberger in der Zeitung lesen, daß der frühere Gauleiter-Stellvertreter Karl Holz nach zweijährigem Frontdienst wieder die kommissarische Leitung des Gaues Franken übernehme. Mancher, der mit ihm früher einmal zu tun hatte und in Distanz zum NS-Regime stand, mochte ahnen, daß der Stadt damit nichts Gutes bevorstand, und in der Tat sollte Holz in den letzten Kriegswochen noch eine unheilvolle Rolle spielen. Der wegen ungebührlichen Verhaltens aus dem städtischen Dienst entlassene ehemalige Kanzleisekretär hatte sich in der Frühzeit der Nürnberger NSDAP zu einem der rabiatesten Anhänger Streichers profiliert, war jahrelang Stadtrat und verantwortlicher Schriftleiter der antisemitischen Hetzzeitung «Der Stürmer» gewesen und hatte zwischen 1926 und 1930 nicht weniger als 17 Geld- und Gefängnisstrafen wegen Beleidigung von politischen Gegnern und Juden erhalten. Beim Kampf gegen die evangelische Kirche 1934/35 und bei der erpresserischen Überführung jüdischen Eigentums in den Besitz von «Ariern» hatte er sich als Stellvertretender Gauleiter besonders aktiv hervorgetan. Dieser Streicher-Vertraute und Scharfmacher übernahm also 1942 das höchste Nürnberger Parteiamt. Er gab auch gleich seinen stilgemäßen Einstand, als er unmittelbar nach seiner Rückkehr auf Massenkundgebungen erklärte, es handle sich beim derzeitigen Krieg «um die Niederringung des Weltjudentums und der ihm hörigen Völker und Staaten»[13] und es gelte, zu kämpfen und zu arbeiten «bis zum letzten Atemzug»[14]. (Polizeipräsident Dr. Martin hatte vergeblich die Rückkehr dieses «tollen Narren», wie er ihn in einem vertraulichen Schreiben an einen befreundeten SS-Führer nannte, zu verhindern versucht und vorhergesagt, daß unter Holz «die Partei- und Menschenführung im Gau Franken ein Tollhaus werden wird»[15]. Nach vollendeten Tatsachen aber arrangierte er sich in bewährt-opportunistischer Manier.) Um diese Zeit gab es übrigens noch zwei andere personelle Veränderungen. Der seit der NS-Machtergreifung amtierende Oberbürgermeister Liebel wurde als Chef des Zentralamts im Reichsministerium für Bewaffnung und Munition (unter Speer) nach Berlin berufen, behielt aber formell seinen Nürnberger Posten. Seine Amtsgeschäfte führte der Zweite Bürgermeister Dr. Eikkemeyer. Im Februar 1942 erhielt auch der «Zweckverband Reichsparteitag Nürnberg», der

24 *Nach der Entmachtung Streichers und einem zweijährigen Wehrdienst übernahm im Frühjahr 1942 der Stellvertretende Gauleiter Karl Holz die Parteiführung in Franken. Als rüder Judenhasser und Durchhaltefanatiker bekannt und gefürchtet, wurde er in der zweiten Kriegshälfte zum starken Mann in Nürnberg.*
Im Bild: Holz bei der Auszeichnung von Luftschutz-Helfern im Oktober 1942 auf dem «Adolf-Hitler-Platz».

für die Errichtung und laufende Unterhaltung der Reichsparteitagsbauten zuständig war, mit Reichsleiter Martin Bormann einen neuen Leiter. Bei Kriegsbeginn eingestellt, wurden die Bauarbeiten nach dem unerwartet raschen und vollständigen Sieg über Frankreich wieder aufgenommen. Ja mehr noch: Ende Juni 1940 verfügte Hitler die Entlassung der für die Vorbereitung des Reichsparteitags nötigen Mitarbeiter aus dem Militärdienst, und die internen Vorbereitungsarbeiten gediehen soweit, daß bereits festgelegt war, was die teilnehmenden «Politischen Leiter» beim nächtlichen Appell zu singen, in welchem Dienstanzug sie anzutreten und wie sie beim Vorbeimarsch vor Hitler ihre Fackeln zu halten hatten («der Vorbeimarsch in der geschlossenen Formation ist zu üben, dabei ist vor allem auf die Fackelhaltung zu achten»[16]). Aber wenig später, nach der englischen Zurückweisung seiner Friedensfühler, ließ Hitler den Parteitag 1940 ebenso rasch wieder absagen, weil «nunmehr die ganze Kraft des Volkes auf den Kampf mit England eingestellt werden müsse»[17]. Im November 1941 verbreitete der Chefplaner des Reichsparteitagsgeländes, Albert Speer, nochmals die Hoffnung, daß es einen Reichsparteitag 1942 geben könnte[18], aber im eisigen Rußlandwinter mit dem katastrophalen Rückschlag erfroren endgültig solche Blütenträume. Im folgenden Winter 1942/43 wurden die Arbeiten an den Parteitagsbauten ein für allemal – nicht nur bis Kriegsende – eingestellt.
In zwei Bereichen des öffentlichen Lebens sah es bis anfangs 1943 so aus, als ginge es nahezu friedensmäßig weiter: im Sport und in der Kultur. Auf den Sportplätzen und in den Turnhallen herrschte bei vielfach sogar steigenden Zahlen von Sportlern und Zuschauern Hochbetrieb – trotz mancher anfänglichen Lücken in den Reihen der bisherigen Aktiven infolge Einberufungen. Als Austragungsort für herausragende Wettkämpfe und als Heimat vieler Meisterschafts-Gewinner bestätigte Nürnberg seinen Ruf als Hochburg des Sports auch in den ersten Kriegsjahren. Die Deutschen Meisterschaften im Freistilringen (Schwergewicht), Kunst- und Turmspringen der Frauen, Speerwerfen der Frauen – um nur einige zu nennen – fielen nach Nürnberg. Im Jahr 1940 errangen Nürnberger Sportler in fünf von sechs Disziplinen des «Rollsports» (Rollschuhlaufs) die Deutsche Meisterschaft. Ob als Aktiver oder Zuschauer, ob im Spitzen- oder Breitensport: auf Sportplätzen und in Turnhallen konnte man wenigstens für Stunden den Krieg und seine schlimmen Begleiterscheinungen vergessen.
Und ganz ähnlich im Bereich der Kultur. Nach vorübergehender Schließung bei Kriegsanfang, um ihre wertvollsten Stücke in Sicherheit zu bringen, öffneten die großen Museen und Galerien der Stadt anfangs 1940 wieder ihre Pforten und fanden Zulauf wie nie zuvor. In den zahlreichen Kunstausstellungen dominierten das Naturalistisch-Verständliche, Bodenständig-Fränkische und «Deutsche» nach dem Geschmack des Regimes und der Masse. Themen wie «Die schöne deutsche Landschaft», «Deutsche Kunst im Osten», «Die Schrift als deutsche Kunst», «Deutsche Bauernmalerei» oder «Die Kunst der Niederlande» (unter Betonung der «letzten Endes deutschen Art dieser Kultur»[19]) waren charakteristisch. Die Präsentation von sechs Bildern des Nürnberger Akademieprofessors Hermann Gradl, die für den Speisesaal von Hitlers «Neuer Reichskanzlei» in Berlin bestimmt waren, galt als ein Höhepunkt des örtlichen Kunstlebens. Für die städtischen Museen stellte die Stadtverwaltung höhere Ankaufsmittel zur Verfügung als vor dem Krieg. Wie Hitler sich erinnerte, bemühte Oberbürgermeister Liebel nach dem Frankreich- und dem Balkanfeldzug sich bei ihm, aus den eroberten Gebieten alle Kunstwerke Nürnberger Ursprungs für Nürnberg zurückzuerhalten[20]. Das Musik- und Theaterleben stand in voller Blüte. Auch noch im dritten Kriegsjahr hielt das Theater wie in Friedenszeiten an der Übung fest, sowohl im Opern- als auch im Schauspielhaus allmonatlich je zwei Neuinszenierungen zu bringen. Im Jahr 1941 erreichte die Zahl der Platzmieten ohne besondere Werbung eine vorher nicht für möglich gehaltene Höhe. (Man hielt sich vorwiegend, aber nicht nur an das Vertraute und Gefällige: auf dem Spielplan des Winters 1940/41 stand auch «Jenufa» von Janacek. Und in städtischen Konzerten gab es auch Werke von Malipiero, Pizetti und Karl Höller.) Julius Patzak, Heinrich Schlusnus, Franz Völker unter den Sängern – Elly Ney, Walter Gieseking, Edwin Fischer, Claudio Arrau unter den Pianisten – Rosita Serrano, Peter Igelhoff, Nico Dostal, Peter Kreuder aus dem Reich der «Leichten Muse»: sie und viele andere Promi-

nente gastierten in den Jahren bis zum «Totalen Krieg» in Nürnberg. Richard Strauß dirigierte am 5. Oktober 1940 seine «Arabella» im Städtischen Opernhaus. Trotz Verdunklung, Verkehrsbeschränkungen und des Risikos von Fliegeralarm strömten die Nürnberger in die Theater und Konzertsäle wie noch nie.

Im August 1940 erließ der Nürnberger Polizeipräsident einen Aufruf mit der Überschrift «Mehr Luftschutzdisziplin»[21]. Derlei Ermahnungen gab es in jener Zeit laufend. Vor allem über Verdunkelungsmängel wurde häufig geklagt: «Jeder Lichtschein ist ein Bombenziel»[22]. Bei Beleuchtungskontrollen im Dezember 1940 war ein Drittel der kontrollierten Fahrzeuge vorschriftswidrig abgedunkelt – abermals mahnte die Polizei zur Beachtung der Verdunkelungsvorschriften. Ganz offensichtlich nahm die Bevölkerung die Kriegsgefahr aus der Luft noch nicht sehr ernst, im Gegensatz zu den amtlichen Stellen. Am 10. Oktober 1940 befahl Hitler – nach dem Ende der Hoffnungen auf rasches Niederringen Englands – für luftkriegsgefährdete Großstädte eine sofortige Großaktion zur Errichtung von bombensicheren Luftschutzbauten. Im Zuge dieses «LS-Führerprogramms» begann in Nürnberg im Spätherbst 1940 der Bau von Hoch- und Tiefbunkern vor allem für solche Wohngebiete, deren Häuser keine oder nur unzureichend ausbaufähige Keller hatten. Bei den Hochbunkern in oder nahe bei der Altstadt bemühte sich die Bauverwaltung, sie so zu gestalten, daß sie nicht als Fremdkörper im damals noch völlig intakten historischen Stadtbild wirkten. Teilweise baute man Bunker in Basteien der Stadtmauer, so daß sie von außen praktisch nicht zu erkennen waren. Auch die vier mächtigen runden Stadttürme mit ihren bis zu sechs Meter starken Außenmauern wurden für Luftschutzzwecke ausgebaut. Bis anfangs 1942 waren 15 Hoch- und 8 Tiefbunker mit zusammen rund 20 000 bombensicheren Schutzplätzen im Rohbau fertig und für provisorische Nutzung verfügbar. Gleichzeitig mit diesem umfangreichen Bunkerbau legte man – zunächst nur als Übergangslösung gedacht – zahlreiche sogenannte «Deckungsgräben» an: solche mit einer dünnen Betonschicht und einer rund 50 cm starken Erdschicht überdachten Gräben sollten Schutz vor Bombensplittern, Explosionsdruck, Rauchgasen und Verschüttetwerden bieten. Die Knappheit an Eisen, Zement und Arbeitskräften erzwang im Sommer 1941 ein Neubauverbot für Luftschutzbunker. Dafür wurde nunmehr der Bau der wesentlich billigeren Deckungsgräben in größerem Stil vorangetrieben. Um diese Zeit begann auch eine Nürnberger Besonderheit im Luftschutz: der Ausbau von Felsenkellern. Viele Häuser der nördlichen Altstadt hatten alte, aus dem Felsen des Burgberges herausgehauene Keller, teilweise sogar mittelalterlichen Ursprungs. Dane-

25 *Innerhalb einer von der Staatsführung befohlenen Großaktion zur Errichtung bombensicherer Luftschutzbauten entstanden in Nürnberg bis 1942 insgesamt 15 Hoch- und acht Tiefbunker. Bei den Hochbunkern in oder nahe der Altstadt war man erfolgreich bestrebt, sie harmonisch in das seinerzeit noch gänzlich unversehrte historische Stadtbild einzufügen.*
Im Bild: Hochbunker in der Grübelstraße (Aufnahme von 1942 – der Bunker existiert heute noch).

26 *Als wegen der anhaltenden Knappheit an Baumaterialien und Arbeitskräften ein Baustopp für Luftschutzbunker verfügt wurde, trieb man den wesentlich billigeren Bau von sogenannten «Deckungsgräben» voran. Solche mit Beton und Erde überdachten Gräben konnten einen begrenzten Schutz vor Bombensplittern, Luftdruck und Rauchgasen bieten.*
Im Bild: Erdarbeiten für einen Deckungsgraben im Stadtpark (Mai 1943).

ben gab es mehrere unterirdische Stollen, die Wasser aus Quellen des Burgbergs zu Brunnen oder zu Brauereien leiteten; zusammen hatten sie eine Länge von ca. 3 Kilometern. Zwei größere Keller wurden schon 1940 für die Bergung von Kunstschätzen ausgebaut.
In bestehenden Privathäusern waren durch die Hauseigentümer Kellerräume, soweit vorhanden und geeignet, für Zwecke des Selbstschutzes herzurichten. Zu den Nebenhäusern waren Brandmauerdurchbrüche herzustellen: bei einer Verschüttung der Kellerausgänge sollten die Kellerinsassen die locker eingesetzten Steine herausbrechen und durch den Mauerdurchbruch über das Nachbarhaus sich retten können. Die Kellerfenster wurden zugemauert und durch Betonklötze geschützt, die Kellerdecken durch starke Balken abgestützt. Gassichere Türen sollten gegen Rauch und Qualm schützen, Heiz- und Schlafgelegenheiten auch notfalls längeres Ausharren ermöglichen. Für alle diese immer wieder teils empfohlenen, teils angeordneten Maßnahmen brauchte man Arbeitskräfte, Material und Treibstoff zum Herbeischaffen – und das alles war ständig knapp.
Eine spezielle Rolle innerhalb der Nürnberger Luftschutzmaßnahmen spielte der sogenannte «Kunstluftschutz». Schon frühzeitig und in einer später im ganzen Reich als vorbildlich anerkannten Weise ging die Stadt, «des Reiches Schatzkästlein», an den Schutz ihrer Kunstschätze. Ortsfeste

27 *Mit zunehmender Luftkriegsgefahr erlangte auch der Kunstluftschutz in der Stadt erhöhte Bedeutung. Die anfangs provisorischen Schutzmaßnahmen wurden im Lauf der Jahre verbessert und verstärkt.*
Im Bild: Schutzummantelung des spätgotischen Sakramentshäuschens von Adam Kraft in St. Lorenz (bei Bombeneinschlägen in der Kirche 1943/44 wurden nur die über den Schutzmantel hinausragenden obersten Architekturteile zerstört).

Kunstwerke – wie Kirchenportale, Grabmäler, der «Schöne Brunnen» am Hauptmarkt, das Sakramentshäuschen von Adam Kraft in St. Lorenz – erhielten Ummantelungen aus Ziegelmauerwerk oder Beton – keines dieser so geschützten Werke ging verloren. Von mehreren nicht abnehm- und auch nicht schützbaren wertvollen Reliefs und Decken ließ die Bauverwaltung wenigstens Gipsabdrücke machen – für eine Wiederherstellung dieser Kunstschätze nach etwaiger Zerstörung. Zahllose bewegliche Kunstwerke – aus städtischem Besitz, aus Kirchenbeständen, Privatbesitz (z. B. der alten Patrizierfamilien), aus dem Germanischen Nationalmuseum – wurden an nahezu 30 verschiedenen Orten Frankens und der Oberpfalz in Burgen, Schlössern, Klöstern, Kirchen gelagert. Entgegen offiziellen Weisungen und den Gepflogenheiten in vielen anderen deutschen Städten entschloß sich Nürnberg aber, die wertvollsten Kunstwerke nicht nach auswärts zu verlagern, sondern innerhalb der Stadt in bombensicheren Räumen zu bergen. 1940 wurden einer der vier «dicken Türme», der Neutorturm, und die Felsenkeller Obere Schmiedgasse und Paniersplatz für die Sicherstellung der bedeutendsten Kunstwerke – den «Englischen Gruß» des Veit Stoß, Altäre, Kruzifixe, Brunnenfiguren, Bilder, Glasfenster, Handschriften – ausgebaut, wegen der strengen Materialbewirtschaftung teilweise sogar «schwarz» gebaut. Die Kunstbunker waren ein bomben- feuer- und einbruchsicheres System von Zellen mit Klimaanlage und Panzertüren. Kein einziges Stück der in der Stadt selbst geborgenen Kunstwerke ist verlorengegangen. Im Kunstbunker Obere Schmiedgasse unter dem Fels der Kaiserburg überstand den Luftkrieg neben anderen auswärtigen Kunstgütern übrigens auch die weltbekannte «Manessesche Liederhandschrift» der Universität Heidelberg, eine der kostbarsten Sammelhandschriften mittelalterlicher Literatur. Auch die «Reichskleinodien» waren von 1940 an bis Kriegsende dort geborgen.

Der erste Fliegeralarm wurde laut Stadtchronik in der Nacht vom 16. zum 17. August 1940 ausgelöst. Dabei fielen erstmals auch Bomben im Nürnberger Raum (bei Burgfarrnbach/Landkreis Fürth). Die ersten nächtlichen Luftangriffe wurden abgelenkt bzw. richteten im Süden der Stadt nur mäßigen Schaden an (6./7. Mai 1941, 13./14. Oktober 1941, 21./22. Februar 1942). Im April 1942 erschien in den Nürnberger Zeitungen abermals ein «ernstes Wort an alle Volksgenossen» mit der dringenden Mahnung, sich bei Fliegeralarm in Sicherheit zu bringen; sogar der Hinweis schien nötig, daß man anderenfalls eine polizeiliche Anzeige riskiere[23]. Zu dieser Zeit war der Luftkrieg gegen Deutschland in ein gänzlich neues Stadium getreten. Für den Einsatz von Bombenflugzeugen gab es, anders als beim Land- und Seekrieg, keine international gültigen Regeln und Einschränkungen. Die bisherige Taktik der «Royal Air Force» (RAF), militärisch wichtige Punktziele zu bombardieren, hatte sich als erfolglos erwiesen: Tagesangriffe waren zu verlustreich, bei Nachtangriffen war die Treffsicherheit zu gering. Der Übergang vom Sicht- zum Blindwurf der Bomben, wie er auch bei deutschen Luftangriffen auf englische Städte seit Herbst 1940 praktiziert worden war, bedeutete den Beginn eines unterschiedslosen Luftkriegs. Bis 1944/45 blieb das Problem praktisch ungelöst: aus großer Höhe bei Nacht Erdziele zu finden und zu treffen. Air Chief Marshal Sir Arthur Harris, der am 22. Februar 1942 den Oberbefehl über die Bomberstreitmacht der RAF übernahm, fand als neue Zielsetzung durch das englische Kriegskabinett unter Premierminister Churchill die Direktive vor, künftig vorrangig die Moral der Zivilbevölkerung, besonders der Industriearbeiter zu treffen. Und Harris verfolgte in den kommenden Jahren das neue Ziel, nämlich die großen deutschen Industriestädte systematisch zu verwüsten und die Bevölkerung so zu demoralisieren, um dadurch Deutschlands Niederlage herbeizuführen, hartnäckig und mit äußerster Energie. Zu den ersten Städten, die mit erschreckender Wirkung die neue Taktik des absichtlich gegen die Zivilbevölkerung gerichteten Flächenbombardements erleiden mußten, gehörten Lübeck, Rostock, Köln, Duisburg, Düsseldorf.

Am 24. August 1942 fand in Nürnberg wieder einmal ein (vorher angekündigter) Probealarm der Luftschutzsirenen statt. Vier Tage später in den Abendstunden heulten sie abermals – diesmal war es blutiger Ernst. In der Nacht vom 28. zum 29. August 1942 erlebte die Stadt ihren ersten schweren Luftangriff. 159 Flugzeuge der RAF, darunter (letztmals) zweimotorige Bomber vom

28/30 *Im Kunstluftschutz gab es eine Nürnberger Besonderheit. Im Gegensatz zu offiziellen Weisungen und der Praxis in vielen anderen Städten wurden die wertvollsten Kunstwerke nicht nach auswärts verlagert. Von den vielen Kellern im felsigen Untergrund der nördlichen Altstadt baute man zwei zu bomben-, feuer- und einbruchsicheren «Kunstbunkern» aus. Alle dort geborgenen Kunstschätze, darunter auch auswärtige wie die weltberühmte «Manessesche Liederhandschrift», überstanden unversehrt den Bombenkrieg.*

Links oben: der Zugang zum Kunstbunker Obere Schmiedgasse unterhalb der Kaiserburg (Tor im Haus in Bildmitte).

Oben und links: Zwei Zellen des Kunstbunkers Obere Schmiedgasse (im Hintergrund die Hauptfiguren aus dem «Englischen Gruß» von Veit Stoß).

Typ Vickers «Wellington», warfen eineinhalb Stunden lang Spreng- und Brandbomben auf die nächtliche Stadt. Sprengbomben sollten Gebäude zum Einsturz bringen, die Straßen verschütten oder aufreißen und Feuerwehr und Selbstschutzkräfte am rechtzeitigen Löschen hindern. Die Hauptwaffe waren Brandbomben, vorzugsweise vierpfündige Magnesium-«Stabbrandbomben», von denen während eines Angriffs Zehntausende, manchmal Hunderttausende abgeworfen wurden. In Brand gesetzt werden sollten die deutschen Städte, in jener Nacht also Nürnberg. Die Altstadt erhielt ihre ersten Schäden. Kaiserburg und Kaiserstallung wurden getroffen. Stärkere Schäden entstanden außerdem in den östlichen und südöstlichen Stadtteilen (u. a. Maxfeld, Veilhof, St. Peter, Luitpoldhain). Die Luitpoldhalle, von Speer umgebaut und bis Kriegsbeginn alljährlich Eröffnungsort der Reichsparteitage, brannte vollständig aus. 137 Bürger verloren das Leben, 21 000 ihre Wohnungen. Nach dem Angriff waren Aufgaben zu bewältigen, die in der bisher ver-

32/33 *In der Nacht vom 28. zum 29. August 1942 erreichte der Luftkrieg massiv die Stadt. Eineinhalb Stunden lang bombardierte die englische «Royal Air Force». Schon bei diesem ersten großen Luftangriff gab es empfindliche Schäden an prominenten Gebäuden der Altstadt. Daß diese Schäden erst ein Vorspiel waren zu den späteren Flächenverwüstungen, glaubte zu dieser Zeit noch kaum jemand.*
Im Bild (oben): Luftdruck- und Splitterschäden am Palas der Kaiserburg.
Im Bild (unten): das teilzerstörte «Pilatushaus» – im Hintergrund das unbeschädigt gebliebene Albrecht-Dürer-Haus.

31 *Als 1942/43 die Luftangriffe auf Nürnberg einsetzten, trafen sie auf eine luftschutzmäßig gut vorbereitete Stadt. Die vielen Bunker retteten Zehntausenden Gesundheit und Leben. Trotz zahlreicher Bombenvolltreffer (manche Bunker wurden sogar mehrmals getroffen) gab es dort keinerlei Personenverluste.*
Im Bild: Die Wirkung eines Sprengbombeneinschlags auf der Decke des Hochbunkers im Theresienkrankenhaus beim Luftangriff vom 10./11. August 1943.

34 *Kaum ertönte das Signal «Entwarnung», begann die Bergung der Verschütteten, die vor allen anderen Arbeiten unbedingten Vorrang hatte. Diese Bergungsarbeiten gestalteten sich in aller Regel sehr schwierig, da über den Verschütteten meistens große, manchmal dazu noch brennende Trümmermassen eingestürzter Häuser lagen. Nicht selten dauerte es Tage, bis die Bergungskräfte zu den Verschütteten vordrangen.*
Im Bild: aus dem Keller des Hauses Adamstraße 10 wurden nach dem Luftangriff am 28./29. August 1942 sechs Verschüttete, darunter drei Kinder, tot geborgen.

schonten Stadt neu und ungewohnt waren. Verschüttete waren zu bergen (vielfach als Tote), Obdachlose unterzubringen und zu verpflegen, Verletzte zu versorgen. Einsturzgefährdete Gebäude mußten gesichert, Möbel aus beschädigten Häusern geborgen, Straßen von Trümmern freigemacht, Schadensstellen und Blindgänger-Fundorte abgesperrt werden. Neben Wehrmacht wurden für Räumungsarbeiten auch tausend meist sowjetrussische Kriegsgefangene eingesetzt. Für alle Beschäftigten im Baugewerbe, wie Dachdekker, Glaser, Maurer, Schlosser, Maler, und für das gesamte Transportgewerbe wurde sogleich die Sonntagsruhe aufgehoben und die Arbeitspflicht am Wochenende wie an Werktagen angeordnet. Man war seinerzeit noch guten Mutes in der

35/36 Nach großen Luftangriffen waren neben Tausenden von Einsatzkräften von Polizei, Feuerwehr, Arbeitsdienst, Partei, Wehrmacht und anderen Organisationen auch Kriegsgefangene eingesetzt.
Im Bild: Sowjetrussische Kriegsgefangene mit ihren Bewachern beim Transport und bei Aufräumungsarbeiten nach dem Luftangriff vom 28./29. August 1942.

37 *In den ersten Luftkriegsjahren veranstaltete die Partei für die Opfer von Luftangriffen im «Heldenhain» des Südfriedhofs öffentliche Trauerfeiern mit großem propagandistischem Aufwand, mit Musik meistens von Richard Wagner, haßerfüllten Reden gegen das «Weltjudentum» und die angloamerikanischen «Mordbrenner» und den üblichen Treuebekenntnissen zu «Führer, Volk und Vaterland».*
Im Bild: Trauerfeier am 2. September 1942 mit Holz (Mitte) und Oberbürgermeister Liebel (2. Reihe rechts).

Annahme, daß diese schlimmen Ereignisse nicht zur Regel werden. Der von einer Dienstreise zurückgerufene Oberbürgermeister, seit kurzem im Rüstungsministerium in Berlin tätig, wurde beim Besuch der Schadensstellen von der Bevölkerung «mit großer Herzlichkeit, teilweise mit ‹Heil-Rufen› begrüßt»[24]. An vielen Stellen begann man sogleich mit dem Wiederaufbau und berücksichtigte bei der Wiederherstellung historischer Bauwerke sogar sorgsam denkmalpflegerische Belange. Einige Tage nach dem Luftangriff inszenierte die Partei im «Heldenhain» des Südfriedhofs die Trauerfeier für die Opfer als eine propagandistisch aufgezogene Beisetzungs-Schau – mit einem «Wald von Fahnen», Musik aus Wagners «Götterdämmerung» und einer Ansprache von Gauleiter-Stellvertreter Holz, in der weder scharfe Ausfälle gegen den «Weltjuden» noch das übliche Treuebekenntnis zu «Führer, Volk und Vaterland» fehlten[25]. Die Justiz griff unbarmherzig durch: einen ausländischen Arbeiter, der nach dem Luftangriff aus einem zerstörten Haus eine einzige Uhr entwendet hatte, verurteilte das Sondergericht Nürnberg als Plünderer zum Tode.

Seit Kriegsbeginn behandelte das Sondergericht, das 1933 für die Aburteilung der verschiedenen Formen aktiven und passiven Widerstands errichtet worden war, auch andere Vergehen, die mit den Kriegsumständen zu tun hatten. Die Strafen waren großenteils drakonisch. Ein Viehhändler hatte zwei Schweine «schwarz», d. h. ohne Anmeldung bei der Behörde geschlachtet. Urteil: zweieinhalb Jahre Zuchthaus. Ein junger Mann hatte einem Soldaten einen Koffer mit Wäsche im Wert von 25 RM gestohlen. Urteil: fünf Jahre Zuchthaus. Wurden Diebstähle und Betrügereien, auch relativ bescheidenen Umfangs, in der Dunkelheit verübt, so galt das als Ausnutzung der Verdunkelung: in solchen Fällen konnte sogar die Todesstrafe fällig werden und wurde auch mehrmals verhängt. So verurteilte das Sondergericht Nürnberg im April 1942 eine 25jährige, die einige Male reisende Frauen um ihr Gepäck gebracht hatte, zum Tod. Berichte über derartige Urteile und vollzogene Hinrichtungen versah die «Fränkische Tageszeitung», die größte Nürnberger Zeitung, mit so schauerlichen Überschriften wie «Volksschädlinge werden ausgetilgt», «Volksschädlinge ausgemerzt», «Für die Volksgemeinschaft wertlos!»[26]. Für den verbotenen Umgang mit Kriegsgefangenen – da genügten schon Liebesbriefe und das Schenken von Zigaretten – gab es Zuchthausstrafen von 1 bis 2 Jahren; kamen sexuelle Beziehungen hinzu, waren 3 bis 5 Jahre Zuchthaus fällig[27]. «Eine artvergessene Frau», lautete eine typische Zeitungsüberschrift[28]. Das harte Vorgehen der Justiz und die verschärften Strafbestimmungen bei allen Delikten, die in irgendeiner Weise mit dem Krieg zusammenhingen, fanden breite Zustimmung in der Bevölkerung[29]. Gauleiter-Stellvertreter Holz rief am 16. September 1942 die Nürnberger Eltern zur «Kinderlandverschickung» auf: sie sollten ihre 10–14jährigen Kinder, vor allem solche, deren Schulen oder Elternhäuser durch den Luftangriff gelitten hatten, an einer von der Partei organisierten Verschickung aufs Land teilnehmen lassen. Aber das Echo war sehr mäßig.

Ein geheimer Lagebericht des SD, des Nachrichtendienstes der SS, meldete im Herbst 1941, daß anstelle bisher ungebrochener Zuversicht und des Glaubens an eine rasche Beendigung des Ostfeldzugs die Stimmungslage der Bevölkerung zunehmend durch pessimistische Gedankengänge bestimmt werde; derartiges werde neben vielen anderen Städten auch aus Nürnberg berichtet[30]. Und ein Jahr später war der gleichen Quelle zu entnehmen, daß immer mehr Stimmen in der Zivilbevölkerung laut wurden, «die mit Angst von einem zweiten russischen Kriegswinter sprechen» und «daß damit die Zeit für unsere Gegner arbeite»[31].

3. Gegner und Opfer des Regimes

Die Arbeiter- und Industriestadt Nürnberg war vor 1933 von der politischen Rechten als «rot» verschrieen. Die SPD war bis 1932 die stärkste Partei in der Stadt. Noch bei der letzten einigermaßen freien Wahl, der Reichstagswahl am 5. März 1933, hatten in Nürnberg die beiden Linksparteien SPD und KPD zusammen nahezu ebenso viele Stimmen errungen wie die NSDAP – und das trotz massiver Behinderungen durch die nationalsozialistisch geführte Reichsregierung. Nach der Machtübernahme der Nationalsozialisten in der Stadt hatten Nürnberger Kommunisten und Sozialdemokraten aus dem Untergrund heraus aufopferungsvollen Widerstand geleistet, aber bereits 1934/35 war jede planmäßige, organisierte Tätigkeit zerschlagen. Eine bürgerliche Oppositionsgruppe, die sich um den linksorientierten Schriftsteller Ernst Niekisch und dessen Zeitschrift «Widerstand» gebildet hatte und deren Nürnberger Kern besonders aktiv war, konnte sich bis 1937 behaupten. Systematischem Widerstand von Gruppen fehlte je länger je mehr die Massenbasis in der Bevölkerung, vor allem infolge der Zustimmung der breiten Mehrheit zum außenpolitischen und wirtschaftlichen Kurs des Regimes bis 1938/39. Das perfekt arbeitende Überwachungssystem von Staat und Partei entdeckte fast jede organisierte Oppositionstätigkeit schon im Ansatz. Nur in wenigen Fällen konnten kleine Gruppen oppositionell Gesinnter, getarnt als Stammtisch oder Wanderverein oder Gesprächsrunde, einen lockeren Zusammenhalt wahren. Daneben behielten viele Einzelne ihre unabhängige, abweichende Einstellung. Nicht wenige von ihnen hatten, wie zahlreiche Verfahren der politischen Justiz in der Vorkriegszeit gezeigt hatten, diese abweichende Einstellung auf unterschiedliche Weise auch zum Ausdruck gebracht. Nach Kriegsausbruch nahmen solche individuellen Akte gegnerischer Äußerungen und Verhaltensweisen – in der Forschung gelegentlich als «Volksopposition» bezeichnet – deutlich zu. Krieg und die mit ihm zusammenhängenden Entbehrungen, Nöte und Sorgen: das hatten selbst die meisten Parteigänger des NS-Regimes nicht gewollt. Diejenigen aber, die sich nicht hatten «gleichschalten» lassen, fühlten sich durch die eingetretene Entwicklung bestätigt und manche von ihnen zu verstärkter Aktivität gedrängt.

Schon seit Frühjahr 1933 war das sogenannte «Sondergericht» beim Oberlandesgericht Nürnberg am Werk. Es war, wie die anderen Sondergerichte, mittels Verordnung der neuen Reichsregierung vom 21. März 1933 errichtet worden und zuständig für politische Delikte, soweit sie wegen der Schwere des Falles (z. B. bei Hochverrat) nicht vom Obersten Landesgericht in München oder vom neugeschaffenen «Volksgerichtshof» in Berlin behandelt wurden.

Wichtigste Grundlage der politischen Strafjustiz waren die «Verordnung des Reichspräsidenten zum Schutz von Volk und Staat» vom 28. Februar 1933 (die sogenannte «Reichstagsbrandverordnung») und die «Verordnung des Reichspräsidenten zur Abwehr heimtückischer Angriffe gegen die Regierung der nationalen Erhebung» vom 21. März 1933 (das sogenannte «Heimtückegesetz»). Beide Verordnungen boten schon seit der Anfangszeit der NS-Herrschaft die Möglichkeit, praktisch jedes oppositionelle Verhalten zu verfolgen und zu bestrafen. Bei Kriegsbeginn kamen zwei weitere Instrumente hinzu: die «Verordnung über außerordentliche Rundfunkmaßnahmen» vom 1. September 1939 verbot das Abhören ausländischer Sender, die «Verordnung zur Ergänzung der Strafvorschriften zum Schutze der Wehrkraft des deutschen Volkes» vom 25. November 1939 stellte jede «Wehrkraftzersetzung» – darunter Sabotage, pazifistische Bestrebungen, Umgang mit Kriegsgefangenen – unter drakonische Strafen. Nach der ebenfalls neu erlassenen «Verordnung gegen Volksschädlinge» konnten

alle Straftaten, die unter «Ausnutzung des Kriegszustands» begangen wurden (z. B. der Verdunkelung) mit einer hohen Zuchthausstrafe oder, wenn es das «gesunde Volksempfinden» erforderte, mit der Todesstrafe belegt werden. Das Sondergericht Nürnberg war wegen der brutalen Verhandlungsführung durch seine Vorsitzenden und seiner außerordentlich scharfen Urteilspraxis berüchtigt und gefürchtet. Selbst das Reichsjustizministerium wunderte sich über die überdurchschnittlich vielen Todesstrafen, die das Sondergericht Nürnberg während der Kriegszeit verhängte. Seine beiden Vorsitzenden – Dr. Oswald Rothaug, als «Henker von Nürnberg» verrufen, und Rudolf Oeschey (ab 1. Mai 1943) – waren geradezu fanatische Nationalsozialisten.
Das seit Kriegsbeginn verbotene Abhören von Auslandssendern war eine weitverbreitete Form oppositionellen Verhaltens. Schon bald nach Kriegsausbruch stand ein Schneider aus dem benachbarten Fürth vor dem Sondergericht Nürnberg, weil er deutschsprachige Nachrichten des Londoner und Straßburger Senders abgehört hatte[1]. Urteil: zwei Jahre Zuchthaus. Wurden die abgehörten Nachrichten weiterverbreitet, bedeutete das noch erheblich schärfere Strafen. Zu sechs Jahren Zuchthaus verurteilte das Sondergericht einen Revierförster aus der Oberpfalz, der nur ein paarmal den Schweizer Sender Beromünster empfangen, aber einmal eine abgehörte Nachricht Waldarbeitern weitererzählt hatte[1a]. Solche Täter wurden in einschlägigen Urteilsbegründungen als «Feind des deutschen Volkes»[2] oder als «durchaus minderwertige Persönlichkeit»[3] bezeichnet. Stellte sich eine frühere kommunistische oder «marxistische», d. h. sozialdemokratische Parteinahme des Angeklagten heraus, wirkte sich das stets strafverschärfend aus.
Auch in den wenigen Kleingruppen, in denen es ehemaligen Kommunisten und Sozialdemokraten

> «In der letzten Zeit wurde festgestellt, daß frühere Marxisten und Kommunisten in Wirtschaften und anderen Geschäftsräumen, deren Inhaber die gleiche politische Einstellung haben, zusammenkommen und Maßnahmen der Reichsregierung usw. abfällig kritisieren. Überwachungsmaßnahmen sind eingeleitet.»
>
> *(Aus dem Monatsbericht des Regierungspräsidenten von Ober- und Mittelfranken für Juni 1940)[4]*

38 *Das Sondergericht Nürnberg, vor dem die meisten politischen und die mit dem Krieg zusammenhängenden kriminellen Delikte verhandelt wurden, war wegen seiner überaus harten Urteile und der brutalen Verhandlungsführung durch seine Vorsitzenden bekannt und berüchtigt.*
Im Bild: Dr. Oswald Rothaug, bis 1943 Vorsitzender des Sondergerichts, als «Blutrichter» und als «Henker von Nürnberg» verrufen, während einer Verhandlung.

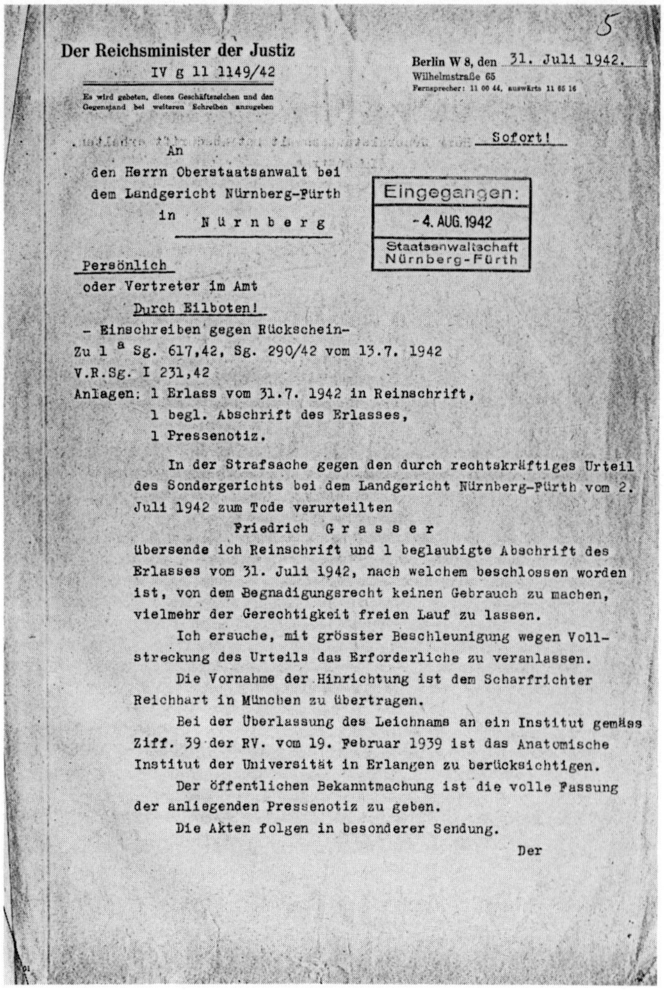

5

Der Reichsminister der Justiz
IV g 11 1149/42

Es wird gebeten, dieses Geschäftszeichen und den Gegenstand bei weiteren Schreiben anzugeben

Berlin W 8, den 31. Juli 1942.
Wilhelmstraße 65
Fernsprecher: 11 00 44, auswärts 11 65 16

Sofort!

An
den Herrn Oberstaatsanwalt bei
dem Landgericht Nürnberg-Fürth
in N ü r n b e r g

Eingegangen:
- 4. AUG. 1942
Staatsanwaltschaft
Nürnberg-Fürth

Persönlich
oder Vertreter im Amt
Durch Eilboten!
- Einschreiben gegen Rückschein-
Zu 1 a Sg. 617,42, Sg. 290/42 vom 13.7. 1942
V.R.Sg. I 231,42
Anlagen: 1 Erlass vom 31.7. 1942 in Reinschrift,
1 begl. Abschrift des Erlasses,
1 Pressenotiz.

In der Strafsache gegen den durch rechtskräftiges Urteil des Sondergerichts bei dem Landgericht Nürnberg-Fürth vom 2. Juli 1942 zum Tode verurteilten

Friedrich G r a s s e r

übersende ich Reinschrift und 1 beglaubigte Abschrift des Erlasses vom 31. Juli 1942, nach welchem beschlossen worden ist, von dem Begnadigungsrecht keinen Gebrauch zu machen, vielmehr der Gerechtigkeit freien Lauf zu lassen.

Ich ersuche, mit grösster Beschleunigung wegen Vollstreckung des Urteils das Erforderliche zu veranlassen.

Die Vornahme der Hinrichtung ist dem Scharfrichter Reichhart in München zu übertragen.

Bei der Überlassung des Leichnams an ein Institut gemäss Ziff. 39 der RV. vom 19. Februar 1939 ist das Anatomische Institut der Universität in Erlangen zu berücksichtigen.

Der öffentlichen Bekanntmachung ist die volle Fassung der anliegenden Pressenotiz zu geben.

Die Akten folgen in besonderer Sendung.

Der

39 *Mit Todesurteilen war das Sondergericht schnell zur Hand. Der Nürnberger Arbeiter Friedrich Grasser war nach dem Verbot der KPD im aktiven Widerstand tätig gewesen und hatte das mit fünf Jahren Gefängnis und KZ-Haft gebüßt. Während des Krieges machte er regimekritische Äußerungen. Eine Denunziation durch Arbeitskollegen führte zu erneuter Verhaftung und schließlich zum Todesurteil.*

gelang, über den Kriegsbeginn hinaus miteinander in lockerer Verbindung zu bleiben, spielten Austausch und gezielte Weitergabe von abgehörten Auslandsnachrichten eine vorrangige Rolle. Ende 1940 meldete die Nürnberger Geheime Staatspolizei die Aufdeckung und Zerschlagung von drei solcher Gruppen. Teils innerhalb einer kleinen Gruppe, teils ganz auf sich allein gestellt, wurden ungebeugte Kommunisten, Sozialdemokraten und Gewerkschafter während des Krieges nochmals aktiv gegen das herrschende Regime. Mehrfach geschah das, nachdem eine mehr oder weniger lange Haftzeit bereits hinter ihnen lag.

Im Juli 1942 verurteilte das Sondergericht Nürnberg den Arbeiter Friedrich Grasser zum Tode[5]. Arbeitskollegen hatten ihn wegen kritischer Äußerungen denunziert. Unter anderem hatte er einen Sieg der USA und der Sowjetunion vorhergesagt. 1933 war er in der illegalen KPD tätig gewesen und hatte das mit einer fünfjährigen Haft in Gefängnis und Konzentrationslager gebüßt. Einen sehr ähnlichen Fall aus Nürnberg verhandelte im Januar 1944 der Volksgerichtshof in Berlin. Der Sozialdemokrat Fritz Munkert hatte 1933/34 für die verbotene SPD Schriftentransport und Kurierdienst besorgt und diesen Beitrag zum aktiven Widerstand mit zweieinhalb Jahren Zuchthaus und anschließend weiteren zweieinhalb Jahren KZ-Haft bezahlt. Auch er war an seinem Arbeitsplatz denunziert worden wegen abfälliger Äußerungen gegen das Regime und wegen Beziehungen zu ausländischen Arbeitern, denen er ein paar Rauchwaren und Lebensmittel geschenkt hatte. Folge: Todesurteil im Januar und Hinrichtung im April 1944. Gegen die Nürnberger Arbeiterin Therese Müller verhandelte das Sondergericht im Juni 1942[6]. Sie hatte ihrem Sohn in einem Brief zum Überlaufen zu den Sowjets geraten. Bei dem Sohn handelte es sich um einen früheren Funktionär des kommunistischen Jugendverbands, der nach der NS-Machtergreifung im Untergrund gearbeitet und dafür viereinhalb Jahre Gefängnis- und KZ-Haft verbüßt hatte. Urteil für die Mutter: fünf Jahre Zuchthaus wegen «Wehrkraftzersetzung». In der Urteilsbegründung des gewiß nicht zimperlichen Sondergerichts hieß es, der «Umstand, daß sie als Mutter um das Leben ihres Sohnes bangte», habe es möglich gemacht, von der Todesstrafe abzusehen. Aber das vom Oberreichsanwalt daraufhin angerufene Reichsgericht war damit nicht einverstanden. Im März 1943 fand vor dem Sondergericht Nürnberg eine zweite Verhandlung statt. Urteil diesmal: Todesstrafe, vollstreckt im Mai 1943.

Wie die Verfahren der politischen Justiz beweisen, waren das Abhören von Auslandssendern und das Äußern «staatsabträglicher» Kritik in jenen Jahren die häufigsten Formen nichtangepaßten Verhaltens. Das Regime hielt solche Strömungen, die in grundsätzlich oppositioneller Einstellung, aber auch nur in augenblicksbedingter Unzufriedenheit wurzeln konnten, für sehr gefährlich. Die Justiz verfolgte auch Einzelfälle, die alles andere als vorsätzlich wirkten, mit unnachsichtiger Strenge. Eine junge Nürnberger Hilfsarbeiterin, deren Verlobter, ein «Zigeunermischling», nach Auschwitz verbracht worden war, hatte zornig geäußert: «Wenn neben mir ein SS-Mann steht, steigt mir Gift und Galle hoch; denn diese haben alle Blut an den Händen. In Auschwitz sind 30 000 Menschen und von diesen kommt keiner mehr heraus.» Diese Äußerungen, befand das Sondergericht, seien geeignet, «das Vertrauen des Volkes zur politischen Führung zu untergraben». Strafe: zwei Jahre Gefängnis[7]. Auch spontane, menschlich verständliche Zornesausbrüche bei oder nach Luftangriffen konnten drakonische Strafen nach sich ziehen. Ein älterer Schreinergehilfe stieß im Luftschutzkeller, als während eines Luftangriffs eine schwere Sprengbombe in unmittelbarer Nähe einschlug, erregt hervor, das sei «die Quittung für 1933». Als erschwerend wertete das Sondergericht, daß er vor 1933 «überzeugter Marxist» gewesen war. Urteil: drei Jahre Zuchthaus[8].

> «Am 27. 8. 43 wurde im Briefkasten des Stadtrats Nürnberg, der am Eingang zum 15. Polizeirevier angebracht ist, ein aus einer Postkarte ausgeschnittenes Führerbild gefunden, auf dessen Rückseite die Worte geschrieben waren: Wer diesen Verbrecher erschießt, tut ein gutes Werk. Am 17. 8. 43 wurde im Schalterraum des Postamtes 2 in Nürnberg ein angeklebter Handzettel mit der Aufschrift: ‹Wir wollen nicht sterben für den Narren Hitler› festgestellt. An der Stadtmauer am Neutorgraben in Nürnberg war am 19. 8. 43 mit Kreide in deutscher Schrift die Schmiererei: ‹Hitler Du Mörder› angebracht worden . . .»
>
> *(Aus dem Monatsbericht des Regierungspräsidenten von Ober- und Mittelfranken September 1943)*[9]

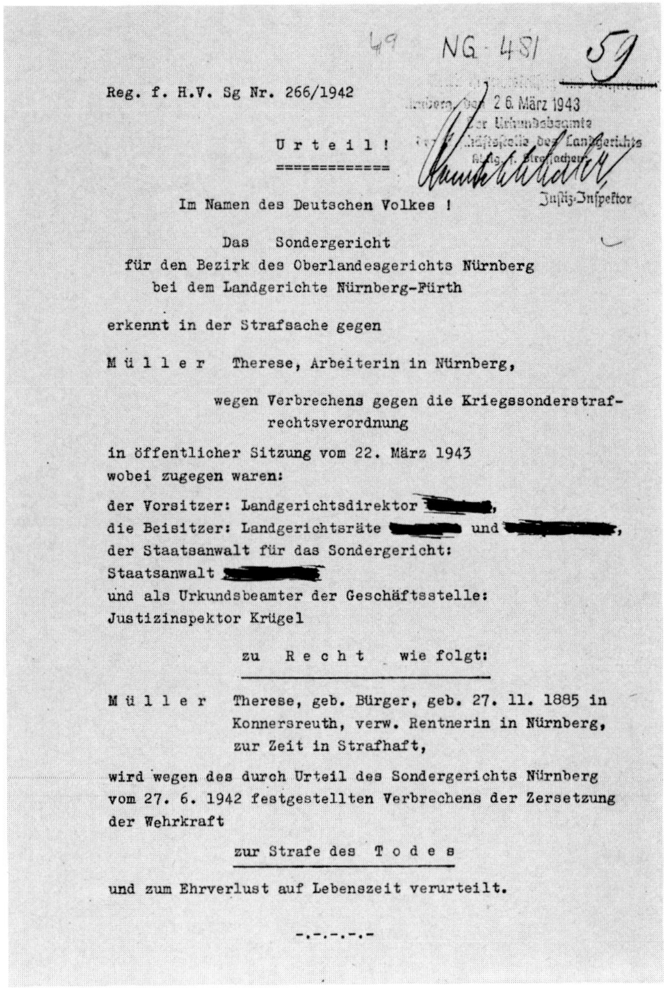

49 NG-481 59

Reg. f. H.V. Sg Nr. 266/1942

26. März 1943

Justiz-Inspektor

U r t e i l !

Im Namen des Deutschen Volkes !

Das Sondergericht
für den Bezirk des Oberlandesgerichts Nürnberg
bei dem Landgerichte Nürnberg-Fürth

erkennt in der Strafsache gegen

M ü l l e r Therese, Arbeiterin in Nürnberg,

wegen Verbrechens gegen die Kriegssonderstrafrechtsverordnung

in öffentlicher Sitzung vom 22. März 1943
wobei zugegen waren:

der Vorsitzer: Landgerichtsdirektor [redacted],
die Beisitzer: Landgerichtsräte [redacted] und [redacted],
der Staatsanwalt für das Sondergericht:
Staatsanwalt [redacted]
und als Urkundsbeamter der Geschäftsstelle:
Justizinspektor Krügel

zu R e c h t wie folgt:

M ü l l e r Therese, geb. Bürger, geb. 27. 11. 1885 in Konnersreuth, verw. Rentnerin in Nürnberg, zur Zeit in Strafhaft,

wird wegen des durch Urteil des Sondergerichts Nürnberg vom 27. 6. 1942 festgestellten Verbrechens der Zersetzung der Wehrkraft

zur Strafe des T o d e s

und zum Ehrverlust auf Lebenszeit verurteilt.

-.-.-.-.-

40 *Die Arbeiterin Therese Müller hatte ihrem Sohn, einem früheren Funktionär des kommunistischen Jugendverbands, zum Überlaufen zur Roten Armee geraten. In einem ersten Urteil hatte das Sondergericht ihr als Mutter mildernde Umstände zuerkannt und eine fünfjährige Zuchthausstrafe verhängt. Auf Einspruch des Reichsgerichts kam es zu einer zweiten Verhandlung. Die diesmal ausgesprochene Todesstrafe wurde im Mai 1943 vollstreckt.*

Das Malen von staats- und parteifeindlichen Parolen an Hauswände, Kontakte zu Kriegsgefangenen und ausländischen Zwangsarbeitern, Hilfe bei deren Fluchtversuchen, bewußte Sabotage in Rüstungsbetrieben: das waren andere Formen gegnerischen, das Regime schädigenden Verhaltens.
In den Bereich des individuellen «Widerstands des kleinen Mannes» gehörte auch der folgende Fall[10].

Der Brandmeister der Nürnberger Feuerschutzpolizei Johann Wild hatte als junger Mann jahrelang der SPD und der Republikschutzorganisation «Reichsbanner Schwarz-Rot-Gold» angehört und seit der nationalsozialistischen Machtübernahme laufend ausländische Sender abgehört. Nach Kriegsausbruch machte er seiner lange angestauten Gegnerschaft und ohnmächtigen Wut durch eine Verzweiflungstat Luft. Aus Zeitungen schnitt er Bilder und Textstellen aus und montierte daraus eine selbstgemachte Broschüre. So versah er beispielsweise ein Zeitungsfoto, das Hitler bei einer Rede vor Parteifunktionären zeigte, mit der Unterschrift «Sprachrohr der Mörder, der Führer bei seinen Banditen». Im Stil maßloser Wut und Empörung ging das 20 Seiten lang fort – zwei Tage vor Weihnachten 1939 schickte Wild seine Broschüre an eine hohe Parteidienststelle in Berlin. Fünf Wochen später ging eine weitere Sendung auf dem Postweg ab. Der kleine Feuerwehrmann erhoffte sich allen Ernstes eine «niederschmetternde und deprimierende» Wirkung auf die NS-Führung, wenn sie mittels seiner Sendungen einen Hinweis auf die Ablehnung des Regimes durch die Bevölkerung erhielte. Er wurde entdeckt und vom Sondergericht zum Tod verurteilt. Im Mai 1941 verkündeten rote Plakate die vollstreckte Hinrichtung.

Bei der Perfektion des Überwachungsapparats und Spitzelsystems von Staat und Partei und bei dem seinerzeit weitverbreiteten Denunziantentum muß man davon ausgehen, daß nur ganz wenige Fälle aktiven oder passiven Widerstands unentdeckt geblieben sind. Dazu zählten die erstaunlichen Vorgänge in einem großen Nürnberger Industriebetrieb. Die Facharbeiter der «Nürnberger Schraubenfabrik und Elektrowerk» (NSF) gehörten vor der NS-Machtergreifung überwiegend der SPD an. Der «Betriebsführer» war ein weitläufiger Verwandter des jüdischen Vor-Eigentümers und wurde einmal vor versammelter Belegschaft von Gauleiter Streicher höchstpersönlich als «Judenknecht» beschimpft, konnte sich aber dennoch – auch das kam vor – in seiner Stellung halten. In der Folgezeit entwickelte die NSF sich regelrecht zu einem «Asyl für Nazi-Gegner»[11]. Die Firmenleitung achtete nicht nur darauf, daß möglichst wenige aktive Nationalsozialisten angestellt wurden. Es gelang ihr auch, politisch Verfolgten sichere Arbeitsplätze zu schaffen – und das in der «Stadt der Reichsparteitage». Dank persönlicher Intervention eines leitenden NSF-Ingenieurs kam ein Werkmeister aus dem KZ Dachau frei, wo er wegen seiner gegnerischen Einstellung inhaftiert war. Ein bei Siemens aus politischen Gründen entlassener Ingenieur, ein aus der städti-

Bekanntmachung.

Am 17. Mai 1941 ist der am 24. Mai 1892 in Nürnberg geborene

Johann Wild

hingerichtet worden, den das Sondergericht Nürnberg-Fürth wegen Abhörens und Verbreitens ausländischer Rundfunkmeldungen zum Tode und zum dauernden Verlust der bürgerlichen Ehrenrechte verurteilt hat.

Wild hat nach Kriegsbeginn regelmäßig feindliche Sender abgehört und deren Hetzmeldungen in Schmähschriften verbreitet.

Nürnberg, den 17. Mai 1941

Der Oberstaatsanwalt
bei dem Landgericht Nürnberg-Fürth.
I. V.
gez. Hoffmann
Erster Staatsanwalt.

41 *Anstelle geplanten, systematischen Widerstands von Gruppen, der schon in den ersten Jahren der NS-Herrschaft nahezu restlos zerschlagen worden war, hatte es der Überwachungs- und Verfolgungsapparat des Regimes seit Kriegsbeginn mit einer wachsenden Zahl oppositioneller Äußerungen und Handlungen von Einzelnen zu tun. Zu diesem individuellen «Widerstand des kleinen Mannes» gehörte auch der Fall des ehemaligen Sozialdemokraten und Feuerwehrbediensteten Johann Wild.*

schen Feuerwehr hinausgeworfener Kommunist, ein halbjüdischer Gewerbelehrer ohne Anstellung, ein ehemaliger Professor, der wegen Abhörens von «Feindsendern» im Gefängnis saß: sie und viele andere, die dem NS-Regime nicht genehm waren, fanden in dem großen Industriewerk Unterkommen. Vielfach fanden sie auch Schutz vor dem Wehrdienst: es gelang in diesem Betrieb, der schon vor Kriegsbeginn mit Rüstungsaufträgen zu tun hatte, zahlreiche ehemalige «Genossen» und Gleichgesinnte auf besonders qualifizierte «kriegswichtige» Arbeitsplätze einzuteilen und sie dann als «unabkömmlich» vom Wehrdienst zu befreien. Auch von einem anderen Nürnberger Großunternehmen, der AEG, ist bekannt, daß dort Gegner des Nationalsozialismus einen gewissen Zusammenhalt wahren konnten und unentdeckt blieben. Ehemalige Sozialdemokraten und Kommunisten, die in einem besonderen Vertrauensverhältnis zueinander standen, ließen sich gemeinsam zu nächtlichen Luftschutzwachen einteilen. Waren sie dann unter sich, so tauschten sie neueste Nachrichten von abgehörten Auslandssendern aus und warnten sich gegenseitig vor gefährlichen NS-Arbeitskollegen. Sowohl bei NSF als auch bei AEG gingen von solchen unentdeckten oppositionellen Vertrauensgruppen unmittelbar nach Kriegsende die ersten demokratischen Impulse aus, Anstöße zur Bildung von Betriebsräten und Gewerkschaften.

Von 1940 bis 1945 führte das Sondergericht insgesamt 344 politische Verfahren gegen Bürger aus Nürnberg und der Nachbarstadt Fürth durch, also erheblich mehr als in den vorangegangenen sechseinhalb Friedensjahren (wobei zu berücksichtigen ist, daß nur rund 60% der Verfahren durch Akten belegt, also heute noch faßbar sind). Beim Obersten Landesgericht in München und beim Volksgerichtshof in Berlin, wo andere Fälle von Kritik und Gegnerschaft – meist solche von grundsätzlicherer Bedeutung – behandelt wurden, ist die Aktenüberlieferung noch lückenhafter. Zwischen 1940 und 1944 standen mindestens 89 weitere Nürnberger Bürger wegen politischer Delikte vor dem Obersten Landesgericht. Die Betrachtung der Anklagepunkte in allen diesen Verfahren zeigt, daß während des Krieges die Fälle unsystematischer oppositioneller Äußerungen und Haltungen immer stärker gegenüber aktiven und geplanten Widerstandshandlungen überwogen, die in der politischen Justiz der Vorkriegsjahre noch ein großes Ausmaß hatten.

> «Ich sagte, indem ich auf wunderbare Weise wieder die volle Herrschaft über mich zurückkehren fühlte: ‹Na, wenn Sie es schon so eilig haben, aus Mauthausen auf die schnellste Art wieder fortzukommen, was soll ich da sagen?› Der SS-Oberscharführer lächelte sein dümmstes Lächeln, sah mich einen Augenblick in einer Mischung von Verlegenheit und Anmaßung an, ermannte sich, mir auf die Schulter zu klopfen, und erwiderte: ‹Mensch, wenn ich an Deiner Stelle wäre, bräuchte ich mir darüber keine Gedanken zu machen. Du hast es leicht, Du brauchst nicht zurückzulaufen, bei Dir ist das ganz einfach: Du gehst beim Tor hinein und kommst beim Schlot wieder heraus.›»
>
> *(Aus den Erinnerungen des im Nürnberger Widerstand tätig gewesenen Dr. Drexel an seine Einlieferung in das KZ)*[12]

Von den rund 8500 Juden, die anfangs 1933 in Nürnberg gelebt und etwas über 2% der Einwohnerschaft ausgemacht hatten, wohnten bei Kriegsbeginn noch rund 2700 in der Stadt. Bis zu diesem Zeitpunkt hatten die Zurückgebliebenen bereits jahrelange Demütigungen, Schikanen und Entrechtungen über sich ergehen lassen müssen. Nirgendwo war die Hetze wilder gewesen als in Nürnberg. Allwöchentlich verbreitete die von dem «Frankenführer» Julius Streicher herausgegebene Zeitung «Der Stürmer» in Hunderttausenden von Exemplaren Haß und Lügen und Unflat gegen die Juden. Wie besessen tobten Streicher und seine Clique in Reden und Schriften gegen das «Volk der Verbrecher». Von Nürnberg aus gingen bunte Bücher in die Welt, die Kinder schon in frühem Schulalter zum Judenhaß erziehen sollten. Bei der gewaltsamen Überführung jüdischer Häuser, Grundstücke und Firmen in die Hände von «Ariern» handelten die örtlichen Partei-Instanzen nach der Devise: Franken und speziell Nürnberg voran. Das in ihrer Heimatstadt besonders gehässige Vorgehen hat viele Nürnberger Juden zum rechtzeitigen Auswandern veran-

laßt und zum Überleben derjenigen beigetragen, die vor dem mörderischen Judenhaß nach England oder Übersee flohen.
Für die zurückgebliebenen Juden verschlechterten sich bei Kriegsbeginn die Lebensbedingungen nochmals einschneidend. Zwischen acht Uhr abends und sechs Uhr morgens (im Sommer zwischen 21 und fünf Uhr) durften sie ihre Wohnungen nicht mehr verlassen. Lebensmittel einkaufen durften sie nur noch in bestimmten Geschäften und zu begrenzten Zeiten. Am 23. September 1939 erging die Anordnung, ihre Rundfunkgeräte abzuliefern; der Kauf neuer Geräte, ja selbst das Mithören bei nichtjüdischen Nachbarn war verboten. Sie durften keine Fernsprechanschlüsse mehr haben und keine Zeitungen und Zeitschriften beziehen; zu Theateraufführungen, Konzerten, Vorträgen, Kinos hatten sie schon seit Herbst 1938 keinen Zutritt. Es war kein menschenwürdiges Leben mehr, das inmitten ihrer nichtjüdischen Nachbarn zu führen sie gezwungen waren.
Obwohl Streicher sich seit Februar 1940 in Nürnberg nicht mehr blicken lassen durfte, konnte er weiterhin seinen «Stürmer» herausgeben. Der hetzte in altbekannter Weise, wobei seit Kriegs-

Der Stürmer
Deutsches Wochenblatt zum Kampfe um die Wahrheit
HERAUSGEBER: JULIUS STREICHER

Nummer 38 | Nürnberg, im September 1939 | 17. Jahr 1939

Völkermörder Alljuda

Die Entfesselung des Völkerringens

Zu Ende des vergangenen Jahrhunderts glaubte das Weltjudentum schon nahe an der Schwelle der Weltherrschaft zu sein. Es kamen im Jahre 1897 die führenden Juden der Welt in Basel zusammen. Sie beschlossen, den Weg zum Endziel planmäßig und mit allen verbrecherischen Mitteln zu gehen. Sie verfaßten das Programm zur endgültigen und restlosen Eroberung der Weltherrschaft. Es ist bekannt unter dem Namen „Die Zionistischen Protokolle". In diesem Programm heißt es:

„Sobald ein nichtjüdischer Staat es wagt, sich gegen uns zu wenden, um uns auf unserem Wege zur Weltherrschaft Widerstand zu leisten, müssen wir in der Lage sein, seine Nachbarn zum Kriege gegen ihn zu veranlassen. Sollten aber auch die Nachbarn gemeinsame Sache mit ihm machen, so müssen wir den Weltkrieg entfesseln."

Das Land, das dem Weltjudentum Widerstand leistete, war Deutschland. Es war eine Monarchie, es war keine Juden- und Freimaurerrepublik. Das Weltjudentum entfesselte darum gegen Deutschland den Weltkrieg.

Der Wille Alljudas

Noch während des Krieges schrieb der Jude Walter Rathenau, der spätere republikanische Außenminister, die Worte nieder:

„Wenn am Ende dieses Krieges der Kaiser auf weißen Rossen als Sieger durch das Brandenburger Tor ziehen würde, dann hätte die Weltgeschichte ihren Sinn verloren."

Aus dem Inhalt

Juden beten um Hitlers Tod
Schändung, Abtreibung, Mord!
Die Schwarze Muttergottes
Die Schlacht im Judenhaus
Das ist der Jude

Unter demokratischer Flagge

Der Jude steckt im Hintergrund
Und geifert sich sein Schandmaul wund,
Hetzt brave Völker in den Tod
Und weidet sich an ihrer Not.

Die Juden sind unser Unglück!

42 *Die vom «Frankenführer» Julius Streicher persönlich herausgegebene Zeitung «Der Stürmer» hetzte seit 1923 in Wort und Bild auf primitivstem Niveau gegen die Juden. Selbst nach Streichers Entmachtung und Einflußverlust fanden allwöchentlich noch 200000 bis 300000 «Stürmer»-Exemplare ihre Abnehmer und Leser.*

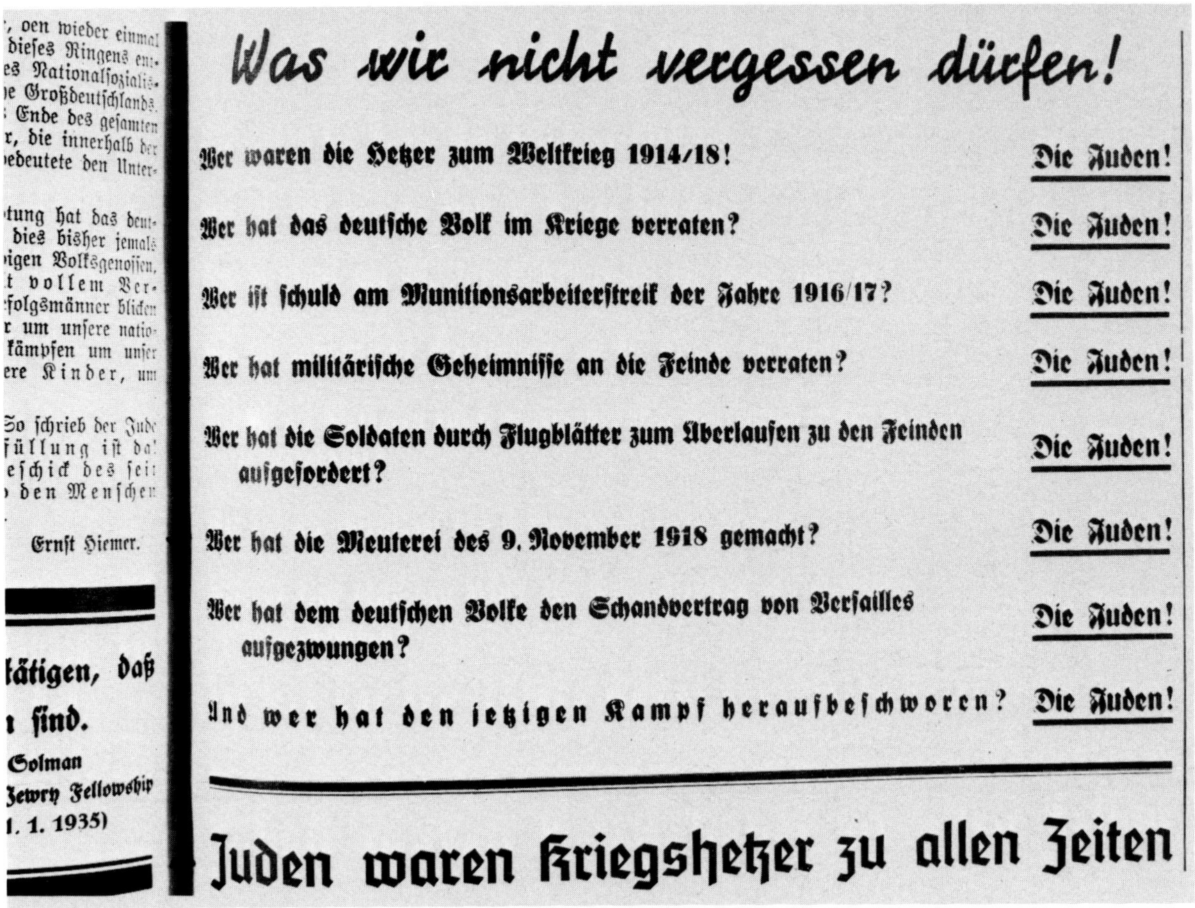

', den wieder einmal
dieses Ringens en-
es Nationalsoziali-
ie Großdeutschlands
: Ende des gesamten
r, die innerhalb der
edeutete den Unter-

tung hat das deut-
dies bisher jemals
igen Volksgenossen,
t vollem Ver-
folgsmänner blicken
r um unsere natio-
kämpfen um unser
ere Kinder, um

So schrieb der Jude
füllung ist da
eschick des sei
den Menschen

Ernst Hiemer.

tätigen, daß
sind.
Golman
Jewry Fellowship
1. 1. 1935)

Was wir nicht vergessen dürfen!

Wer waren die Hetzer zum Weltkrieg 1914/18? Die Juden!

Wer hat das deutsche Volk im Kriege verraten? Die Juden!

Wer ist schuld am Munitionsarbeiterstreik der Jahre 1916/17? Die Juden!

Wer hat militärische Geheimnisse an die Feinde verraten? Die Juden!

Wer hat die Soldaten durch Flugblätter zum Überlaufen zu den Feinden aufgefordert? Die Juden!

Wer hat die Meuterei des 9. November 1918 gemacht? Die Juden!

Wer hat dem deutschen Volke den Schandvertrag von Versailles aufgezwungen? Die Juden!

Und wer hat den jetzigen Kampf heraufbeschworen? Die Juden!

Juden waren Kriegshetzer zu allen Zeiten

43 *Gleich nach Kriegsausbruch griff der «Stürmer» wie besessen eine neue Variante seines Judenhasses auf: die Juden als Urheber des derzeitigen Krieges. Das fortan eingehämmerte Pendant zur berühmt-berüchtigten Titelzeile «Die Juden sind unser Unglück» lautete nunmehr: «Die Juden sind schuld am Kriege!»*
Im Bild: aus der «Stürmer»-Ausgabe vom September 1939.

ausbruch zu den bekannten Haß-Mustern ein neues hinzukam: «der Jude» als Urheber des derzeitigen Krieges. Die Fußleiste «Die Juden sind unser Unglück», die jede Titelseite des «Stürmer» seit seinem Erscheinen «zierte», erhielt im Krieg auf anderen Seiten Ergänzung durch die Fußleisten «Die Juden sind schuld am Kriege!» und «Nur der Sieg über Alljuda gibt der Welt den Frieden!» Nach dem überraschenden Abschluß des Nichtangriffspakts zwischen dem Dritten Reich und der Sowjetunion im August 1939 war der «Stürmer» vorübergehend um eines seiner Lieblingsthemen – der Bolschewismus als Agent des internationalen Judentums – ärmer geworden, aber nach dem Ende dieses unnatürlichen Zweckbündnisses im Juni 1941 konnte er um so hemmungsloser gegen das «plutokratisch-bolschewistische Weltjudentum», gegen den Bolschewismus als «Abgesandten der Börsenjuden aller Länder»[13] zu Felde ziehen. Nach 1940 erschienen häufig Bilder aus östlichen Juden-Ghettos. Bilder mit fratzenhaft fotografierten Gesichtern von Ostjuden erhielten Unterschriften wie: «Abschaum der Menschheit» – «Teufel in Menschengestalt» – «Eine Rasse, der das Verbrechen ins Gesicht geschrieben ist, kann nur der Teufel in die Welt gesetzt haben»[14]. Neu während des Krieges waren auch zwei Spalten: «Das ist der Jude» und «Der Stürmer und die Front». Sie enthielten Erlebnisschilderungen von Soldaten und Auszüge aus Feldpostbriefen über das Leben der Juden und der «rassisch minderwertigen» Landbevölkerung

Der Judenstern

Den Trägern des großen, gelben Judensterns wird es künftig nicht mehr möglich sein, sich unerkannt unter das Volk zu mischen und die Giftsaat der unglaublichsten Gerüchte auszustreuen. Mit dieser Feststellung beantwortet sich zugleich die Frage nach dem Warum dieser Maßnahme, die wie jedes Vor-

Photo: Scherl

gehen gegen den Juden durch das Verhalten des Juden selbst erzwungen worden ist. Mancher von uns hat inzwischen im Träger oder in der Trägerin des gelben Sterns den Mann oder die Frau wiedererkannt, die das oder jenes Gerücht beim Einkaufen weitergetuschelt haben. Nun ist Schluß mit diesem heimlichen Unterhöhlen und hinterhältigen Flüstern. Jetzt wissen wir, wer Jude ist.

Ga

Querschnitt durch i

Man weiß nicht,
nen soll an der
Kriegswinterhilfswer
Erfindungsgabe all
tadellose Organisatio
Zusammenarbeiten d
mit dem NS.-Reich-
oder das begeisterte
die am Samstag un
bevölkerten. 160 B
wurden von Hunder
Sportlerinnen allein
auf den Straßen ge
zeldarstellungen bei
das große Straßenfe
Der Rollschuhesel,
Weg getrottet ist,
alten Herrn, der an
gender Begeisterung
Bildern der Kriegsh
hofvorplatz hat sich d
barten Hotels schnell
heit fortgeschlichen,
klub „Morgenrot“
aufs Tor zu knallen.
beln die kleinen Rol
gen einer dichten
lose Begeisterung ab
reizenden Sportmäd
Kostümen! Nicht w
fällt der Groschen un
Sammelbüchsen werd
Am Abend bei de
tungen der KdF.-Ge
geisterten Leistunge
Damenturnriegen,
führungen der Drei
Brunners (Nürnber
der schneidigen M
kapelle, bei all diesen
turverein, da sag

Die r

44 *Nach den seit Kriegsbeginn neu hinzugekommenen Schikanen und Entrechtungen erreichte der Prozeß der Demütigung der Juden und ihrer Ausstoßung aus der Volksgemeinschaft im Herbst 1941 einen neuen Höhepunkt. Alle noch in Deutschland verbliebenen Juden, auch kleine Kinder, mußten auf ihrer Kleidung ein festes Kennzeichen tragen. Im Bild: Kommentar einer Nürnberger Zeitung zur Einführung des «Judensterns».*

in den eroberten Ostgebieten. Auch nach dem Sturz Streichers verließen in den Kriegsjahren noch 200 000–300 000 Exemplare je «Stürmer»-Ausgabe die Druckpressen und fanden ihre Abnehmer und Leser. Der «Stürmer» und seine zahlreichen Zuträger setzten ihre «Aufklärungsarbeit» auch dann noch fort, als nach dem Ende der Deportationen kaum noch Juden in Deutschland lebten. Die Zeitung und ihr Herausgeber ließen nicht locker – wie es Streicher in einem Leitartikel selber formulierte: «Das Völkerringen unserer Zeit wird enden mit der Vernichtung des Judentums in seiner Gesamtheit»[15].

Das Bemühen um Isolierung der Juden und ihre Aussonderung aus dem Volksganzen erreichte seinen äußeren Höhepunkt im September 1941. Kraft «Polizeiverordnung über die Kennzeichnung der Juden» mußten ab 15. September 1941 alle Juden über sechs Jahre, also auch kleine Kinder, in der Öffentlichkeit einen «Judenstern»

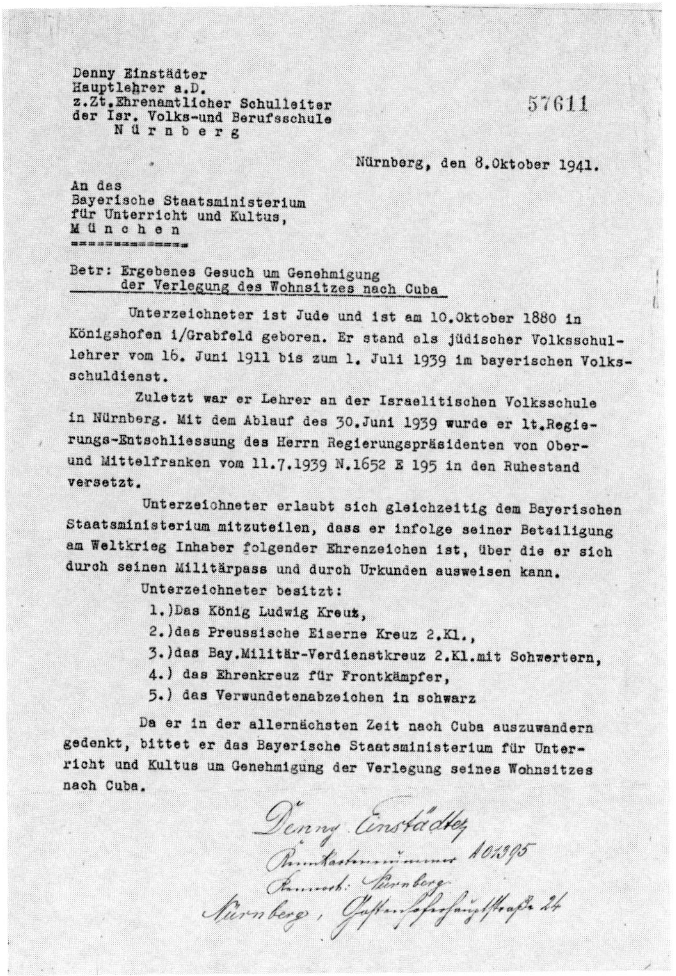

Denny Einstädter
Hauptlehrer a.D.
z.Zt.Ehrenamtlicher Schulleiter
der Isr. Volks-und Berufsschule
N ü r n b e r g

57611

Nürnberg, den 8.Oktober 1941.

An das
Bayerische Staatsministerium
für Unterricht und Kultus,
M ü n c h e n

Betr: Ergebenes Gesuch um Genehmigung der Verlegung des Wohnsitzes nach Cuba

Unterzeichneter ist Jude und ist am 10.Oktober 1880 in Königshofen i/Grabfeld geboren. Er stand als jüdischer Volksschullehrer vom 16. Juni 1911 bis zum 1. Juli 1939 im bayerischen Volksschuldienst.

Zuletzt war er Lehrer an der Israelitischen Volksschule in Nürnberg. Mit dem Ablauf des 30.Juni 1939 wurde er lt.Regierungs-Entschliessung des Herrn Regierungspräsidenten von Ober- und Mittelfranken vom 11.7.1939 N.1652 E 195 in den Ruhestand versetzt.

Unterzeichneter erlaubt sich gleichzeitig dem Bayerischen Staatsministerium mitzuteilen, dass er infolge seiner Beteiligung am Weltkrieg Inhaber folgender Ehrenzeichen ist, über die er sich durch seinen Militärpass und durch Urkunden ausweisen kann.

Unterzeichneter besitzt:
1.)Das König Ludwig Kreuz,
2.)das Preussische Eiserne Kreuz 2.Kl.,
3.)das Bay.Militär-Verdienstkreuz 2.Kl.mit Schwertern,
4.) das Ehrenkreuz für Frontkämpfer,
5.) das Verwundetenabzeichen in schwarz

Da er in der allernächsten Zeit nach Cuba auszuwandern gedenkt, bittet er das Bayerische Staatsministerium für Unterricht und Kultus um Genehmigung der Verlegung seines Wohnsitzes nach Cuba.

Denny Einstädter
Kennkartennummer A02395
Kennort: Nürnberg
Nürnberg, Gostenhoferhauptstraße 24

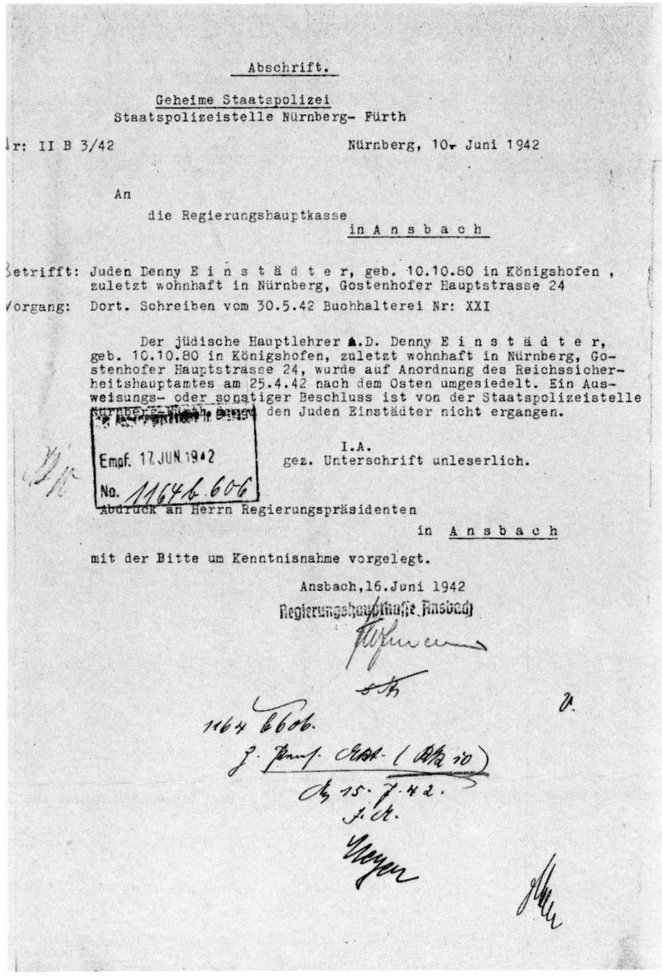

Abschrift.

Geheime Staatspolizei
Staatspolizeistelle Nürnberg- Fürth

Nr: II B 3/42 Nürnberg, 10. Juni 1942

An
die Regierungshauptkasse
in A n s b a c h

Betrifft: Juden Denny E i n s t ä d t e r, geb. 10.10.80 in Königshofen, zuletzt wohnhaft in Nürnberg, Gostenhofer Hauptstrasse 24

Vorgang: Dort. Schreiben vom 30.5.42 Buchhalterei Nr: XXI

Der jüdische Hauptlehrer a.D. Denny E i n s t ä d t e r, geb. 10.10.80 in Königshofen, zuletzt wohnhaft in Nürnberg, Gostenhofer Hauptstrasse 24, wurde auf Anordnung des Reichssicherheitshauptamtes am 25.4.42 nach dem Osten umgesiedelt. Ein Ausweisungs- oder sonstiger Beschluss ist von der Staatspolizeistelle Nürnberg-Fürth gegen den Juden Einstädter nicht ergangen.

Empf. 17.JUN.1942
No. 1164 b 606

I.A.
gez. Unterschrift unleserlich.

Abdruck an Herrn Regierungspräsidenten
in A n s b a c h
mit der Bitte um Kenntnisnahme vorgelegt.

Ansbach,16.Juni 1942
Regierungshauptkasse Ansbach

1164 b 606

45/46 Auf erschütternde Weise dokumentieren zwei Schriftstücke das Ende eines jüdischen Leidensweges. Ein ehemaliger Lehrer, im Ersten Weltkrieg verwundet und mehrfach ausgezeichnet, bat im Herbst 1941 um Genehmigung seiner beabsichtigten Auswanderung. Wenige Monate später hatte sich sein Anliegen anderweitig erledigt: Auf Anordnung der SS wurde er im Frühjahr 1942 mit zahlreichen anderen Leidensgenossen nach dem Osten deportiert. Von den aus Nürnberg stammenden Teilnehmern der beiden Transporte im März und April 1942 ist kein einziger gerettet worden.

tragen: «Der Judenstern besteht aus einem handtellergroßen, schwarz ausgezogenen Sechsstern aus gelbem Stoff mit der schwarzen Aufschrift ‹Jude›. Er ist sichtbar auf der linken Brustseite des Kleidungsstücks fest aufgenäht zu tragen»[16]. Diese amtliche Brandmarkung betraf in Nürnberg noch ca. 1800 Juden.

Der Tragödie letzter Akt begann im Herbst 1941. Bernhard Kolb, seit 1920 Sekretär der Israelitischen Kultusgemeinde, hörte am 18. Oktober erstmals von Absichten, Nürnberger Juden nach dem Osten zu deportieren. Am 23. November 1941 eröffneten Kriminal- und Gestapobeamte über 500 von ihnen, daß sie vier Tage später polizeilich abgeholt werden und daß ihr gesamtes Vermögen mit sofortiger Wirkung beschlagnahmt sei. Am 27. November ab sieben Uhr früh holten Polizeiautos insgesamt 512 Juden – alle unter 60 Jahre alt und noch arbeitsfähig – in ihren Wohnungen ab. Jeder durfte 50 RM Bargeld, einen

Koffer mit einem Höchstgewicht von 50 kg, Verpflegung für 2–3 Wochen und ein Eßgeschirr mit Löffel, aber ohne Messer und Gabel, mitnehmen. Nach Augenzeugenberichten war das Verhalten der «arischen» Mitbürger sehr unterschiedlich: «Während manche Leute in einem unbewachten Augenblick unter Tränen rührenden Abschied nahmen, ergingen sich Passanten auf der Straße in wüsten Beschimpfungen und Beleidigungen»[17]. Erste Zwischenstation war ein Barackenlager auf dem Reichsparteitagsgelände in Langwasser.

«Von den angelieferten Juden sollen im 1. Raum die Koffer, die mittlerweile durch jüd. Arbeitskommandos herangeschafft wurden (2 LKW, 6 SS-Männer als Aufsicht) . . . von dem Beamten nach den Richtlinien durchsucht werden. Unerlaubte Gegenstände (Devisen, Schmuck usw.) sind zu entnehmen, tunlichst mit Evakuierungsnummer zu versehen und beiseite zu legen. Der Koffer wird dann verschlossen und ohne daß ihn der Jude wieder in die Hände bekommt, zur Getto-Gepäcksammelstelle gebracht zur späteren Verladung im Güterwagen; auch das Marschgepäck ist zu überholen. Im nächsten Raum (Raum II) hat der Jude, der bereits bei Abholung dem Beamten seine Vermögensliste, evtl. Wertpapiere und sonstige Papiere, übergeben hat, sämtliche bei sich tragende Ausweispapiere, Wertpapiere, unerlaubte Schmuckgegenstände, usw. abzugeben. Gleichzeitig sind von den Juden außerhalb Nürnbergs die RM 60,– Transportkosten mit abzugeben und zu buchen . . . Belassen wird ihnen lediglich die Kennkarte, Gebrauchsuhr und Ehering. Hierauf werden die Juden im Raum III körperlich durchsucht auf versteckte, mitgeschmuggelte Wertpapiere, usw. (Entkleiden, Frauen getrennt in Sonderräumen).»

(Aus der Organisationsanweisung der Gestapo Nürnberg-Fürth für die «Juden-Evakuierung» am 29. November 1941)[18]

Von Ausnahmen abgesehen ließen die mit der Durchführung der Aktion betrauten Gestapobeamten und SS-Männer keine Gelegenheit aus, die einem furchtbaren Schicksal entgegengehenden Juden durch mannigfache Schikanen noch zusätzlich zu quälen. In den letzten Tagen vor der Deportation hatten sich viele Juden kleine tragbare Handwägelchen angeschafft, weil im Befehl zur «Evakuierung» u. a. stand, daß möglicherweise das Gepäck über größere Strecken eigenhändig getragen werden müsse. Selbst diese bescheidenen Hilfsmittel wurden ihnen abgenommen. (Jener Nürnberger Gestapobeamte, der sich beim dritten Transport Richtung Osten auf dem Bahnhof Eger persönlich darum kümmerte, daß die Juden zu trinken bekamen – seit drei Tagen hatte es auf dem Transport kein Wasser gegeben – war eine von Überlebenden dankbar erwähnte Ausnahme.) Nach dreitägigem Zwangsaufenthalt im Sammellager erfolgte der Abtransport und nach abermals dreitägiger Fahrt war das Ziel, ein Lager bei Riga, erreicht. Gleich nach Ankunft kam es zu den ersten Ausschreitungen durch lettische SS, die unter deutschem Kommando stand. Das Lager war für die kalte Jahreszeit noch nicht vorbereitet. Die Baracken hatten nicht einmal Dächer. An den Entbehrungen infolge schlechter Unterbringung starben schon in den ersten Wochen viele Juden. Einzelne wurden erschossen oder erhängt, weil sie Brot gegen Kleidungsstücke eingetauscht hatten. Die meisten, darunter alle Frauen mit ihren Kindern, wurden am 26. März 1942 in einem nahen Wald erschossen; ein Teil der Männer kam zum Arbeitseinsatz. Von den 512 Deportierten des ersten Nürnberger Transports überlebten 16. Überhaupt keine Überlebenden gab es beim zweiten Transport, der 426 Juden umfaßte, im März 1942 die Stadt verließ und das Ghetto Izbica bei Lublin zum Ziel hatte. Dort herrschten schlimme Zustände. Weil das mitgenommene Gepäck nicht ausgehändigt wurde, fehlte es sogleich nach Ankunft an Bekleidung und Wäsche – weil das von den Juden vor ihrer Deportation einbezahlte Geld von der SS-Lagerleitung nicht freigegeben wurde, herrschte unter ihnen bald Hungersnot. Über ihre weiteren Schicksale im Ghetto und ihr Ende ist nichts mehr bekanntgeworden.
Ab 15. April 1942 mußten auch die Wohnungen der in Nürnberg noch verbliebenen Juden, über-

wiegend alter Menschen, durch den «Judenstern» gekennzeichnet sein. Wenige Tage später folgte das Verbot, öffentliche Verkehrsmittel zu benutzen. Selbst die bescheidensten Freuden, die noch einen Rest von Helligkeit in ihr jämmerliches Dasein bringen konnten, wurden ihnen Stück für Stück entzogen. Ab 15. Mai 1942 durften Juden keinerlei Haustiere, nicht einmal einen kleinen Vogel, mehr halten. Bei der gesetzlich angeordneten Auflösung der jüdischen Schulen waren in der letzten jüdischen Schule Nürnbergs nur noch ein Lehrer und einige Kinder aus Mischehen.

Ende August 1942 wurden schließlich die bisher zurückgebliebenen Juden über 65 Jahre und die nicht mehr arbeitsfähigen (über 55 Jahre) in drei Altersheimen in der Stadt zusammengefaßt.

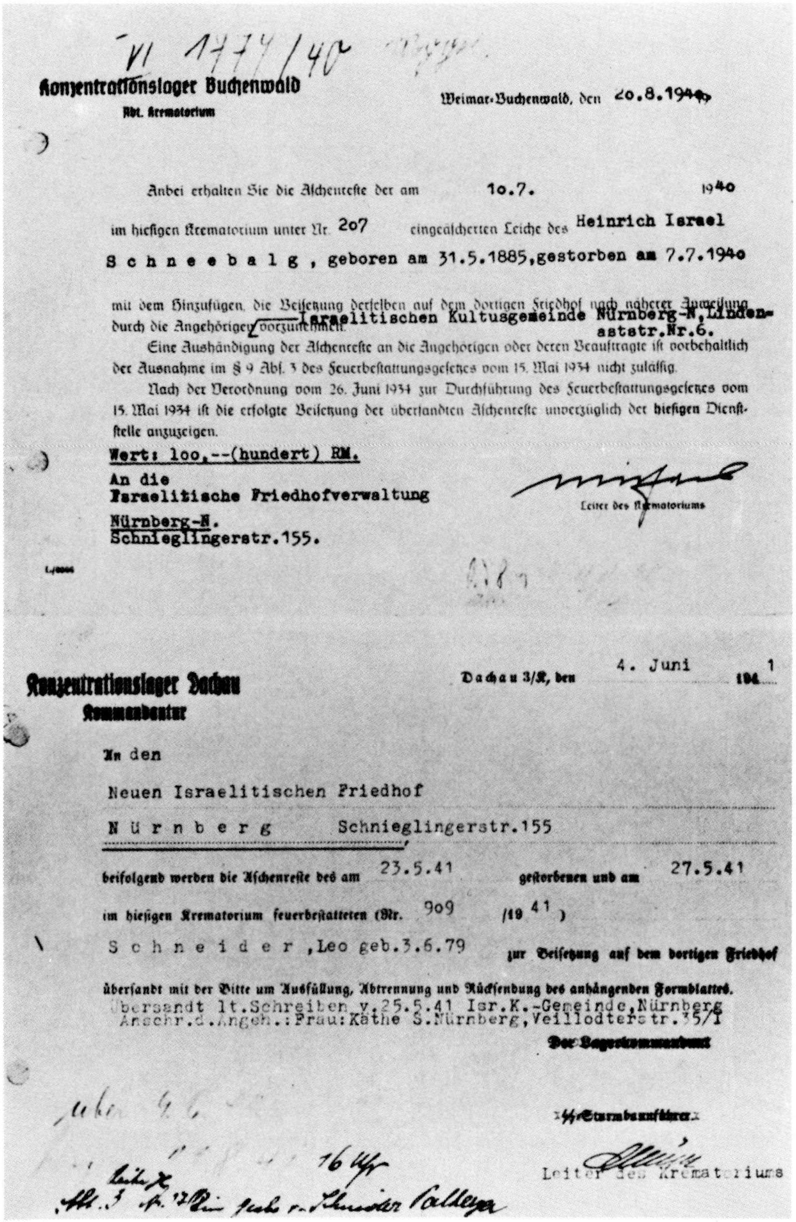

VI 1474/40

Konzentrationslager Buchenwald
Abt. Krematorium

Weimar-Buchenwald, den 20.8.1940

Anbei erhalten Sie die Aschenreste der am 10.7. 1940 im hiesigen Krematorium unter Nr. 207 eingeäscherten Leiche des Heinrich Israel Schneebalg, geboren am 31.5.1885, gestorben am 7.7.1940 mit dem Hinzufügen, die Beisetzung derselben auf dem dortigen Friedhof nach näherer Anweisung durch die Angehörigen/Israelitischen Kultusgemeinde Nürnberg-N, Lindenaststr. Nr. 6. vorzunehmen.

Eine Aushändigung der Aschenreste an die Angehörigen oder deren Beauftragte ist vorbehaltlich der Ausnahme im § 9 Abs. 3 des Feuerbestattungsgesetzes vom 15. Mai 1934 nicht zulässig.

Nach der Verordnung vom 26. Juni 1934 zur Durchführung des Feuerbestattungsgesetzes vom 15. Mai 1934 ist die erfolgte Beisetzung der übersandten Aschenreste unverzüglich der hiesigen Dienststelle anzuzeigen.

Wert: 100,--(hundert) RM.

An die
Israelitische Friedhofverwaltung
Nürnberg-N.
Schnieglingerstr. 155.

Leiter des Krematoriums

Konzentrationslager Dachau
Kommandantur

Dachau 3/K, den 4. Juni 1941

An den
Neuen Israelitischen Friedhof
Nürnberg Schnieglingerstr. 155

beifolgend werden die Aschenreste des am 23.5.41 gestorbenen und am 27.5.41 im hiesigen Krematorium feuerbestatteten (Nr. 909 /1941)
Schneider, Leo geb. 3.6.79 zur Beisetzung auf dem dortigen Friedhof übersandt mit der Bitte um Ausfüllung, Abtrennung und Rücksendung des anhängenden Formblattes.
Übersandt lt. Schreiben v. 25.5.41 Isr. K.-Gemeinde, Nürnberg
Anschr. d. Angeh.: Frau: Käthe S. Nürnberg, Veillodterstr. 35/I

Der Lagerkommandant
SS-Sturmbannführer

Leiter des Krematoriums

47 *Von 1631 aus Nürnberg «evakuierten» Juden wurden nur 72 gerettet. Im Gegensatz zur weit überwiegenden Mehrzahl, die in die besetzten Ostgebiete und nach Theresienstadt (Böhmen) deportiert wurden, kamen 67 nach ihrer Verhaftung in innerdeutsche Konzentrationslager. Nur zehn von ihnen überlebten.*
Im Bild: Zwei Benachrichtigungen über «Todesfälle» von Juden in den KZs Dachau und Buchenwald.

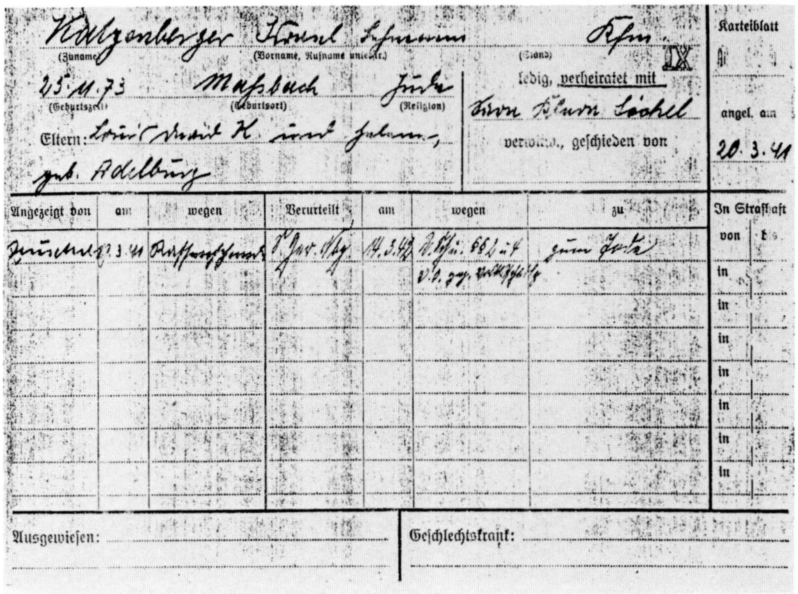
Katzenberger (Zuname) (Vorname, Rufname unterstr.) (Stand)
25.11.73 (Geburtstag) Maßbach (Geburtsort) Jude (Religion)
ledig, verheiratet mit
Eltern: ... geb. Adelberg
verwitw., geschieden von
Karteiblatt
angel. am 20.3.41

Angezeigt von	am	wegen	Verurteilt	am	wegen	zu	In Strafhaft
				14.3.42		zum Tode	von
							in

Ausgewiesen:
Geschlechtskrankt:

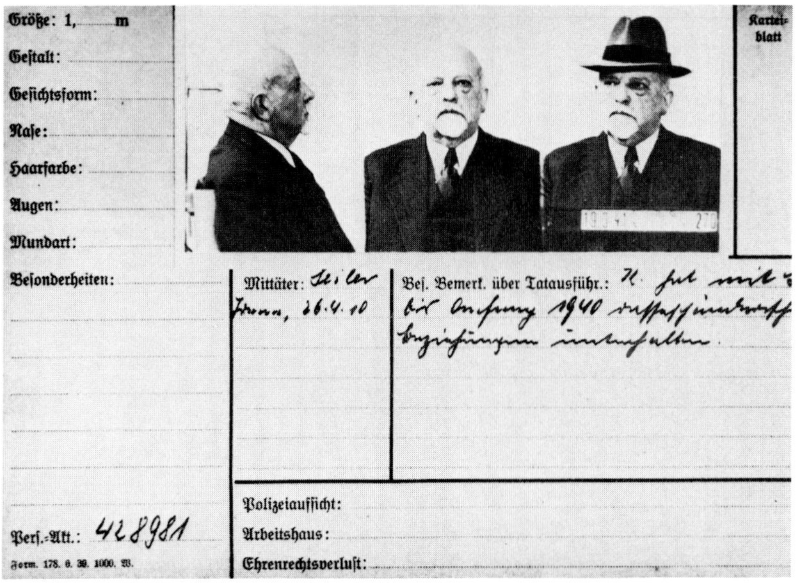
Größe: 1, m
Gestalt:
Gesichtsform:
Nase:
Haarfarbe:
Augen:
Mundart:
Besonderheiten:
Karteiblatt
Mittäter: Seiler Irene, 26.4.10
Bes. Bemerk. über Tatausführ.: K. hat mit S. bis Anfang 1940 rassenschänderische Beziehungen unterhalten
Polizeiaufsicht:
Arbeitshaus:
Ehrenrechtsverlust:
Pers.-Akt.: 428981
Form. 178. 6. 39. 1000. W.

48/49 *Eine Rechtsbeugung übelster Art, die schon seinerzeit weit über Nürnberg hinaus Aufsehen erregte, brachte 1942 den angesehenen Kaufmann und Vorsitzenden der Israelitischen Kultusgemeinde, Leo Katzenberger, unter das Fallbeil. Wegen angeblicher, durch nichts bewiesener «Rassenschande» verurteilte ihn das an sich gar nicht zuständige Sondergericht zum Tod. Seine unmenschlichen Richter kamen nach Kriegsende unbegreiflich glimpflich davon.*
Im Bild: Vorder- und Rückseite des Karteiblatts der Ermittlungsbehörde.

Unter dem Vorwand, für Alters- und Siechenheime in Theresienstadt, wohin die «Umsiedlung» gehen sollte, seien Einkaufsverträge abzuschließen, preßte man den alten Menschen den Rest ihrer Vermögen ab. Aber das Ausplündern ging noch weiter: am Tag vor dem Abtransport durften sie als angebliche «Vergünstigung» nochmals ihren monatlichen Freibetrag bei der Bank abheben; anderntags beschlagnahmte die Gestapo diese Gelder restlos. Am 10. September begann für 533 meist alte, teils kriegsbeschädigte und im Ersten Weltkrieg ausgezeichnete Juden – darunter zahlreiche über 75jährige – die Fahrt nach Theresienstadt in Nordböhmen. Die «Geschichte» dieses Deportationszuges ist aus erhalten gebliebenen Akten genau belegt.

«1.) Die Verladung der Nürnberger Juden mit Gepäck soll diesmal abweichend nicht in Nürnberg-Märzfeld, sondern in Nürnberg-Viehhof, Fäkalienverladungsstelle, Finkenstraße 33, erfolgen. Die Bamberger und Würzburger Juden – je etwa 200 – sollen in Bamberg und Würzburg verladen, die leeren Wagen hierfür aus Lp 1511 entnommen und nach Bamberg und Würzburg zugeführt und besetzt wieder nach Nürnberg Rbf zurückgeleitet werden.
2.) Der Leerzug 1511 am 9. 9. wird nach Nürnberg Rbf (statt Märzfeld) geleitet, der Vollzug Da 512 am 10. 9. fährt ab Nürnberg Rbf (18.14 Uhr) statt ab Märzfeld. . .»

(Aus einer Aufzeichnung der Reichsbahndirektion Nürnberg vom 26. August 1942)[19]

Obwohl vom NS-Regime als «Vorzugslager» organisiert und Ausländern gelegentlich vorgeführt, waren die Lebensumstände in Theresienstadt derart, daß sich die Reihen der Angekommenen schnell lichteten. Die Überfüllung des Lagers, die unzureichende Ernährung, der Mangel an Medikamenten und Hygiene und vor allem die seelischen Aufregungen und die Entwurzelung der alten Menschen führten zu zahlreichen Sterbefällen – noch vor dem Weitertransport direkt in das Vernichtungslager Auschwitz. 27 Nürnberger Juden blieben von diesem Transport mit dem Sonderzug Da 512 Nürnberg-Theresienstadt am Leben – 27 von 533.
Im Herbst 1942 siedelte man die letzten Nürnberger Juden, soweit sie nicht in Mischehen lebten, nach Fürth um: Nürnberg war ab 5. Oktober 1942 «judenrein». In den beiden folgenden Jahren gingen noch zwei kleinere Juden-Transporte von Nürnberg aus nach Theresienstadt ab. Zurück blieben lediglich ca. 40 in Mischehen lebende Juden; in den Wirren und Auflösungserscheinungen der letzten Kriegsmonate 1945 entgingen sie aus nicht mehr klärbaren Gründen dem Schicksal, das zu dieser Zeit auch den Mischehepartnern zugedacht war. Die grausige Bilanz im düstersten und beschämendsten Kapitel der Stadtgeschichte: bei insgesamt 1631 deportierten Nürnberger Juden gab es 72 Gerettete. Unter den Deportierten befanden sich rund 200 jüdische Kinder – nur zwei von ihnen überlebten mit ihrer Mutter.

Eheschließungen und sexuelle Beziehungen zwischen Juden und «Ariern» waren schon seit 1935 streng verboten. Grundlage dafür war das «Gesetz zum Schutz des deutschen Blutes und der deutschen Ehre», eines der beiden auf dem Reichsparteitag 1935 erlassenen «Nürnberger Gesetze». Auch im Krieg gab es noch zahlreiche Prozesse wegen Verstöße gegen das «Blutschutzgesetz». So verurteilte im Dezember 1940 das Landgericht Nürnberg-Fürth einen Nürnberger Juden wegen «Rassenschande», d. h. wegen eines Liebesverhältnisses mit einem nichtjüdischen Mädchen, zu zwölf Jahren Zuchthaus. Mit «Rassenschande» hatte auch ein aufsehenerregender Justizfall zu tun, der sich 1942 in Nürnberg abspielte. Seit Jahrzehnten besaß der angesehene jüdische Kaufmann Leo Katzenberger, der Vorsitzende der Israelitischen Kultusgemeinde, einen Schuhgroßhandel in der Stadt. Eine junge Frau namens Irene Seiler kam 1932 nach Nürnberg und wohnte seither in Katzenbergers Geschäftshaus, wo sie – seit 1937 übrigens Mitglied der NSDAP – später ein eigenes Fotogeschäft betrieb. Katzenberger war mit ihr und ihrer Familie schon lange zuvor bekannt, half ihr bei Schwierigkeiten mit Rat und Geld, es kam zu zahlreichen gegenseitigen Besuchen und kleinen Zärtlichkeiten – Frau Seiler sah in dem 37 Jahre älteren Mann einen väterlichen Freund und behandelte ihn entsprechend. Nach jahrelang ganz offen geführtem freundschaftlichem Umgang wurde Katzenberger wegen angeblicher «Rassenschande» verhaftet, wahrscheinlich aufgrund einer Denunziation von Nachbarn. In den Vernehmungen gaben er und Frau Seiler ihre freundschaftliche Verbindung zu, bestritten aber – Frau Seiler sogar unter Eid – jeglichen sexuellen Charakter ihrer Beziehungen. Wegen Mangels an Beweisen wollte der Ermittlungsrichter den Fall bereits einstellen, da zog der Vorsitzende des an sich gar nicht zuständigen Sondergerichts ihn an sich. Bei der öffentlichen Verhandlung konnten auch Zeugen der Anklage nichts weiter als gegenseitige Besuche und gelegentliches Zuwinken zwischen der jungen Frau und dem alten Mann bestätigen. Es war ein Schauprozeß: Die lokale Parteiprominenz war anwesend, Zeugen waren präpariert, immer wieder schnitt der Vorsitzende Dr. Rothaug, ein fanatischer Judenhasser, dem Angeklagten das Wort ab und machte beleidigende Zwischenbemerkungen. Zwar fehlten jegliche Beweise, aber aufgrund «aller Lebenserfahrung» sah das Gericht sexuelle Beziehungen als erwiesen an und betrachtete die Tatsache, daß Frau Seilers Ehemann Wehrdienst leistete und die Besuche seit Kriegsbeginn «im Schutz der Verdunkelung» stattfanden, als strafverschärfend. Am 13. März 1942 sprach das Sondergericht sein Urteil: für Katzenberger die Todesstrafe, für Frau Seiler eine zweijährige Zuchthausstrafe wegen angeblichen Meineids. Aufgrund von «Rassenschande» allein wäre die Todesstrafe nicht möglich gewesen, also stellte man eine Verbindung zur «Volksschädlingsverordnung» her. Das Gericht wertete Katzenbergers Verhalten – so wörtlich in der Urteilsbegründung – als «Angriff gegen die Sicherheit der Volksgemeinschaft in der Kriegsgefahr»[20]. Im Juni 1942 wurde der beinahe Siebzigjährige hingerichtet. Was aus seinen Richtern geworden ist, die auf so unmenschliche Weise das Recht gebeugt hatten? Die Amerikaner verurteilten nach Kriegsende im großen «Juristenprozeß» den Landgerichtsdirektor Dr. Rothaug zu einer lebenslänglichen Freiheitsstrafe und begnadigten ihn nach mehreren Jahren. Vor ein deutsches Gericht konnte er daher nicht mehr gestellt werden – er starb als Pensionär in Freiheit. Die als Beisitzer im Katzenberger-Prozeß beteiligten Landgerichtsräte Dr. Ferber und Dr. Hoffmann wurden 1968 – also 26 Jahre nach dem Prozeß – vor Gericht gestellt und wegen Totschlags zu drei bzw. zwei Jahren Gefängnis verurteilt. Ein anschließendes Revisionsverfahren verlief im Sand; die beiden Juristen blieben schließlich straffrei.

Ein geheimer regime-interner Lagebericht vom Februar 1942 nannte Nürnberg ausdrücklich unter zahlreichen anderen Orten, aus denen Mitteilungen vorlägen, wonach die Einführung des «Judensterns» sich «in der Bevölkerung im allgemeinen günstig ausgewirkt» und «einem lange gehegten Wunsch weiter Bevölkerungskreise» entsprochen habe[21]. In ähnlichem Sinne äußerte sich der Nürnberger Generalstaatsanwalt in einem Bericht: die Bevölkerung, der die erste Deportation von Juden aus Nürnberg und Fürth «nicht verborgen blieb, nahm die Tatsache zustimmend zur Kenntnis»[22]. Zweifel sind angebracht, ob hier nicht typische Einstellungen von aktiven Parteianhängern gewollt oder ungewollt mit der allgemeinen Volksmeinung gleichgesetzt wurden. Denn aufs Ganze gesehen beschäftigte sich die Bevölkerung während des Krieges mit dem Schicksal ihrer ehemaligen jüdischen Mitbürger nicht mehr viel. Man hatte infolge des Krieges mannigfache eigene, andere Sorgen, die das Wegsehen und Wegdenken vor einem vielleicht dunkel geahnten Abgrund erleichterten. Vergessen, Ausschluß aus der «Volksgemeinschaft», Deportationen, Nürnberg «judenrein» zu machen: das genügte allerdings den kleinen und großen Scharfmachern im Gefolge von Streicher und Holz noch nicht. In seiner Rede auf der Kundgebung zur Feier des zehnten Jahrestags der NS-Machtübernahme erklärte der oberste Nürnberger Repräsentant des Regimes: «Wenn wir Deutschland lieben, müssen wir den Juden hassen, solange auch noch ein einziger von ihnen auf der Welt ist!»[23]

4. Im Zeichen des Luftkriegs und des «Totalen Kriegs» (1943/44)

Zu Beginn des Jahres 1943, also bereits mitten im 4. Kriegsjahr, war die Stadt noch weitgehend unversehrt. Die Menschen wirkten weder schlecht ernährt noch schlecht gekleidet. In den Auslagen der Geschäfte war zwar nicht mehr die Warenfülle der Vorkriegszeit zu sehen, aber sie waren noch dekoriert, manchmal mit Attrappen, und hatten noch ihre intakten Schaufenster. Wer sich an daß äußere Erscheinungsbild hielt, konnte erst auf den zweiten oder dritten Blick erkennen, daß die Stadt in einem Land lag, das sich schon seit Jahren im Krieg befand. In der zweiten Januarhälfte 1943 zeichnete sich ein Ereignis ab, das die Menschen aufwühlte wie bisher kein anderes seit Kriegsausbruch: die Einschließung und der Untergang der deutschen 6. Armee mit fast 300000 Mann in Stalingrad. Noch vor Jahresfrist hatte die Nürnberger Parteiführung an fünfzig besonders belebten Stellen des Stadtgebiets große Tafeln aufstellen lassen mit Karten von Europa und der Überschrift «Deutschland siegt an allen Fronten». Jetzt, gegen Ende Januar, erschienen auf den Titelseiten der Nürnberger Zeitungen großaufgemachte Durchhalteparolen von düsterer Eindeutigkeit: «Es geht auf Leben und Tod / Wir können und müssen siegen!» – «Für den Sieg ist kein Opfer zu groß» – «Der Krieg bestimmt unser Schicksal / darum müssen wir siegen!»[1]. Die katastrophale Niederlage von Stalingrad öffnete auch gutgläubigen «Volksgenossen» die Augen, daß die Zeit der großen und schnellen deutschen Siege vorbei war.

Die Stimmung verschlechterte sich in vorher nicht gekannter Breite – geheime Lageberichte mußten einräumen, daß für viele Menschen «ein ungünstiger Ausgang des Krieges in den Bereich des Möglichen gerückt sei»[2]. Die Durchhaltepropaganda jener Wochen fand ihren makabren Höhepunkt in der Proklamation des «Totalen Kriegs» am 18. Februar 1943: auf einer Massenkundgebung in Berlin verkündete Propagandaminister Dr. Goebbels die äußerste Mobilisierung aller Kräfte im Innern des Landes und die Bereitschaft zu einem Krieg «wenn nötig totaler und radikaler, als wir ihn uns heute überhaupt noch vorstellen können»[3]. Meldepflicht zum Arbeitseinsatz für alle nicht oder nicht voll berufstätigen kinderlosen Frauen zwischen 17 und 45 Jahren, Schließung zahlreicher Gaststätten und Geschäfte, Einschränkungen im Sport, keine Modevorführungen mehr: diesen und ähnlichen Ankündigungen in den Zeitungen konnten die Nürnberger entnehmen, daß künftig auch im zivilen Leben ein noch rauherer Wind zu wehen begann.

«An das Gaststättengewerbe im Gau Franken! Im Zeichen des totalen Krieges und des Einsatzes aller arbeitsfähigen Männer und Frauen ist es nicht mehr tragbar, daß während der Arbeitszeit der Schaffenden in öffentlichen Gastlokalen Karten gespielt wird. Ich verbiete daher im Einvernehmen mit dem Reichsverteidigungskommissar ab sofort für alle Gaststätten und Kaffees bis nachmittags 5 Uhr die Ausübung des Kartenspiels. Die Betriebsführer sind mir für Durchführung dieser Anordnung persönlich haftbar.»

(Anordnung des Leiters der «Wirtschaftsgruppe Gaststätten- und Beherbergungsgewerbe» im März 1943)[4]

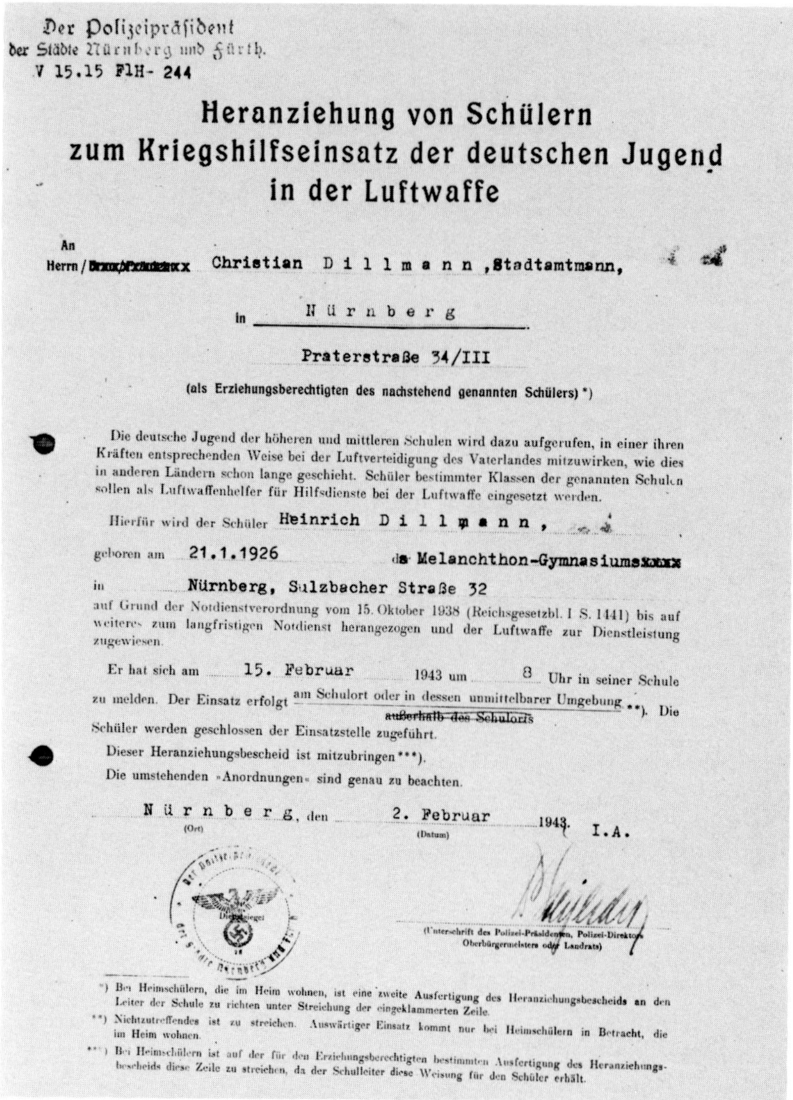

Der Polizeipräsident
der Städte Nürnberg und Fürth.
V 15.15 FlH- 244

Heranziehung von Schülern zum Kriegshilfseinsatz der deutschen Jugend in der Luftwaffe

An
Herrn/ Christian D i l l m a n n ,Stadtamtmann,

in N ü r n b e r g

Praterstraße 34/III

(als Erziehungsberechtigten des nachstehend genannten Schülers) *)

Die deutsche Jugend der höheren und mittleren Schulen wird dazu aufgerufen, in einer ihren Kräften entsprechenden Weise bei der Luftverteidigung des Vaterlandes mitzuwirken, wie dies in anderen Ländern schon lange geschieht. Schüler bestimmter Klassen der genannten Schulen sollen als Luftwaffenhelfer für Hilfsdienste bei der Luftwaffe eingesetzt werden.

Hierfür wird der Schüler Heinrich D i l l m a n n ,

geboren am 21.1.1926 des Melanchthon-Gymnasiums

in Nürnberg, Sulzbacher Straße 32

auf Grund der Notdienstverordnung vom 15. Oktober 1938 (Reichsgesetzbl. I S. 1441) bis auf weiteres zum langfristigen Notdienst herangezogen und der Luftwaffe zur Dienstleistung zugewiesen.

Er hat sich am 15. Februar 1943 um 8 Uhr in seiner Schule zu melden. Der Einsatz erfolgt am Schulort oder in dessen unmittelbarer Umgebung ~~außerhalb des Schulorts~~ **). Die Schüler werden geschlossen der Einsatzstelle zugeführt.

Dieser Heranziehungsbescheid ist mitzubringen***).

Die umstehenden »Anordnungen« sind genau zu beachten.

N ü r n b e r g, den 2. Februar 1943. I.A.
(Ort) (Datum)

Dienstsiegel

(Unterschrift des Polizei-Präsidenten, Polizei-Direktors, Oberbürgermeisters oder Landrats)

*) Bei Heimschülern, die im Heim wohnen, ist eine zweite Ausfertigung des Heranziehungsbescheids an den Leiter der Schule zu richten unter Streichung der eingeklammerten Zeile.

**) Nichtzutreffendes ist zu streichen. Auswärtiger Einsatz kommt nur bei Heimschülern in Betracht, die im Heim wohnen.

***) Bei Heimschülern ist auf der für den Erziehungsberechtigten bestimmten Ausfertigung des Heranziehungsbescheids diese Zeile zu streichen, da der Schulleiter diese Weisung für den Schüler erhält.

50 *Die seit 1942 laufend verstärkte Bomberoffensive der englischen und amerikanischen Luftwaffe band zur Verteidigung der deutschen Städte Hunderttausende von Soldaten in der Heimat. Um den steigenden Personalbedarf der «Luftverteidigung» zu decken und Soldaten für die Front freizusetzen, wurden anfangs 1943 erstmals Schüler im Alter von 15 bis 17 Jahren kriegsdienstverpflichtet. Schon wenige Wochen später hatten die Nürnberger «Flakhelfer» ihre ersten Toten und Verwundeten.*

Im Februar 1943 erfolgten die ersten Einberufungen von Nürnberger Gymnasiasten der Geburtsjahrgänge 1926 und 1927 als «Luftwaffenhelfer». Untergebracht waren sie fortan in Baracken bei den Flakstellungen, wo sie auch verkürzten Schulunterricht von ihren bisherigen Lehrern erhielten. Die Fünfzehn- bis Siebzehnjährigen waren vormittags Schüler, nachmittags und nachts Soldaten. Schon zehn Tage nach ihrem Dienstbeginn kam die «Feuertaufe». In der Nacht vom 25. zum 26. Februar 1943 führte die britische Royal Air Force ihren zweiten größeren Luftangriff auf Nürnberg. Wirksames Abwehrfeuer der Flakartillerie drängte die Masse der angreifenden Flugzeuge ab, die ihre Bomben vor allem über den nördlichen Stadtteilen und den Dörfern und Gemüsefeldern im Norden der Stadt, im sogenannten «Knoblauchsland», abluden und dort relativ geringe Menschenverluste und Sachschäden anrichteten. Darunter war allerdings auch die St. Georgskirche in Kraftshof – Wehrkirche aus dem 15. Jahrhundert und Grablege eines Nürnberger Patriziergeschlechts – die in jener Nacht bis auf die Grundmauern ausbrannte.
Kaum waren die Toten dieses Angriffs nach einer bombastischen Parteifeierstunde bestattet und ein

Probealarm der Luftschutzsirenen am 6. März verklungen, traf in der Nacht vom 8. zum 9. März 1943 ein neuer, diesmal heftiger Luftangriff die Stadt. Hauptziel der 335 eingesetzten Bomber war – wie das grundlegende britische Luftkriegswerk nach dem Krieg feststellte – der am leichtesten in Brand zu setzende Teil der Stadt, nämlich die Innenstadt. Die Flugzeuge sollten ihre Bombenlast konzentriert auf möglichst engem Raum abladen, um dort einen Flächenbrand zu entfachen und so die Stadt zu einem «sich selbst zerstörenden Ziel» zu machen[5]. Aber wegen schlechter Erdsicht gelang es den vorausfliegenden «Pfadfinder»-Flugzeugen nur mangelhaft, das eigentliche Zielgebiet mittels Leucht- und Markierungsbomben zu kennzeichnen. Dadurch verteilten sich Bombenabwürfe und Schäden auf das ganze Stadtgebiet. Daß dabei auch zahlreiche Industrieanlagen im Süden der Stadt getroffen wurden, wertete der Angreifer – so ausdrücklich in dem englischen Standardwerk – als bezeichnend für den relativen Fehlschlag der Operation, die mißlungene Inbrandsetzung der Altstadt. Es entstanden zwar 2256 Einzelbrände, aber ihr Zusammenwachsen zu Flächenbränden konnte verhindert werden. Der empfindlichste Schaden bei promi-

51 *Erklärtes Ziel des englischen Luftangriffs in der Nacht vom 8. zum 9. März 1943 war die Inbrandsetzung der dicht bebauten Innenstadt mit ihren vielen alten feuergefährdeten Gebäuden. Aber das Zusammenwachsen der über zweitausend entstandenen Brände zu Flächenbränden konnte diesmal noch verhindert werden. Im Bild: die ausgebrannte «Mauthalle», ehemals Kornspeicher und Zollamt, um 1500 erbaut.*

52 *Zwar richtete der Luftangriff vom 8./9. März 1943 auch starke Zerstörungen bei Industrieanlagen im Süden der Stadt an, aber das werteten die Angreifer ausdrücklich nur als Nebeneffekt. Ihr eigentliches Ziel, die leicht brennbare Altstadt, hatten sie verfehlt. Im Bild: Schäden in den Großbetrieben Siemens-Schukkert und MAN (Aufnahme vom 12. März 1943).*

«Die Verschütteten lagen in den meisten Fällen in ausgegossenen Räumen unter dem Trümmerkegel. Volltreffer schwerer Bomben durchschlugen die Geschosse der mehrstöckigen Gebäude und die Kellerdecken, so daß die Trümmermassen der meist in Werksteinmauerwerk ausgeführten Häuser nachstürzten und die Volksgenossen begruben. Aus halben Räumen wurden einige Lebende und Tote geborgen. Eine Person, die im ausgegossenen Raum inmitten von 19 erdrückten Toten nach 21 Stunden lebend geborgen werden konnte, war durch eingespreiztes Gebälk vor dem Erdrücken und Einrieseln geschützt.»

(Aus dem amtlichen Abschlußbericht über den Luftangriff in der Nacht vom 8. zum 9. März 1943)[6]

53 *Von den zahlreichen Verschütteten beim Luftangriff Anfang März 1943 konnte trotz fieberhafter Bemühungen der vierte Teil nur noch tot geborgen werden. Gemäß LS-Befehl Nr. 82 war ausdrücklich angeordnet: «Die Bergungsarbeiten dürfen nicht früher eingestellt werden, bis der letzte verschüttete Volksgenosse lebend oder tot geborgen ist.»*
Im Bild: Aus den Trümmern des Hauses Kirchenweg 23 konnten erst nach zwei Tagen 18 Tote, darunter fünf Kinder, durch Wehrmacht und Luftschutzpolizei geborgen werden.

nenten historischen Gebäuden war das Ausbrennen der «Mauthalle», eines ehemaligen Kornspeichers und Ämtergebäudes aus der reichsstädtischen Blütezeit um 1500. Von 436 bei dem Angriff Verschütteten konnten 114 nur noch tot geborgen werden.
Bei diesem Angriff wurden auch Flakstellungen im Süden der Stadt getroffen und neben zahlreichen Flaksoldaten und Hilfswilligen russischer Herkunft auch vier Luftwaffenhelfer, Gymnasiasten im Alter von knapp 16 Jahren, getötet. Insgesamt waren 343 Tote und ca. 12 000 Obdachlose zu beklagen.

(Erst vor Jahresfrist hatte ein großer Nürnberger Zeitungsbericht über die Wirkung deutscher Luftangriffe auf englische Städte die zynische Schlagzeile getragen: «Nun ‚jammern und wimmern' sie»[7].) Bei denen, die glimpflicher davongekommen waren, war in den Tagen und Wochen nach diesen Angriffen in erster Linie Selbsthilfe gefragt, nicht der Ruf nach einer Behörde. Zwar wurden auch zahlreiche auswärtige Handwerker für Notstandsarbeiten nach Nürnberg dienstverpflichtet, aber an allen Ecken und Enden machte sich Materialmangel bemerkbar. Ziegelsteine, Bretter, Nägel, Zement fehlten. So mußte man sich bei der Reparatur von zerbrochenen Fensterscheiben mit der Erneuerung einer halben Scheibe

135. Einhardt, Hans, geb. 1878
E. wurde am 13. 3. 43 um 21.40 Uhr in stark angekohltem Zustand in der Nähe seines Kellerabteils gefunden.
136. Scharrer, Otto, geb. 1881
Der Kopf des Sch. konnte gut erhalten geborgen werden, sonst nur noch Teile von verkohlten Menschenknochen.
137. Scharrer, Hilde, geb. 1882
Sch. war vollständig verkohlt, es wurden nur noch Knochenreste und 2 ineinanderverkrampfte Hände gefunden.
138. Zaubert, Ernst, geb. 1863
139. Zaubert, Barbara, geb. 1861
Von den Eheleuten Z. wurden nur noch Knochen- und Kleiderreste im Bad ihrer Wohnung gefunden.
140. Zaubert, Maria, geb. 1889
Z. wurde etwas angekohlt am 12. 3. 43 um 21.05 Uhr aus dem Schutzraum Horst-Wesselstr. 18 geborgen.
141. Hannemann, Heinz, geb. 1927
H. wurde am 14. 3. 43 um 14 Uhr etwa 2 m von der Haustür unter eingestürzten Mauerteilen gefunden.

(Aus einem Verzeichnis der Kriminalpolizei über geborgene Opfer des Luftangriffs vom 8./9. März 1943)[6a]

54 *Nach schweren Luftangriffen riefen Stadtverwaltung und Partei alle «Volksgenossen» zum Arbeitseinsatz an Wochenenden auf. Schutträumen, Säubern von Ziegelsteinen zur Wiederverwendung, Fensterausglasen waren solche Arbeiten, bei denen die Selbsthilfe der Zivilbevölkerung dringend gefragt war. Als Arbeitszeit war Samstag 14 bis 18 Uhr und Sonntag 8 bis 12 und 14 bis 18 Uhr vorgesehen.*
Im Bild: Arbeitseinsatz in der Heisterstraße (an diesem Sonntag 14. März 1943 beteiligten sich etwa 5000 «freiwillige» Helfer).

zufrieden geben. Zerstörte Haustüren durften Handwerker nur durch einfache Brettertüren ersetzen. «Schönheitsreparaturen» und das Beseitigen kleinerer Verputzschäden waren gänzlich zurückzustellen – «auf später», wie Zeitungen und Behörden trösteten. Im März 1943 gab es für die luftkriegsbetroffenen Nürnberger eine Sonderzuteilung: 650 g Schwarzbrot, 100 g Fleisch und 60 g Butter, dazu 10 Zigaretten pro Mann und 5 Zigaretten pro Frau. «Fliegergeschädigte» – also Einwohner, die leiblichen oder materiellen Schaden davongetragen hatten – erhielten zusätzlich eine Flasche Wein und 3 Pfund Orangen.
Nach den ersten größeren Luftangriffen auf die Stadt warb die Partei verstärkt für die freiwillige «Kinderlandverschickung» (KLV). Die Kinder sollten aus der zunehmend gefährdeten Stadt aufs Land gebracht werden – zu ihrem Schutz, wie es hieß. Schließlich handelte es sich bei den zu schützenden Kindern um des Regimes Soldaten und «Heldenmütter» von morgen. Aber es ging nicht nur um dieses Fernziel, sondern auch

55 *An den Ruinen zerstörter Häuser waren in den ersten Tagen nach Luftangriffen häufig Kreideaufschriften angebracht, durch die Überlebende und Gerettete ihren suchenden Angehörigen und Freunden ein erstes Lebenszeichen zu vermitteln suchten.*
Im Bild: Hohfederstraße, 15. August 1943.

darum, wie die Parteifunktionäre ganz unverblümt verkündeten, daß durch den «erzieherischen Auftrag» der KLV die Kinder «ausgerüstet und ausgerichtet werden für die große Volksgemeinschaft»: «Es geht um die totale Erziehung der Jugend»[8]. Auch das Herauslösen der Kinder aus allen kirchlichen Bindungen war ein willkommener Nebeneffekt. Im April 1943 reisten als erste Welle 600 Nürnberger Buben und Mädchen – teils ganze Schulklassen mit ihren Lehrern – für ein halbes Jahr in KLV-Lager in der näheren Umgebung, aber auch im Riesengebirge, Erzgebirge und in der Hohen Tatra. Viele Eltern weigerten sich, ihr Recht auf Erziehung ihrer Kinder gänzlich aus der Hand zu geben, und widerstanden allen Werbungen und Pressionen der Partei. Im Januar 1944 wandte sich Gauleiter-Stellvertreter Holz direkt an seine «Kameraden im Feld», auf ihre Frauen oder Mütter «vernünftig» einzuwirken, wenn sie sich gegen die Verschickung der Kinder sperren[9]. Einige Monate später besuchte Stadtschulrat Fink die Nürnberger KLV-Lager im Riesengebirge, da nach wie vor, wie die Stadtchronik vermeldete, «bei der Bevölkerung unsinnige Gerüchte in Umlauf waren»[10]. Aber trotz aller rosiger Berichte – u. a. über Gewichtszunahmen von 25 Pfund innerhalb weniger Monate – war und blieb die von Partei, NSV und HJ organisierte KLV eine unbeliebte Sache. Im Juni 1944 waren 57% aller Nürnberger Schulkinder evakuiert, aber nur der vierte Teil davon lebte in KLV-Lagern. In den meisten Fällen hatten die besorgten Eltern ihre Kinder lieber bei Verwandten und Bekannten auf dem Land untergebracht.

Die Masse der Bevölkerung blieb in der Stadt – alle Berufstätigen und Dienstverpflichteten mußten ohnehin bleiben. Unter dem Eindruck des sich verschärfenden Luftkriegs und der dabei gewonnenen Erkenntnisse verbesserte man unablässig die Luftschutzmaßnahmen. Nach dem Baustopp

56 *Unter dem Eindruck der Erkenntnisse und Erfahrungen, die man beim sich verschärfenden Luftkrieg gewann, verbesserte man in den gefährdeten Städten ständig die baulichen Luftschutzmaßnahmen. Deckenabstützungen in privaten LS-Kellern mittels starker Balken und Mauerdurchbrüche zu Nachbarkellern retteten Ungezählten das Leben.*
Im Bild: LS-Keller im Haus Frankenstr. 178 im Herbst 1944 (es entstanden keine Personenverluste).

bei bombensicheren Bunkern wurden verstärkt Deckungsgräben angelegt – im Volksmund «Splittergräben» genannt – und die Felsenkeller der Altstadt weiter ausgebaut. Bei den Bauarbeiten gab es vor allem im Sommer zusätzliche Probleme: wegen der extremen Temperaturunterschiede zwischen Außenwelt und Kellerluft holten sich die Arbeiter schwere Erkältungen einschließlich Lungenentzündungen am laufenden Band. Die verheerenden Folgen einer Serie von Luftangriffen auf Hamburg Ende Juli 1943 machten die Gefahr von Flächenbränden und Feuerstürmen erschreckend deutlich (innerhalb weniger Tage waren bei diesen Angriffen 40000 Menschen umgekommen!). Auch in Nürnberg versuchte man aus dieser Luftkriegskatastrophe Lehren zu ziehen. Man begann, die zahlreichen Felsenkeller miteinander zu verbinden zu einem zusammenhängenden unterirdischen Fluchtwegsystem, und über der Erde besonders geeignete Fluchtwege zu sogenannten «Aufnahmeräumen» zu kennzeichnen, d. h. Fluchtwege zu großen Freiflächen, zu Parks, zu den Pegnitzwiesen, zur Insel Schütt. Auch die Löschwasserversorgung war beschleunigt zu verbessern. Neben zwölf großen meist unterirdischen Löschwasserbecken, die bereits 1940/41 gebaut worden waren, entstanden in allen Stadtteilen zahlreiche offene Becken. Nach der Katastrophe von Hamburg zog man für eine verbesserte, vom städtischen Rohrnetz unabhängige Löschwasserversorgung auch Tanks stillgelegter Tankstellen, Keller zerstörter Häuser und sogar Klär- und Jauchegruben heran, die noch aus der Zeit vor der Entstehung der Kanalisation vorhanden waren. Ein Fachmann, der es wissen mußte, der Generalinspekteur des deutschen Brandschutzwesens während des Zweiten Weltkriegs, bescheinigte der Stadt Nürnberg, daß sie vorbildlich war «in der Schaffung eines ganz engmaschigen Netzes kleiner Teiche und Tröge bis in die letzten Ecken und Winkel ihrer hoch feuergefährlichen Altstadtbezirke»[11]. Ebenfalls im Herbst 1943 begann eine neue Großaktion zur Verbesserung der Luftschutzkeller in Wohnhäusern. Weitere zu dieser Zeit immer wieder geforderte Luftschutzmaßnahmen im zivilen «Selbstschutz» waren: das Entrümpeln der Speicher unter den Dächern, das Bedecken der Dachböden mit Sand, das Anlegen von Wasser- und Sandvorräten in Wohnungen und Treppenhäusern, die

57 *Markierungen an den Außenwänden sollten auf die Lage der LS-Keller und Notausgänge hinweisen und Bergungskräften bei der Suche nach Verschütteten die Arbeit erleichtern. Kellerfenster, die als Notausstieg vorgesehen waren, erhielten zusätzlichen Schutz aus Beton oder Mauerwerk.*
Im Bild: die Häuser Lothringer Straße 12 und 14 nach dem Luftangriff am 10. September 1944.

Ausstattung der Hausgemeinschaften mit Handspritzen, Feuerpatschen und Einreißhaken zum Bekämpfen von Entstehungsbränden. Aber bei Fliegeralarm verließen immer mehr Nürnberger ihre Häuser und strömten lieber in Bunker und Öffentliche Luftschutzräume, die vorwiegend für Passanten bestimmt waren. Partei und Polizei

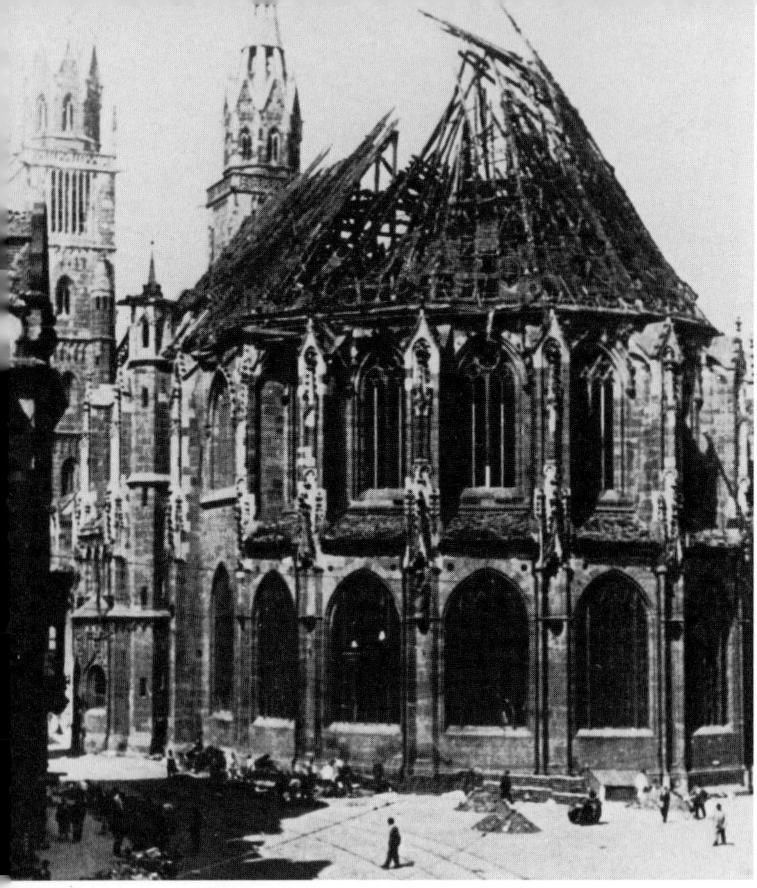

mahnten unentwegt die Bevölkerung, die häuslichen Luftschutzkeller aufzusuchen und für den Brandschutz ihrer Häuser zu sorgen. Schließlich wurde «abwehrfähigen» Männern und Frauen ohne ausdrückliche Ausnahmegenehmigung der Zutritt zu Bunkern und Felsenkellern generell verboten. Aber im Ernstfall, wenn Hunderte und Tausende gleichzeitig hereindrängten, war natürlich jede Kontrolle unmöglich. Um die Jahreswende 1943/44 standen für nahezu 10% der Bevölkerung bombensichere Schutzplätze in Bunkern und Felsenkellern zur Verfügung. In dieser Hinsicht lag Nürnberg ganz erheblich über dem

58/59 *In der Nacht vom 10. zum 11. August 1943 warfen 653 viermotorige Flugzeuge der englischen «Royal Air Force» annähernd 700 Sprengbomben und 90000 Brandbomben auf die Stadt. Bei diesem Luftangriff entstanden die bis dahin schwersten Personen- und Sachschäden in Nürnberg.*
Im Bild: die Wirkung eines Sprengbombenvolltreffers zwischen Langhaus und Hallenchor der St. Lorenz-Kirche.

Reichsdurchschnitt. Die Zahl der splittersicheren Schutzplätze (in Luftschutzräumen und Deckungsgräben) übertraf sogar die Zahl der Einwohner.

Im August 1943 erlebte die Stadt im Abstand von nur zweieinhalb Wochen zwei weitere Großangriffe. Die bis dahin schwersten Personen- und Sachschäden verursachte der Angriff von 653 viermotorigen Flugzeugen der RAF in der Nacht vom 10. zum 11. August 1943. Über 680 Sprengbomben, 16000 Phosphorbrandbomben (das waren Blechkanister mit einer Phosphor-Kautschuk-Masse) und 71000 Stabbrandbomben (davon etwa 10% mit eingebautem Sprengsatz) fielen auf die Stadt. Fast viertausend Brände entstanden, davon 552 Großbrände. Ein Flächenbrand, der sich schließlich auf 1½ qkm ausdehnte, verwandelte die alte Vorstadt Wöhrd in ein rauchendes Trümmerfeld. Wahrscheinlich fielen Spreng- und Brandbomben deshalb so gebündelt auf Wöhrd, weil wieder einmal die Markierungsbomben des Angreifers nicht «richtig» saßen. Doch auch die Altstadt wurde neben anderen Stadtteilen (so Maxfeld, Gostenhof, Steinbühl, St. Peter) schwer in Mitleidenschaft gezogen. Die St. Lorenzkirche, eine der beiden Hauptkirchen der Stadt, erhielt zwischen Langhaus und Hallenchor einen Bombenvolltreffer.

Alle am Ort vorhandenen Kräfte nahmen vereint den Kampf gegen Feuer und Zerstörung und Tod auf: die Luftschutzpolizei mit zehn Feuerwehr-Bereitschaften (jede sechs Löschzüge und rd. 100 Mann umfassend), fünf J-Bereitschaften (vor allem für die Bergung Verschütteter) und vier Sanitäts-Bereitschaften – elf motorisierte Löschgruppen der Freiwilligen Feuerwehr – der Werkluftschutz der Großbetriebe mit seinen Wehren – sämtliche Kraftspritzentrupps der Partei, Schnellkommandos der HJ, Tausende von Selbstschutzkräften in den Wohnhäusern und öffentlichen Gebäuden. Aber wenn – wie nach einem Luftangriff solcher Wirkung – Hunderte von Verschütte-

60 *«Auch bei diesem Angriff auf Nürnberg herrschte wieder großer Wassermangel, sowohl beim Einsatz der Feuerwehr als auch bei dem des Selbstschutzes.» Es stehe fest, daß zahlreiche Gebäude nur infolge Wassermangels abgebrannt sind, hieß es in einem geheimen Polizeibericht über den Luftangriff am 10./11. August 1943. Wenig später traf ein neuer schwerer Angriff die Stadt.*
Im Bild: die Karolinenstraße, im Hintergrund St. Lorenz, nach dem zweiten August-Angriff 1943 (Aufnahme vom 28. August 1943).

61/62 In der alten Vorstadt Wöhrd wuchsen in der Angriffsnacht vom 10. zum 11. August 1943 zahllose Einzelbrände zu einem Flächenbrand zusammen, der sich schließlich auf 1,5 km² ausdehnte. Hunderte von Menschen kamen in ihm um. Die wohl der Innenstadt zugedachte Zerstörungswucht verfehlte ihr eigentliches Ziel, weil abermals die Markierungsbomben der Angreifer nicht «richtig saßen».
Im Bild: Bergungsarbeiten in der Wöhrder Wassertorstraße (oben); die völlig ausgebrannte Kirche St. Bartholomäus in Wöhrd aus dem 16. Jahrhundert (rechts).

ten auszugraben, Tausende von Verletzten zu bergen, zahllose Brände gleichzeitig zu bekämpfen waren, reichten dazu die einheimischen Kräfte trotz bester Vorbereitung und Schlagkraft bei weitem nicht aus. Zunächst rasten nach dem Angriff alle alarmierten Feuerwehren der 15-km-«Löschhilfszone» in die brennende Stadt (in jener Nacht 48 Löschgruppen), später kamen weitere 33 Feuerwehr-Bereitschaften aus ganz Nordbayern, aus München, Erfurt, Leipzig und Dresden hinzu, außerdem vier aus Bergleuten des Reviers Amberg gebildete Bergungskommandos und die LS-Abteilungen (mot) 22 und 33 (das waren kasernierte Spezialeinheiten der Luftwaffe mit jeweils über 120 modernen Fahrzeugen und 600 Soldaten; mit ihren Horchgeräten, Baggern und Schneidgeräten leisteten sie bei der Suche und Bergung Verschütteter wirkungsvolle Hilfe). Darüber hinaus waren noch im Einsatz: 1225 Soldaten der Wehrmacht (darunter 200 Pioniere), 900 Mann Waffen-SS, 800 Mann Reichsarbeitsdienst, 2250 Mann Technische Nothilfe, zusätzliche Polizeikräfte aus München, Stuttgart, Dresden. Eine auswärtige Feuerwehreinheit rettete aus der Wöhrder Flammenhölle mittels einer «Wassergasse» 400 Menschen, die in einem öffentlichen Luftschutzraum vom Feuer eingeschlossen waren. 585 Tote, fast 3000 Verwundete und 28 000 Obdachlose waren die Bilanz dieser Schreckensnacht. Bemerkenswert und Folge der dort besonders gut ausgebauten Schutzräume war, daß in der hart getroffenen Altstadt nur fünf unmittelbare Bombenopfer zu beklagen waren. Ein ähnliches Ergebnis für die Altstadt hatte der in der Nacht vom 27. zum 28. August 1943 von 674 englischen Bombern geflogene Angriff: zahlreiche Sprengbomben-Einschläge und Brände in der Innenstadt, aber dort kein einziges Todesopfer.

In den Fabriken, Geschäften und Wohnungen, soweit sie unbeschädigt geblieben waren, kehrte nach den Luftangriffen das Leben mit erstaunlicher Schnelligkeit zur «Normalität» des Kriegsalltags zurück. Im «normalen» Alltag jenseits der Luftangriffe spielten die Sorge um das tägliche Brot und die zahlreichen anderen Versorgungsschwierigkeiten eine immer größere Rolle. Wer als städtischer «Normalverbraucher» keine weiteren Zuteilungen, wie z. B. für «Schwerarbeiter» oder werdende Mütter, bezog und wer keine «Beziehungen» hatte, der hatte seine Not, täglich auch nur einigermaßen satt zu werden. Eine empfindliche Kürzung der Brotration (auf täglich 320 g) und der Fettration (auf täglich 25 g) trat im Herbst 1944 ein. Gelegentliche «Sonderzuteilungen» hielten sich in recht bescheidenen Grenzen: so gab es als Sonderzuteilung beispielsweise 2 kg Äpfel für Kinder und Jugendliche im Februar 1944, 62,5 g Käse im Juni, einmalig 500 g Zucker «für Einmachzwecke» im August 1944. Ein kleiner Garten konnte da eine unschätzbare Hilfe sein. Jedes freie Fleckchen Erde wurde ausgenutzt. In den Anlagen und auf öffentlichen Plätzen der Stadt wuchsen statt Blumen und Rasen Gemüse und Salat. Besonders Schlaue halfen sich auch so: sie bestellten sich in einer Gaststätte ein markenfreies «Stammgericht» (das war ein fett- und fleischloses Gericht aus Kartoffeln und Gemüse) gleich zwei- oder dreimal hintereinander oder zogen von Lokal zu Lokal wegen solcher Stammgerichte. Um die Praktiken dieser «Zusatzesser» einzuschränken, erging im Mai 1944 eine

Sämtliche getötete Personen von 393–413 befanden sich im Luftschutzraum des Anwesens mittl. Zwingerstr. 12. An den Leichenteilen war eine Identifizierung nicht mehr möglich, da die getöteten Personen nur als Asche und kleine Knochenreste geborgen wurden.

414. Gruber, Walter, geb. 1900
415. Gruber, Barbara, geb. 1931
416. Gruber, Gerda, geb. 1927
Die 3 Personen wurden im Anwesen Chemnitzerstr. 9 verschüttet u. die Leichen am 13. 8. um 11 Uhr geborgen.
417. Meyer, Christian, geb. 1907
418. Meyer, Günter, geb. 1933
Vater und Sohn wurden im Anwesen Chemnitzerstr. 9 getötet durch Verschütten u. wurden die Leichen am 14. 8. um 4 Uhr geborgen.
419. Bergmann, Maria, geb. 1907
420. Bergmann, Hans, geb. 1936
Mutter und Kind wurden im Anwesen Chemnitzerstr. 9 verschüttet u. die Leichen wurden am 14. 8. um 7 Uhr geborgen.

(Aus einem Verzeichnis der Kriminalpolizei über geborgene Opfer des Luftangriffs vom 10./11. August 1943)[12]

Dem Terror-Angriff britischer Flieger gegen Wohnstätten der Stadt Nürnberg fielen in der Nacht vom 10. zum 11. August folgende Volksgenossen zum Opfer:

Alfa Anna
Altmann Emma
Antony Else
Antony Stefan
Arnold Konrad
Bachhofer Simon
Bahmer Johann
Bahmer Ferdinand
Bahrs Hermann
Bahrs Rosa
Bahrs Rosa Wilhelmine
Baierlein Marie
Baron Betty
Barth Ottilie
Bauer Max
Baumgärtl Annemarie
Baumgärtl Johann
Baumgärtl Lieselotte
Bayreuther Margarete
Beck Georg, Obermaat
Beer Franz
Beer Frieda
Behring Franz
Bergau Lina
Bernhard Heinrich
Bernhard Henriette
Bezold Babette
Bezold Betty
Bezold Günther
Bezold Johann
Bickel Andreas
Bickel Richard
Biegler Josef
Bischof Julius
Biswanger Juliane
Blank (Frau)
Blödel Friederike
Böhme Thomas
Böckle Karl
Böidel Friedrich
Böll Josef
Boscher Elise
Boßer Elise
Braun August
Breitschopp Johann
Brendel Hans
Bronold Anna
Bronold Irmgard
Bronold Josef
Buchmann Sabine
Bungart Heinrich
Bürger Hans
Bürger Rosa
Burzlaff Margarete
Croner Renatus, Arbeitsdienstmann
Dannhäuser Friedrich
Daub Charlotte
Decker Helene
Deutscher Hilde
Distler Anneliese
Distler Babette
Dittl Anna
Dobmeier Josef
Dörries Wilhelm
Doll Anna
Eckstein Leonhard

Eder Frieda
Ehrensperger Johann
Eisel Alfred
Eisenbeißer Wolfgang
Endras Anna
Endras Annette
Endras Erich
Fahrner Emilie
Fahrner Emile
Fahrner Irene
Fahrner Ludwig
Feige Waltraud
Feisels Maria
Fiesenig Leonhard
Fiesenig Margarete
Fink Josef
Fink Marianne
Fischer Helene
Fischer Walter
Flis Matthias
Förster Hildegard
Frank Robert
Gebhard Karl
Gehringer Babette
Gehringer Marie
Geng Georg
Gerstacker Lina
Gerstacker Peter
Geuder Hans
Gietl Therese
Glatzl Anna
Göß Michael Georg
Götz Marie
Goß Hans
Grabenbauer Josef
Graf Käthe
Graf Margarete
Grannersberger Paul
Groß Margarete
Groß Hans
Groß Therese
Gürtler Frieda
Hack Hans
Hager Anna
Hager Franz
Hegl Andreas
Hagn Franz
Haller Bernhard
Haller Hannchen
Haller Hans
Hammelsbacher Christ.
Hanauer Käthe
Hanauer Karl
Hanauer Matthias
Hanauer Max
Hanauer Paul
Hanauer Peter
Haslauer Josef
Hartnagel Johann
Hartnagel Margarete
Heinrich Georg
Heinrich Kunigunde
Heintzc Artur
Herbrecher Josef
Herrmann Alexander
Herrmann Margarete
Held Maria

Herold Renate
Herold Richard
Herring Johann
Höllein Rosa
Hörmann Maria
Hörmann Peter
Hofmann Josef
Kanzler Christof
Kaufmann Elise
Kaufmann Rudolf
Keller Wilhelm
Keller Adalbert
Keller Helmut
Keller Lina
Keller Wilhelm
Kellermann Konrad
Kesselring, Oberst
Kick Karl
Klaas Auguste
Klement Herta
Klingenbeck Amalie
Klingenbeck Anna
Klingenbeck Jakob
Knaupp Eduard
Knaupp Herbert
Knogler Johann
Knogler Marie
Koch Otto Heinz
Köcher Anni
Köhnert Margarete
Körber Paul
Körner Grete
Kofler Max
Kohl Adelgunde
Kolb Paul
Kollert Paul
Koslowsky Walter
Kramer Karoline
Krauß Andreas
Kreutzer Babette
Krug Willi
Künstler Anton
Künstler Elise
Kump Leonhard
Lang Margarete
Lange Hedwig
Langheinrich Marie
Langmandel Jakob
Lauterbach Gustav
Laval Gisela
Leipold Anna
Leipold Theodor
Lieb Fritz
Lieb Karoline
Liebel Grete
Liebhardt Marie
Lilly Anna
Lindner Georg
Lindner Margarete
List Margarete
Loritz Johanna
Lukas Johann
Mackel Elisabeth
Mannetstätter Hedwig
Mannetstätter Rosa
Maulwurf Leonhard
Maulwurf Margarete

Maußner Konrad
Maußner Sofie
May Adolf
May Marie
Meier Charlotte
Meier Gertrud
Meier Heinz
Meier Johann
Menzel Sofie
Meyer Anna
Meyer Marie
Michel Johann
Mödl Walburga
Möller Friedrich
Möller Hans
Möller Heinrich
Müller Gunda
Müller Karoline
Müller Richard
Müller Thomas
Muskat Elise
Muskat Margarete
Neubauer Peter
Nordhardt Hildegard
Nordhardt Margarete
Obermayer Franz
Obermayer Manfred
Obermayer Marie
Oberndörfer Babette
Oberndörfer Erika
Oberndörfer Hans
Otto Adolf
Pankratz Karl
Panzer Margarete
Penig Anna
Penig Johann
Petzold Heinrich
Pickel Richard
Pirner Betty
Pirner Fritz
Plank Margarete
Pöppinger Nannette
Popp Georg
Prell Jean
Probach Paul
Prütting Anna
Rauschert Nikolaus
Rebelein Georg
Reichenberger Christ.
Reichert Ludwig
Reif Lina
Reingruber Ella
Reingruber Lieselotte
Reinhard Georg
Reinl Margarete
Reiser Hannchen
Reu Sofie
Röthel Johann
Rohmer Leonhard
Rombach Hanna
Rombach Hans Roland
Roth Georg
Roth Jeanette
Roth, Hauptmann
Rothenberger Karoline
Rothenberger Ludwig
Ruoff Gerhard

Ruoff Gertrud
Ruoff Günther
Ruoff Irmgard
Ruoff Ludwig
Rupp Margarete
Rupprecht Georg
Saller Anna
Seitz Hans
Siegmann Therese
Sippel Anna
Schäfer Hans
Schäfer Maria
Schäffner August
Schäffner Grete
Schäffner Lydia
Schäffner Sofie
Schäffner Werner
Schäffner Willi
Scharf Stefan
Scharnagel Leonhard
Scheibenpflug Maria
Scheuering Anna
Scheuering Emma
Schiller Frieda
Schiller Hermann
Schiller Georg
Schlegel Albert
Schlegel Anna
Schlenk Lore
Schmanndt Lea
Schmid Christof
Schmid Josef
Schmid Käthe
Schmid Marga
Schmid Margarethe
Schmid Marie
Schmid Rolf Dieter
Schmid Wilhelm
Schmidt Alwine
Schmidt Anna
Schmidt Hedwig
Schmidt Rudolf
Schneider Karl
Schnellbögl Therese
Schobert Konrad
Schobert Ottilie
Schönfeld (Frau)
Schottenhammer Otto
Schottenhammer Petronella
Schreiber Helmut
Schreiber Richard
Schrenk Anna
Schrenk Babette
Schrenk Georg sen.
Schrenk Herbert
Schrödle Babette
Schubert Ella
Schubert Inge
Schuster Alois
Schwemmer Charlotte
Schwemmer Georg
Schwemmer Lorenz
Schwemmer Martin
Staar Katharine

Staar Willi
Stadtler Josef
Stark Käthe
Staudinger Anna
Stieber Elise
Stiegler Georg
Stiersdörfer Karoline
Stößelt Alfred Adam
Stößelt Elise
Stößelt Erika
Stößelt Irmgard
Stößelt Margarete
Stößelt Manfred
Streb Georg
Stricker Werner
Stubenrauch Wolfgang
Stützer Georg
Stumpner Auguste
Teichmann Rosa
Teutscher Hildegard
Thewes Christian
Thoma Georg
Trebuch Friedrich
Ulrich Peter
Urban Konrad
Urban Rosa
Veith Josef
Völkel Konrad
Vogel Konrad
Vogt Adolf
Vogt Emmy
Volkert Anna
Volkert Heidemarie
Volkert Heinrich
Vorndran Otto
Wagner Christian
Wagner Heinz
Wagner Marga
Wagner Mathilde
Wagner Otto
Walter Ulrike
Wannenmacher Wilh.
Weber Fritz
Weber Margarete
Weichselbaum Marg.
Weidinger Käthe
Weidner Barbara
Weidner Friedrich
Weimann Regina
Weiß Hans
Wendelberger Werner
Werner Christian
Wieseckel Johann
Wiesemann Ilse
Wild Karl
Wittich Alfred
Wittstadt Willi
Wölfel Anna
Wunderlich Lieselotte
Wunderlich Marie
Wuzer Margarete
Zeltner Heinrich
Zink Georg
Zink Konrad
Zink Margarete
Zink Martin

Auch sie sind für Großdeutschland und für die Freiheit unseres Volkes gefallen. Das Gedenken an ihr Opfer wird ewig in uns leben.

Den Hinterbliebenen aber wendet sich unsere Teilnahme, unsere Sorge und unsere Liebe zu.

Nürnberg, Stadt der Reichsparteitage, 16. August 1943.

Karl Holz

Stellv. Gauleiter

63 Links: Dieser ganzseitigen Zeitungsanzeige, die die Namen von fast vierhundert erstickten, verbrannten, erschlagenen, zerfetzten Luftkriegsopfern verzeichnete, folgte wenige Tage später eine neue Liste mit weiteren 163 Namen. Und abermals wenige Tage später kamen bei einem neuerlichen Angriff fast hundert Menschen auf schreckliche Weise ums Leben.

64 Rechts: Im «normalen» Kriegsalltag zwischen den Luftangriffen spielten Versorgungsschwierigkeiten eine immer drückendere Rolle. Für den Stadtbewohner, der als «Normalverbraucher» keine «Beziehungen» hatte, war das tägliche Sattwerden längst keine Selbstverständlichkeit mehr. Wohl dem, der wenigstens ein kleines Gärtchen hatte.
Im Bild: Gemüseanbau auf städtischen Grünflächen des Bahnhofsplatzes (Aufnahme 1943).

Anweisung an das Gaststättengewerbe, künftig je Gast nur noch ein Stammgericht zu servieren und solche Gerichte nicht unbedingt markenfrei abzugeben – «Kriegsdisziplin auch in den Gaststätten», war ein entsprechender Zeitungsbericht überschrieben[13].

Auch auf allen anderen Gebieten des täglichen Bedarfs – bei Kleidung, Schuhen, Seife, Brennmaterial und so fort – machten sich Mangelerscheinungen immer stärker bemerkbar. Unablässig wurde zum Energiesparen aufgerufen: «Wer Strom und Gas spart, hilft der Front!»[14] Bei Androhung strenger Strafen war im Winter 1943/44 jede zusätzliche Raumbeheizung mit Strom oder Gas verboten; elektrisch betriebene Personenaufzüge waren stillzulegen. Im Mai 1944 verkündete eine Zeitungsnotiz: Zigaretten werden künftig nur noch unverpackt oder gegen Rückgabe einer leeren Schachtel verkauft. Die zunehmenden Versorgungsschwierigkeiten des Regimes, das seit 1943 an allen Kriegsfronten in die Defensive geraten war und dessen Rohstoffbasis immer kritischer wurde, äußerten sich auch in immer neuen Sammlungen: Altpapiersammlung, Spinnstoffsammlung, Schuhsammlung, Knochensammlung, Wäsche- und Kleidersammlung. Im Rahmen der «Schulaltstoffsammlung» im Frühjahr 1944 erhielten eifrige Sammler für 5 kg abgelieferte Knochen Bezugsmarken zum Kauf eines Stücks Kernseife.

Staat und Partei ließen keine Gelegenheit ungenutzt, an Begeisterungsfähigkeit, Opfersinn und Gemeinschaftsgeist junger Menschen zu appellieren, und stellten solche Tugenden skrupellos in den Dienst der Kriegsinteressen des NS-Regimes. Neben harmloseren Formen des «Kriegsdiensts der Jugend» – wie Teilnahme an den zahlreichen Sammlungen, Spielzeugbasteln, Erntehilfe, Einsatz von BdM-Mädchen in Kindergärten und Bahnhofsheimen – gab es für Jungen auch gefährliche, ganz und gar nicht altersgemäße Einsätze: Katastropheneinsatz bei der Feuerwehr, Dienst als Luftwaffenhelfer. Schon mehrere 15, 16 Jahre alte Nürnberger Schüler hatten als «Flakhelfer» Leben oder Gesundheit eingebüßt. Im Herbst 1944 verkündete der Gau Franken der NSDAP voller Stolz, daß 96,4% aller «Hitlerjungen» des Geburtsjahrgangs 1928 sich als Kriegsfreiwillige gemeldet hätten, und feierte das als «reichsbestes Ergebnis». An mannigfachen Bemühungen, auch die Frau in die «Heimatfront» einzureihen, fehlte es nicht. Nichtberufstätige Frauen waren dem ständigen Werben und Drängen der einschlägigen Parteiorganisation, der NS-Frauenschaft, ausgesetzt, und viele ließen sich für ehrenamtliche Tätigkeiten einspannen, teils aus Idealismus und Pflichtgefühl, teils widerstrebend überredet: Nachbarschaftshilfe, Arbeit in Nähstuben, Hilfsdienste in Lazaretten und Großküchen, Betreuung von Fliegergeschädigten, Erntehilfe. Zwar bestand seit Februar 1943 für Frauen zwischen 17 und 45 Jahren, soweit sie keine Kinder zu versorgen hatten und noch nicht voll berufstätig waren, eine Meldepflicht zum Arbeitseinsatz. Aber bis Herbst 1944 machte man von der Möglichkeit, Frauen auch gegen ihren Willen zur Arbeitsleistung zu verpflichten, nur zögernd Gebrauch und setzte lieber auf mehr oder minder starken Druck als auf regelrechten Zwang – nicht zuletzt aus Rücksicht auf die Männer an der Front und in der Rüstungsindustrie.

Alle öffentlichen Auftritte der Partei und ihrer Gliederungen waren zu dieser Zeit auf ein gemeinsames Ziel ausgerichtet: den Durchhaltewillen der Bevölkerung wachzuhalten und zu stärken. In den Worten des «Gauschulungsleiters» bei einem Appell der Nürnberger SA im März 1944 lautete das so: «die Fanatisierung und Gläubigmachung des deutschen Volkes mit allen Kräften zu betreiben als wichtigste Voraussetzung für den Sieg«[15]. In gradliniger Tradition wurden diese Durchhalteappelle in der Stadt, in der Streicher jahrelang gewütet hatte, stets mit wilder Judenhetze verbunden. Auch als es schon längst kaum Juden in Deutschland mehr gab, hämmerte vor allem Streichers Nachfolger Karl Holz auf Kundgebungen und Versammlungen den Parteianhängern unermüdlich ein: «Die Politischen Leiter müssen die Bannerträger des fanatischen Kampfes gegen den Juden sein»[16] – und noch im Januar 1944: «Der Jude ist und bleibt unser Todfeind»[17].

Aufrufe und Anlässe, die nach 1933 erworbenen Hakenkreuzfahnen herauszuhängen, waren seltener geworden und beschränkten sich in den letzten Kriegsjahren auf Hitlers Geburtstag. Um so häufiger tauchte seit Januar 1944 an Bretterzäunen und Hauswänden, an Schaufenstern und Anschlagtafeln der Schatten eines schwarzen Mannes auf mit Schlapphut und dem Slogan «Vorsicht Feind hört mit» – gedacht als Warnung vor Unterhaltungen und Gerüchten, aus denen der Feind Informationen über Rüstung und dergleichen gewinnen konnte. Seltener geworden waren die seit 1933 üblichen öffentlichen Appelle und Kundgebungen – aber es gab sie noch, mit großen Aufmärschen, zahlreichen Uniformen und Fahnen und Standarten, markigen Ansprachen. Die Anlässe freilich waren düsterer geworden: «Heldenehrung» für die Toten von Stalingrad, Beisetzung von Luftkriegsopfern, Hitlers Überleben nach dem Attentat vom 20. Juli 1944. Uneingeschränkt weiter gingen die Haus- und Straßensammlungen – im Winter für das «Winterhilfswerk», im Sommer für das «Kriegshilfswerk des Deutschen Roten Kreuzes». Die bekannten Abzeichen gab es wegen Materialmangels zwar nur noch zweimal im Frühjahr 1944, aber das Rahmenprogramm für diese öffentlichen Sammlungen war immer noch bunt genug: Stand- und Wunschkonzerte, Versteigerung rarer Artikel wie Damenstrümpfe oder Cognac, Aufstellung von Geschützen an verkehrsreichen Plätzen, markenfreies Essen aus «Gulaschkanonen», eine Wurfbude mit der Aufschrift «daß Alljuda an diesem Krieg schuld ist» (dort sammelte Gauleiter-Stellvertreter Holz persönlich), Vorführungen von Waffen – durch Soldaten – und von Märchen – durch BdM-Mädchen.

65 *Rechts: So sah im August 1943 eine Nürnberger Zeitungsseite mit privaten Familienanzeigen aus: fast über die ganze Seite hinweg Todesanzeigen von Opfern des Krieges – Todesanzeigen von gefallenen Soldaten und von bei Luftangriffen umgekommenen Zivilisten.* ▷

FAMILIEN-ANZEIGEN

Ingomar Hartmut. Die Geburt ihres zweiten Kindes zeigen hocherfreut an **Martha Herschl**, geb. Fent, z. Z. Städt. Krankenhaus Schwabach, **Josef Herschl**, z. Z. Wehrmacht Schwabach, 20. 8. 43.

Rüdiger, Konrad, Friedrich. Unser Siglindchen hat ein Brüderchen bekommen. Dies zeigen in großer Dankbarkeit und Freude an Frau **Anna Mohr**, geb. Mayer, Dipl.-Kim. **Friedrich Mohr**, Regierungsrat. Strasburg (Westpreuß.), Aug. 43.

Klaus-Dieter. Wir zeigen dankbar und in großer Freude die Geburt unseres ersten Kindes an: **Hummel Krumm**, geb. Rechl, **Gusti Krumm**, Dipl.-Brau-Ing. Bamberg, z. Z. Frauenklinik Prof. Dr. Luitge. 13. August 1943.

Unser **Werner** hat ein Brüderchen bekommen: **Walter-Elmar.** Die erfreuten Eltern: **Lotte Bock**, geb. Ackermann, **Dr. Adolf Bock**, Nbg.-Schwaig, Kurnberger Str. 110.

Renate. Unsere Kinder Kurti, Inge und Richard haben ein Schwesterchen bekommen. Dies zeigen in dankbarer Freude an **Käthe Hommel**, z. Z. Ruhpolding, Zellerstr. 28¹, und **Kurt Hommel**, Uffz. in einem Div.-Stab.

Die glückliche Geburt eines Mädchens **Ute Brigitte** zeigen hocherfreut an: **Dr. Wilhelm Herreter**, Regierungsassessor, Dipl. Volkswirt, i. Felde, **Frau Anni Herreter**, geb. Schäfer, z. Z. Bamberg, Privatklinik Prof. Dr. Luitge. Röthenbach b. St. Wolfg., 16. 8. 43.

Ihre Verlobung geben bekannt: **Hildegard Schneider, Adam Bitter**, Ing. und Dipl.-Kaufmann. Nürnberg, Landgrabenstraße 142, Heinrich-Wolfel-Straße 19. August 1943.

Wir haben uns verlobt: **Fini Staudinger**, cand. jur. **Rolf Sauer**, z. Z. Uffz. u. KOA in einem Ln.-Rgt. Forsthaus Abenberg - Ansbach, Triesdorf. Str. 39. 15. August 1943.

Wir haben uns verlobt: **Lotte Nickel**, Oberarzt Dr. **Rolf Bechner**, z. Z. Bayreuth, Res.-Laz. I, Bayreuth, Richard-Wagner-Str. 18 - Nürnberg, Tiefacker straße 9. August 1943.

Ihre Verlobung beehren sich anzuzeigen: **Else Seuffert, Gerhard Müttisch**, Gerichtsreferendar. Anß. Bayreuther Str. Nr. 99, z. Z. Kriegsmarine.

Statt Karten. Als Verlobte grüßen: **Carola Nagel, Reinhold Müller**, cand. ing., Feldw. der Lw. Nürnberg (Vogelstraße 143, Friedrichstr. 62), 22. 8. 43.

Wir geben unsere Vermählung bekannt: **Alfred Rott**, Ing., z. Z. Wehrmacht, **Lydia Rott**, geb. Rahnbeier. 19. Aug. 1943. Saaz (Sudetengau), Kaiserberg 25, Nürnberg-O. Spechtshartstr. 12.

Ihre Vermählung geben bekannt: **Heinrich Tuffentsammer**, Uffz. in einem Gren.-Rgt., **Emmi Tuffentsammer**, geb. Dill, z. Z. im Osten. Nürnberg, Forstholstraße 3/II. Kirchl. Trauung Sonntag, 22. August, 11 Uhr, in der Gustav-Adolf-Kirche.

Wir haben heute Hochzeit: **Georg Färber, Annemarie Färber**, geb. Wieland. Greding - Selbitz, 21. August 1943.

Als Vermählte grüßen: **Georg Winkler**, Oberbootsmannsmaat, **Martha Winkler**, geb. Ziller. Nürnberg, Spester Str. 11, Kriegsmarine z. Z. Langer Steig 31. Trauung Sonntag, 22. August 1943, um 12 Uhr in der Matthäuskirche.

Ihre Vermählung geben bekannt: **Max Schneck, Lina Schneck**, geb. Ostv. Nürnberg, 21. August 1943. Kirchliche Trauung 1/2 12 Uhr Gustav-Ad.-Kirche.

Ihre Vermählung geben bekannt: **Dr. Heinz Preiss**, Ltn. d. Luftw., **Hilde Preiss**, geb. Weinelt. August 1943. Fürth, Pfisterstr. 8 - Geiststr. 1.

Für die uns anläßlich unserer Verlobung erwiesenen Aufmerksamkeiten danken wir auf diesem Wege herzlich **Gerda Gott**, Schwaig b. Nbg., **Helmut Dennerlein**, z. Z. Wehrmacht.

ᛉ 6. 2. 1925 - ᛦ 1. 8. 1943

Unser ganzer Stolz, unser innigstgeliebtes Sohn, herzlieber Bruder und Enkel, Neffe und Kusin,

ℌ-Uscha.

Robert Schmucker

Gruppenführer in einem ℌ-Panzer-Grenadier-Regt., Offiziersanwärter im Regt. „Der Führer", Führer d. Gefolgschaft 56 3, Standortbeauftragter in St. Leonhard,

starb am 1. August 1943 im Osten bei Stalino für seinen Führer den Heldentod. Er wurde von seinen Kameraden im Osten zur letzten Ruhe gebettet. Treue und Pflicht ging ihm über alles. Von seinen Vorgesetzten, sowie Untergebenen gleichsam beliebt und geschätzt, verlieren wir in ihm einen der Besten. Er gönnte sich selbst keine freie Minute und war hilfreich und gut zu jedermann. Er wird uns allen unvergessen bleiben.

Nürnberg (Schweinauer Straße 41).

In unsagbarem Leid: **Ernst u. Anna Schmucker**, geb. Schwab, **mit Gerda und Irene** als Schwestern; **Mich. Schwab als** Großvater; **Firma Rich. Schmucker**, Großeltern; **Fa. Häfner, Teile, Schmucker und Schramm** als Onkel und Tante.

Unsere Firma verliert mit Robert Schmucker ein treues und beliebtes Gefolgschaftsmitglied. Wir werden ihm ein ehrendes Andenken bewahren.

G. H. Beringer Kdt., Nbg.-Stuttgart.

Der Trauergottesdienst findet am Sonntag, 22. August, 9.30 Uhr, im Betsaal Leonhard statt. - Für bereits erwiesene und zugedachte Anteilnahme auf diesem Wege herzlichsten Dank.

Hart und schwer traf uns die unfaßbare traurige Nachricht, daß mein lieber, guter Sohn, unser lieber Bruder, Neffe, Kusin,

Sigmund Georg Heffner

Gefreiter in einem Artillerie-Regt.,

sein junges, blühendes Leben im Alter von 20 Jahren 5 Mon. für Führer, Volk und Vaterland gegeben hat. Er erlag seinen Verletzungen auf dem Hauptverbandsplatz und wurde auf einem Heldenfriedhof mit militärischen Ehren beigesetzt. Lieber Georg, wir werden dich nie vergessen; die fremde Erde möge dir leicht werden.

Nürnberg (Rüsternweg 86).

In tiefer Trauer: **Magdalena Heffner**, geb. Knorr, Mutter; **Betty, Maria und Karle**, Geschwister, **und alle Verwandten und Bekannten.**

Der Trauergottesdienst findet am 29. August, um 14 Uhr, in der evgl. Kirche in Eibach statt. - Für erwiesene und zugedachte Teilnahme herzlichen Dank.

Statt des uns angekündigten Wiedersehens erhielten wir die tieferschütternde, traurige Nachricht, daß mein innigstgeliebter, edler Gatte und beste Vater seines Kindes, unser lieber Sohn, Bruder, Schwiegersohn, Schwager und Onkel,

Hans Hauenstein

Gefreiter in einem Pionier-Batl., Inhaber der Ostmedaille,

im Alter von 38 Jahren am 22. Juli in Juchinitschi bei Orel den Heldentod starb. Seine Kameraden haben ihn auf einem Heldenfriedhof zur letzten Ruhe gebettet. Nach Gottes Vorsehung war uns ein Wiedersehen nicht mehr gegönnt!

Nürnberg, Vorra, Dürnast, Ergoldsbach, Nabburg, Schwarzenfeld, Weiden.

In unsagbarem Schmerz: **Frieda Hauenstein**, geb. Koppmann, **mit ihrem einzigen Söhnchen Gerhard; Vater, Schwiegereltern, Schwestern mit Familien und übrigen Verw.**

Trauergottesdienst am Sonntag, den 22. August, um 17 Uhr, in Zabo. Betriebsführer und Gefolgschaft trauern um einen seiner Besten. Ich werde ihm ein ehrendes Gedenken im Betriebe widmen.

---

geb. 8. 4. 17 — gef. 30. 7. 43

Mein über alles geliebter, treuer Mann, unser allzeit froher, fleißiger Sohn und guter Bruder, Schwiegersohn, Schwager, Neffe und Vetter,

Wilhelm Neumeier-Fuchs

Obergefr. in einer Panzerjäger-Einheit, Inh. des KVK. mit Schwertern und der Ostmedaille,

kehrt aus dem Osten nie mehr zu uns heim. Das Schicksal hat uns alle hart angefaßt, doch die Gewißheit, daß unser Willi sein junges Leben für sein Vaterland, also auch für seine Lieben dahingab, ist uns Trost in unserem Leid. Lieber Willi, du braver, edler Mensch, schlafe wohl. Unvergessen wirst du bleiben.

Wendelstein b. Nbg., 18. August 43.

In tiefer Trauer: **Babette Neumeier**, geb. Pfaffenritter; **Familie Konrad Fuchs**, Eltern, u. Geschwister; **Fam. Georg Pfaffenritter nebst allen Verwandten.**

ᛉ 1. 11. 19 — ᛦ 23. 7. 43

Allen Verwandten und Bekannten die überaus traurige Nachricht, daß mein herzensguter Sohn, unser lieber Bruder und Enkel,

Julius Mühl

Obergefreiter in einem Grenadierregt., Inh. des EK. 1 und 2, des Sturm- und des Silb. Verwundetenabzeichens,

am 23. Juli auf dem Felde der Ehre gefallen ist.

Nürnberg (Brehmstraße).

Es trauert um ihn seine Mutter: **Frieda Mühl;** und seine Brüder **Georg** z. Z. im Felde; **Otto**, z. Z. in Frankreich; und **Herbert, und alle Verwandten und Bekannten.**

Tieferschüttert erhielten wir die traurige und unfaßbare Nachricht, daß mein liebster Gatte, der beste Vater seines Kindes, mein guter Sohn, unser lieber Bruder, Schwiegersohn, Schwager, Onkel und Neffe,

Heinrich Schneider

San.-Obergefr. in einem Gren.-Regt., Inh. des EK. 2, der Ostmedaille und des Infanterie-Sturmabzeichens,

am 26. Juli 43 im Alter von 35 Jahren bei den schweren Kämpfen an der Miusfront sein Leben für Führer und Vaterland gab. Dein Leben war erfüllt von unendlicher Liebe und Sorge um seine Familie.

Nürnberg (Kirschgartenstr. 55), Nemmaten und Goßmannsdorf, 18. 8. 43.

In tiefstem Schmerz: Im Namen sämtlicher Anverwandten: **Wally Schneider**, geb. Staffinger, **und Sohn Manfred.**

Wir trauern mit den Angehörigen um unseren lieben, tüchtigen und stets hilfsbereiten Arbeitskameraden, dem wir stets ein ehrendes Andenken bewahren werden.

Betriebsführung und Gefolgschaft d. Firma Villeroy & Boch, Fliesenlager **Nürnberg.**

---

geb. 2. 8. 1914 — gest. 20. 7. 1943

Kurz nach seinem Heimaturlaub erhielten wir die erschütternde, traurige Nachricht, daß unser edler, braver, hoffnungsvoller Sohn, mein herzensguter Bruder, Schwager, Onkel, Kusin und Neffe,

Karl Teichmann

Wachtmeister bei einer Sturmgeschütz-Abtlg., Träger des EK. 2, Ostmedaille, Artillerie-Sturmabzeichen, Ostmark- und Sudetenland-Medaille,

am 20. Juli 43 in der Schlacht am Mius in vorbildlicher Pflichterfüllung u. getreu seinem Fahneneid bei einem Gegenangriff den Heldentod fand. An den Feldzügen Polen, Belgien und Frankreich teilgenommen, stand er seit 1941 gegen die Sowjets, stets zuversichtlich, für Führer, Volk und Vaterland im Kampfe. Lieber Karl, nun ruhst du auf einem Heldenfriedhof im Osten; uns aber wirst du unvergeßlich bleiben. Wer ihn kannte, kann unseren Schmerz ermessen.

Nürnberg (Kunigundenstr. 4, Kreutzerstraße 74), Lichtenberg, Naila, Unterfarrnbach, Wilkau, Haßlau i. S., Hembrechts.

In tiefstem Leid: Deine lieben Eltern **Wolfgang und Lisette Teichmann, Hildegard Schmidt**, geb. Teichmann, Schwester, **mit Kindern Wolfgang u. Gerhard; Georg Schmidt**, Schwager, z. Z. im Süden, **nebst allen Verw.**

Für erwiesene Anteilnahme herzl. Dank.

Am 7. 7. 43 fiel i. Osten bei einem Gefecht in höchster Pflichterfüllung der ehemalige K.-Führer des Gebietes Franken der Hitlerjugend und Amtschef der Reichsjugendführung

Oberbannführer Günther David

Gefreiter in einem Grenadier-Regt.

Nürnberg-Berlin, den 12. August 1943.

Als Frau: **Brunhilde David**, Berlin NW 87, Klopstockstraße 47.

---

geb. 21. 8. 08 — gef. 25. 7. 43

Unsagbares Leid hat uns getroffen. Statt eines frohen Wiedersehens traf uns die **unfaßbare** Nachricht, daß mein lieber, guter und stets treubesorgter **Mann**, der beste Papa seiner beiden Lieblinge Erwin und Helga, Schwiegersohn, Schwager,

Heinrich Stöcker

Gefreiter in einem Grenadier-Regt.,

bei den schweren Abwehrkämpfen südlich des Ladogasees in treuester Pflichterfüllung gefallen ist. Lieber Heiner, wir werden dich nie vergessen.

Nürnberg (Rohrmannstraße 7) und Abenberg.

In tiefstem Herzeleid: **Maria Stöcker**, Gattin, **nebst beiden Kindern Erwin und Helga; Familie Joh. Enderlein**, Schwiegereltern, Schwager **Johann, Josef und Theodor Enderlein**, z. Z. im Felde, **und alle übrigen Verw.**

Trauergottesdienst: Dienstag, 24. 8., vorm. 8 Uhr, in der Elisabethenkirche. Für zugedachte Teilnahme herzl. Dank.

ᛉ 17. 6. 14 — ᛦ 15. 7. 43

Hart und schwer hat uns das Schicksal getroffen. Unser lieber Sohn, Bruder, Schwager, Onkel, Neffe und Vetter

Stefan Friedlein

Panzer-Grenadier in einem Panzerjäger-Regiment

fand am 15. 7. 43 bei den schweren Kämpfen um Belgorod den Heldentod. Er wurde von seinen Kameraden im Osten zur letzten Ruhe gebettet. Lieber Stefan, ruhe sanft in fremder Erde, wir werden Dich nie vergessen.

Nürnberg (z. Z. Hirschelgasse 14/II), den 19. August 1943.

In tiefem Schmerz: **Karl u. Therese Wittau, verw. Friedlein**, Eltern; **Hans Friedlein (Kriegsmarine) und Frau; Gusti Friedlein u. Frau, z. Z. im Osten**, Brüder; **Elise Kuchmeier, Schwester, und Mann, z. Z. im Osten; Jean Eckart und Frau, Stiefbruder; und alle übrigen Verwandten.**

Der Trauergottesdienst findet am Sonntag, dem 22. August, um 9.30 Uhr, in der Egidienkirche statt.

Schmerzerfülltes Schicksal hat uns getroffen. Mein innigstgeliebter, edler, guter Mann, der allerbeste Vati seiner zwei Kinder, unser einziger, stets treubesorgter, braver Sohn, Bruder, Schwiegersohn, Schwager, Onkel und Pate,

Hans Arnold

Obergefreiter der Luftwaffe,

kehrt aus dem Osten nie mehr zu seinen Liebsten zurück. Nach vierjährigem Kriegseinsatz verunglückte er auf einem Dienstflug so schwer, daß er noch am selben Tage, am 18. Juli 43, im schönsten Mannesalter von 34 Jahren für die Ehre Großdeutschlands gestorben ist. All unser Glück, Stolz und Hoffnung liegt im weiten Osten. Er folgte seinem lieben Schwager nach 13 Monaten in die Ewigkeit. Wer ihn kannte, liebte ihn und kann unseren Schmerz ermessen.

Wilhermsdorf und Leutersbach.

In tiefstem Schmerz: **Anny Arnold**, geb. Reitzammer, Gattin, **mit Töchterchen Luise und Hedi; Michael u. Marie Arnold**, Eltern; **Bab. Huber**, geb. Arnold, Schwester, **mit Töchterchen Inge; Georg und Marie Reitzammer, Schwiegereltern, nebst allen übrigen Verwandten.**

Gedächtnisgottesdienst am Sonntag, 22. August, um 9.30 Uhr vormittags, in der Kirche zu Wilhermsdorf.

Hart und unfaßbar schwer traf uns die traurige Nachricht, daß mein lieber Mann und treusorgender Vater, Sohn, Bruder und Schwager,

Georg Olzmann

Gefreiter in einem Pionier-Bataillon,

am 21. Juli im Alter von 40 Jahren kurz vor seinem Urlaub bei Bjelgorod durch einen Fliegerangriff sein Leben lassen mußte.

Forth, Germersberg, Nürnberg, Lauf.

In tiefer Trauer: **Babette Olzmann**, geb. Meier, **mit zwei Kindern: Konrad und Hans, nebst Eltern, Geschwistern und Verwandten.**

Trauergottesdienst am Sonntag, den 22. August, vorm. 8 Uhr, in Forth.

---

geb. 22. 2. 17 — gef. 16. 7. 43

Tieferschüttert und schmerzlichst berührt traf uns die unfaßbare Nachricht, daß unser einziger, für uns so treubesorgter, herzensguter, heißgeliebter, braver, edler, überaus fleißiger und geschickter Sohn, auf den wir unsere einzige Hoffnung setzten, mein Bruder, unser Schwager u. Onkel

Johann Michael Endres

Feldwebel in einem Grenadier-Regt., Inh. des EK. 2. Klasse, des Ostabzeichens und des Verwundeten-Abz.,

nach überstandenen Feldzügen in Polen, Frankreich und Jugoslawien in einem Waldgefecht im Osten im schönsten Blütenalter von 26 Jahren den Heldentod für Führer, Volk und Vaterland erlitt. Sein heißer Wunsch, siegreich wieder heimkehren zu dürfen, blieb ihm versagt. Wer unsern Michl kannte, wird unseren Schmerz verstehen. Hier sind wir getrennt, dort gibts ein Wiedersehen.

Ostersdorf, Kleinweißmannsdorf, Buchschwabach, den 16. August 1943.

In stiller Trauer: **Georg und Barbara Endres**, Eltern; **Babette und Adam Schwab**, Schwester und Schwager, z. Z. im Felde; **Anneliese**, Nichte; **Familie Ammon, nebst allen Verw.**

Der Trauergottesdienst findet Sonntag, 22. Aug., um 15 Uhr, in Roßtal statt.

Unfaßbar schwer traf uns die traurige Nachricht, daß unser hoffnungsvoller, braver Sohn, unser lieber Bruder, Schwager, Onkel, Pate und Neffe,

Uffz. Paul Raber

Zugführer in einem Grenadier-Regt., Inh. des EK. 2, Verw.-Abz., Sturmabz. in Silber, Ostmed. u. Westwall-Abz.,

nach schon vorausgegangener zweimaliger Verwundung in treuester Pflichterfüllung für Führer und Vaterland im schönsten Blütenalter von 21 Jahren bei den schweren Kämpfen bei Bjelgorod am 21. Juli sein junges Leben gab. Lieber Paul, wir werden dich nie vergessen. Ruhe sanft in Gottes fremder Erde.

Linden, Nürnberg (Wilh.-Spaeth-Str. 74), Rezelsdorf, Boxbrunn, Behringersdorf, den 16. August 1943.

In tiefer Trauer: Die schwergeprüften Eltern **Georg und Margarete Raber; Fam. Leonh. Raber**, Bruder; **Fam. Kreß, Brendel und Moldaschel**, Schwestern, **nebst allen Verwandten.**

Trauergottesdienst: Sonntag, 22. Aug., nachm. 2 Uhr, in Gerhardshofen.

Gottes Wille war es, daß unser einziger, lieber, braver Sohn, unser herzensguter Bruder, Schwager, Pate, unser lieber Enkel, Neffe und Cousin, mein über alles geliebter guter Bräutigam

Hans Ringel

Gefr. in einem Jäger-Gren.-Rgt.

aus dem Osten nicht mehr heimkehrt. Er gab sein Leben für Führer, Volk und Vaterland am 5. Juli, einen Tag vor seinem 22. Geburtstag, bei den schweren Kämpfen um Orel. Er wurde von seinen Kameraden auf einem Heldenfriedhof beigesetzt.

Fürth-Poppenreuth, den 18. Aug. 1943.

In tiefer Trauer: **Georg u. Babette Ringel**, Eltern; **Betty Lechner**, Schwester; **Eva Ringel**, Schwester; **Karl Lechner**, Schwager; **Gertrud Lechner**, Patchen; **Joh. und Marie Ringel**, Großeltern; **Jette Rußler**, Braut, **nebst Eltern; und alle übrigen Verwandten.**

Der Trauergottesdienst findet Sonntag, den 22. August, 15 Uhr, in der Kirche in Poppenreuth statt.

---

geb. 22. 12. 12 — gest. 12. 7. 43

Allen Verwandten, Freunden u. Bekannten die überaus schmerzliche Nachricht, daß unser lieber Sohn, Bruder, Schwager und Onkel,

Ludwig Stoye

Obergefr. in einem Gebirgsjägerregt.,

aus dem Osten nicht mehr heimkehrt. Ein edler, treuer und sorgender Sohn ist uns genommen. Am Kuban wurde er am 11. Juli 43 schwer verwundet und starb am 12. Juli 1943 morgens 3.30 Uhr am Hauptverbandsplatz. Er ruht auf einem Heldenfriedhof im Osten. Lieber Ludwig, halte deinen ewigen Schlaf in fremder Erde. Unvergessen bist du.

Nürnberg (Kupferstr. 29, II), Franzensbad, Berlin, Mannheim, Altdorf bei Nürnberg.

In der Heimat trauern um dich: **Bernhard und Sofie Stoye**, Eltern; **Elise Roth**, geb. Stoye, Schwester; **Christian Roth**, Schwager; **Rudi Stoye und Frau Lina**, geb. Abtrichs, **nebst allen Verwandten.**

---

3. 2. 1915 — 16. 7. 1943

Fern im Osten trägt ein Kreuz den Namen meines teuren, unvergeßlichen Sohnes, unseres lieben Bruders, braven Enkels u. Patenkindes

Fritz Kastner

Stabsgefr. in einem Gren.-Rgt. Träger der Ostmedaille

Er stand seit Beginn des Krieges im Felde. Am 16. Juli 1943 fiel er bei den schweren Abwehrkämpfen nördlich Orel.

Nürnberg (Krimhildstr. 10), Eibach.

In tiefer Trauer: **Marie Kastner**, geb. List, Mutter; **Babette List und Lena Maier**, geb. Kastner, Schwestern; **Fritz Maier und Großmutter; mit allen Verwandten.**

Der Trauergottesdienst findet am Sonntag, dem 29. 8. 43, 2 Uhr, in der evang. Kirche in Eibach statt.

---

geb. 26. 4. 20 — gef. 27. 7. 43

Hart und schwer hat uns das Schicksal getroffen. Unser herzensguter Sohn, Bruder und Bräutigam

Fritz Rupprecht

Obergefreiter in einer Flak-Einheit,

mußte am 27. Juli 43 sein junges, hoffnungsvolles Leben von 23½ Jahren bei einem Artilleriegefecht um Leningrad lassen.

Nürnberg (Peter-Henlein-Straße 47), im Felde, Markt Schorgast, Kassel, München, Mannheim, Traunstein, den 16. August 1943.

In tiefer Trauer: **Max und Käte Rupprecht**, Eltern; **Josef Rupprecht**, Bruder, z. Z. im Felde; **Martin u. Marie Nüssel**, Großeltern; **Anneliese Kloppmann**, Braut, **und alle übrigen Verwandten.**

Statt des lange ersehnten Urlaubs erhielten wir am 31. 7. die tieftraurige Nachricht, daß unser herzensguter, braver Sohn, Bruder, Schwager und Onkel

Hans Nützel

Gefr. bei einem Kradschützen-Batl., Inh. des Verwundeten-Abzeichens

am 8. 7. 43 bei den schweren Kämpfen südlich Orel im blühenden Alter von nicht ganz 23 Jahren als 2. Sohn für Führer und Volk sein junges Leben hingab.

Am 7. August 1943 erhielten wir die gleiche Nachricht, daß am 16. 7. 43 unser lieber Sohn, mein innigstgeliebter Mann, bester Vater seiner drei unmündigen Kinder, Bruder, Schwager, Schwiegersohn und Onkel

Andreas Nützel

Obergefr. bei einer Gren.-Div., Inhaber des EK. 2., Inf.-Sturmabz., Verwund.-Abzeichen und der Ostmedaille

nach den mitgemachten Feldzügen in Polen und Frankreich und Wiedergenesung nach schwerer Verwundung im Osten in den Kämpfen südlich Orel im schönsten Mannesalter von 33 Jahren als 3. Sohn den Heldentod fand.

Forth-Bug, Roßtal, Nürnberg, Neunkirchen a. Br. u. im Felde, 17. 8. 43.

In tiefer Trauer: **Käthe Nützel**, geb. **Roth, Gattin, mit Kindern Marianne, Gunda u. Erika; Kath. Roth**, Schwiegermutter; **Joh. u. Margarete Nützel**, Eltern; **Max Nützel, z. Z. im Felde**, Bruder; **Marg., Kunig., Käthe, Grete, Marie Virnstein, Marie Distler**, Schwestern, **m. Angehörigen u. allen Verwandten.**

Der Trauergottesdienst findet am Sonntag, den 22. August 1943, vorm. 10 Uhr in Forth statt. Für erwiesene und zugedachte Teilnahme herzl. Dank.

Unfaßbar hart und schwer traf uns die Nachricht, daß mein innigstgeliebter, treusorgender Mann, der beste Vater seines einzigen Kindes, unser lieber Sohn und hoffnungsvoller einziger Schwiegersohn, guter Bruder, Schwager, Onkel und Kusin,

Peter Eberlein

Wachtmeister in einem Art.-Regt.,

am 17. Juli 1943 schwer verwundet und am 21. Juli 43 auf einem Hauptverbandsplatz, wo er auch mit mehreren Kameraden zur letzten Ruhe gebettet wurde, verstorben ist. - Ich habe ein kurzes Glück besessen, im Osten schlummert es auf ewig unvergessen.

Cadolzburg, Böllingsdorf, Nürnberg, den 18. August 1943.

In unsagbarem Leid: **Maria Eberlein** geb. Schmidt, Gattin; **mit Söhnchen Peter Günther; die tieftrauernden Eltern, Schwiegereltern und Geschw.**

Der Trauergottesdienst findet Sonntag, 22. August, um 15 Uhr, in Cadolzburg statt.

Mit den Angehörigen trauert **die Betriebsführung** und Gefolgschaft der Fa. **Georg Bauer**, Zimmermeister, **Cadolzburg**, um einen langjährigen treuen und fleißigen Arbeitskameraden. Ein ehrendes Gedenken werden wir ihm stets bewahren.

Georg Bauer, Zimmermeister, **Cadolzburg.**

Unsagbares Leid hat uns getroffen. Das unerbittliche Schicksal nahm uns unser ganzes Glück, meinen innigstgeliebten, treusorgenden Mann, den besten Vati seiner Kinder Irmgard und Hermann

Pg. Hans Haas

Gefr. i. e. Gren.-Rgt., Inh. d. Ostmed.

Bei einem Abwehrkampf nördlich Orel erlitt er am 20. 7. 43 kurz vor seinem 37. Geburtstag den Heldentod. Auf einem Heldenfriedhof wurde er zur letzten Ruhe gebettet. Lieber Vati, Deine Lieben werden Dich nie vergessen und durch Deine Kinder wirst Du immer für uns weiterleben.

Nürnberg (Bärenschanzstr. 51), Reichelsdorf, Hattenheim (Ufr.).

In unsagbarem Schmerz: **Deine untröstliche Gattin Marie Haas, geb. Bauer, mit Kindern; nebst allen übrigen Verwandten.**

ᛉ 16. 1. 08 — ᛦ 25. 7. 43

Statt eines frohen Wiedersehens bekamen wir die unfaßbare Nachricht, daß mein innigstgeliebter Mann, mein liebes Vatilein, unser unvergeßlicher Sohn und Bruder, Schwiegersohn, Schwager u. Pate

Bernhard Rech

Gefreiter in einer Nachrichten-Abtlg.

bei den Kämpfen am Donez sein Leben für Führer und Vaterland gegeben hat.

Berlin, Nürnberg (Landgrabenstr. 121), den 10. August 1943.

In tiefstem Schmerz: **Helene Rech**, geb. **Karg, Gattin, und Söhnchen Wolf-Dieter; Lorenz und Lina Rech**, Eltern; **Fam. Konrad Rech; Fam. Konrad Karg.**

Hart und schwer traf uns die Nachricht, daß unser innigstgeliebter Sohn, Bruder und Pate

Konrad Klaußner

Uffz. in einem Panzerregiment, Inh. d. Verw.-Abz., d. Panzer-Sturmabz. u. d. Ostmedaille

bei Bjelgorod schwer verwundet wurde und am 14. Juli im Blütenalter von 22 Jahren fürs Vaterland gestorben ist. Leider, der ihn kannte, wird unseren tiefen Schmerz verstehen.

Unterschollenbach, Großgeschaidt, Beerbach, Kalchreuth und Brand, den 16. August 1943.

In tiefer Trauer: **Andreas u. Marg. Klaußner**, Eltern; **Hans Klaußner, z. Z. Wehrmacht; Käthe Klaußner**, Schwester; **Konrad und Käthe Ziegler, Paten; Grete Langfritz und alle Verwandten.**

Trauergottesdienst: Sonntag, 22. Aug., 15 Uhr, in Eschenau.

---

geb. 15. 6. 24 — gef. 18. 7. 43

Nach Gottes unerforschlichem Ratschluß ist unser innigstgeliebter, hoffnungsvoller, jüngster Sohn, unser lieber, guter Bruder, Enkel, Neffe und Kusin,

Alex Gscheidl

Grenadier in einem Grenadier-Regt.,

bei den schweren Abwehrkämpfen bei Isjum am Donez im Blütenalter von 19 Jahren in soldatischer Pflichterfüllung den Heldentod gestorben. - Er wurde am 18. Juli schwer verwundet und ist seinen schweren Verwundungen auf dem Hauptverbandsplatz erlegen. Auf einem Heldenfriedhof südostwärts Isjum fand er seine letzte Ruhestätte neben seinen Kameraden. Lieber Alex, du kehrst nun nicht mehr zu uns heim, mögest du fern der Heimat in Gottes Frieden ruhen.

Nürnberg (Egidienplatz 22, 0), Allersberg, Abenberg und im Felde.

In tiefer Trauer: Die schwergeprüften Eltern **Joh. und Maria Gscheidl**, geb. Weigand; **Hans Gscheidl**, Bruder; **Maria, Kathi, Ottilie und Wally**, Schwestern, **nebst allen Verwandten.**

Der Trauergottesdienst findet am Montag, 23. August, früh 9 Uhr, in der Lichtenhofkirche Nürnberg statt.

---

21. 2. 1915 — 24. 7. 1943

Unfaßbares Leid hat uns betroffen. Mein lieber, unvergeßlicher Mann, der beste Vater seines Söhnchens, Sohn, Schwiegersohn und Schwager

Ludwig Kraft

Uffz. in einer Flak-Batterie

erlitt in treuer Pflichterfüllung am 24. 7. 43 bei einem Bombenangriff in Italien den Heldentod. Durch seine Kameraden wurde er auf einem Ital. Friedhof zur letzten Ruhe gebettet.

Steinbach, Nürnberg, Straubing, den 18. August 1943.

In tiefstem Leide: **Therese Kraft**, geb. **Geitner, mit Söhnchen; Fam. Walter; Fam. Geitner, Fam. Schneider und allen übrigen Verwandten.**

Unsagbares Leid ist über uns gekommen. Statt eines frohen Wiedersehens entriß uns das Schicksal meinen lieben treusorgenden Gatten, unseren herzensguten Papa, unseren lieben Sohn und Bruder, unseren guten Schwiegersohn, Schwager und Onkel

Christian Roßner

Obergefr. in einem Gren.-Rgt. ℌ-Unterscharführer

so daß er aus dem Osten nie mehr zu uns heimkommt. Nur wer ihn kannte, weiß, was wir verloren.

Fischbach b. Nbg., Trogen b. Hof, Bobenneukirchen, Kirchenlamitz, Bayreuth, Hof, im August 1943.

In stiller stolzer Trauer: **Gretl Roßner, Gattin; Erich und Doris, seine beiden Lieblinge; Friedrich Roßner und Frau Elisabeth, Eltern; Adolf Roßner mit Fam., Bruder; Johanna Mühlbauer mit Familie, Schwester; Johann Kießling u. Frau Sophie, Schwiegereltern; nebst allen Verwandten.**

Alle, die ihn liebten und kannten und mit uns den Schmerz teilen, bitten wir zum Gebet im Hauptgottesdienst am 22. August. Für erwiesene Teilnahme besten Dank.

---

geb. 12. 4. 24 — gef. 19. 7. 43

Tieferschüttert bringen wir die traurige Nachricht, daß unser einziger, lieber, braver, unvergeßlicher Sohn, Enkel, Neffe und Cousin

Friedrich Sieber

Gebirgsjäger in einem Geb.-Jäg.-Rgt.

bei den schweren Abwehrkämpfen am unteren Donez im Alter von 19¼ Jahren gefallen ist. Er fand in einer Schlucht im Osten seine letzte Ruhestätte. Ruhe sanft in fremder Erden, kehrst Du auch nie zu uns zurück. Du sollst nie vergessen werden, Du warst unser höchstes Glück.

Nürnberg (Krimhildstraße 9/IV), München, Amerika.

Deine tieftrauernden Eltern: **Johann u. Elise Sieber (geb. Ketter); Großeltern Friedr. u. Johanna Lehmann; nebst allen Verwandten u. Bekannten.**

Der Trauergottesdienst findet Sonntag, 22. 8. 43, 15 Uhr, in der Gustav-Adolf-Kirche statt.

Allen lieben Bekannten die tieftraurige Nachricht, daß unser lieber Bruder, Schwager, Onkel,

Herr Robert May

unsere liebe Schwester, Schwägerin und Tante,

Frau Marie May

ebenso der 7jährige Neffe

Hermann Angermeier

plötzlich durch Fliegerangriff uns entrissen wurden.

Nürnberg, Mannheim, Markt Oberdorf, den 19. August 1943.

In tiefer Trauer: **Familie Willy May; Familie Fritz May; Familien Hans und Wilhelm Angermeier; Familie Leonhard Kraft.**

Die Beerdigung fand am Mittwoch auf dem Südfriedhof statt.

Mein über alles geliebter, edler Mann, mein sonniger, herzensguter Papa, unser innigstgeliebter, guter Sohn, Bruder, Schwiegersohn, Schwager, Onkel, Pate und Neffe

Hans Meichhörner

Uffz. in einem Gren.-Regt., SA.-Obertruf., Träger des Kriegsverdienstkreuzes mit Schwertern, Ostmedaille, Dienstausz. der NSDAP. in Silber und Bronze,

hat am 17. 7. 43 im Walde südlich Orel für Führer und Vaterland im Alter von 41 Jahren den Heldentod erlitten. Auf einem Heldenfriedhof im Osten wurde er zur letzten Ruhe gebettet.

In tiefer Trauer: **Helene Meichhörner**, geb. **Arnold, Gattin; Annemarie Meichhörner, Tochter, und Bräutigam Wilhelm Einsiedel; Babette Meichhörner, Mutter; Fam. Rudolf Meichhörner, Bruder; Georg Meichhörner, z. Z. im Lazarett, Bruder; Christof und Karoline Arnold, Schwiegereltern, nebst allen Verwandten.**

Der Trauergottesdienst findet am Sonntag, dem 29. August, nachm. 3 Uhr, in der Kirche zu Buchschwabach statt. Für erwiesene und zugedachte Teilnahme herzlichen Dank.

Am 11. August ist mein innigstgeliebter Mann

Herr Emil Graßmann

Bankdirektor

durch feindlichen Fliegerangriff gestorben.

Weiherhaus über Feucht (z. Z. Regensburg, Stadtamhof 7,2), den 14. August 1943.

Martha Graßmann mit ihren vier Kindern im Namen aller Verwandten.

Die Beerdigung hat bereits in Regensburg stattgefunden.

Allen lieben Freunden und Bekannten die tieftraurige Nachricht, daß unsere liebe, gute Mutter, Großmutter, Schwiegermutter

Frau Babette Weidner

geb. Höfler

plötzlich durch den Fliegerangriff uns entrissen wurde.

Nürnberg, den 19. August 1943.

In tiefer Trauer: **Käthe Weidner, Tochter; Familie Konrad Weidner, Familie Schmitt, Familie Kies.**

Ein unerbittliches Schicksal entriß mir durch Feindeinwirkung in der Nacht vom 10. 11. Aug. meinen innigstgeliebten Mann, unseren treusorgenden, guten Vater, Bruder, Schwager und Onkel

Herrn Ludwig Reichert

im Alter von 43 Jahren.

Nürnberg, Griesbach u. im Felde, den 16. August 1943.

In tiefer Trauer: **Therese Reichert, geb. Högl; mit Kindern Walter und Marianne und alle Anverwandten.**

Die Beisetzung hat bereits stattgefunden. Für alle Anteilnahme wird hiermit herzlichst gedankt.

Infolge Terrorangriff starb an einem Herzschlag am 11. Aug.

Herr Heinrich Zeltner

Brauereibesitzer

im Alter von 61 Jahren.

In stiller Trauer: **Die Hinterbliebenen.**

Auf Wunsch des Entschlafenen hat die Beisetzung in aller Stille stattgefunden.

Mein lieber, guter, unermüdlich fleißiger Vater, unser Bruder, Schwager und Onkel

Herr Michael Hüttmeyer

hat bei dem Luftangriff vom 10. 11. August im gesegneten Alter von 83 Jahren 4 Monaten aus dem Leben scheiden müssen. Er starb im Kampfe gegen die Elemente für die Errettung seines Lebenswerkes.

Nürnberg (z. Z. Behringersdorf, Waldstraße 8), 18. August 1943.

In tiefer Trauer: **Willy Hüttmeyer im Namen aller Hinterbliebenen.**

Die Beerdigung fand bereits statt. Für erwiesene Teilnahme herzlichen Dank.

Unser lieber Papa

Heinrich Dorner

geb. 26. 11. 09 — gest. 13. 8. 43

wurde ein Opfer des brit. Terrorangriffes.

In tiefer Trauer: **Gertrud Dorner, geb. Kirchhöfer; mit Töchterlein Hannelore; seine lieben Eltern und allen Verwandten.**

Mit den Angehörigen trauert um ihren treuen, fleißigen Arbeitskameraden seine Firma.

Die Beerdigung hat bereits stattgefunden. Von Beileidsbesuchen bitte ich Abstand zu nehmen. Für zugedachte Anteilnahme im voraus herzl. Dank.

---

13. 9. 71 — 18. 8. 43

Tieferschüttert bringen wir die traurige Nachricht, daß mein innigstgeliebter Mann, unser guter, lieber Vater, Schwiegervater, Schwager, Onkel, Großvater und Urgroßvater

Herr Franz Xaver Rainer

Gürtler

im Alter von fast 72 Jahren seinen schweren Verletzungen, die er sich bei dem Terrorangriff am 10./11. August zugezogen hat, am 18. August früh 11 Uhr aus unserer Mitte gerissen wurde. Ein arbeitsreiches Leben hat hiermit sein Ende gefunden. Seine nimmermüden Hände ruhen nun für immer. Ihm der Friede, uns der Schmerz.

Nürnberg, Ober-Günzburg, Kempten, Berlin, Schwabach und im Felde, den 20. August 1943.

In tiefster Trauer: **Finny Rainer, geb. Rix, Gattin; Anna Söllner, geb. Rainer, nebst Familie; Else Meyer, geb. Rainer, nebst Familie; Familie Georg Rainer; Familie Adolf Rainer; Familie Hans Rainer, z. Z. Wehrm., nebst Enkel und Urenkel.**

Die Einäscherung findet am Samstag, dem 21. August, nachm. 13.30 Uhr im Krematorium des Westfriedhofes statt. Für erwiesene und zugedachte Teilnahme im voraus herzlichsten Dank.

Durch den Terrorangriff vom 10. 11. August verloren wir unsere Lieben

Richard Herold

53 Jahre und

Renate Herold

17½ Jahre.

Nürnberg, 19. August 1943.

Helene Herold, geb. Schüttler; im Namen aller Hinterbliebenen.

Die Bestattung hat im Sinne der Heimgegangenen in aller Stille stattgefunden.

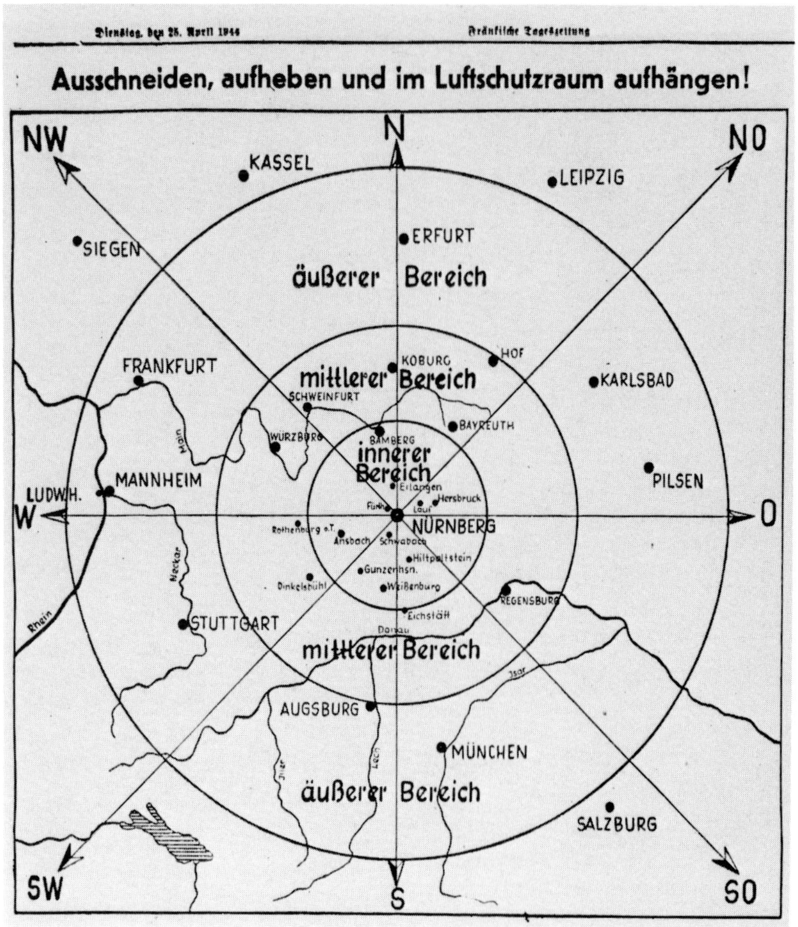

66 *Alle deutschen Rundfunksender gaben seit 21. März 1944 zu jeder vollen Stunde «Luftlagemeldungen» durch: Informationen über Stärke, Standort und Flugrichtung ein- oder ausfliegender feindlicher Luftstreitkräfte. Daneben konnte die Bevölkerung Nürnbergs bei akuter Gefahr für den örtlichen Bereich zusätzliche Meldungen von der Nürnberger Flak empfangen. Die Stimme ihres Sprechers strahlte besondere Ruhe und Vertrauenswürdigkeit aus, weshalb er im Volksmund «Onkel Baldrian» hieß.*
Im Bild: Karte zum Verständnis der «Luftlagemeldungen» für den Nürnberger Raum.

Abwechslung und Entspannung während der knapp gewordenen Freizeit hatten die in der Stadt Gebliebenen nötiger denn je. Sie waren bei dürftiger Ernährung eingespannt in einen harten Arbeitsprozeß mit 48 und mehr Wochenstunden, häufig übermüdet durch die zahlreichen nächtlichen Fliegeralarme, in ihrer Freizeit von der Partei immer wieder bedrängt zu «freiwilligen Ehrendiensten», dazu unmittelbar gefährdet an Leib und Leben durch die sich häufenden Luftangriffe und von ständiger Sorge gequält um ihre Angehörigen an der Front. Auch im vierten und fünften Kriegsjahr gab es noch große Anstrengungen, durch Kultur und Sport und Unterhaltung etwas Farbe in den verdüsterten Alltag zu bringen.
1943/44 wurde im Opernhaus Richard Wagners gesamter «Ring des Nibelungen» neu einstudiert; Inszenierung und Ausstattung besorgte der Wagner-Enkel Wieland aus dem nahen Bayreuth. Anläßlich des 80. Geburtstags von Richard Strauß fanden im Juni 1944 mehrere Festaufführungen seiner Opern statt. Gastspiele auswärtiger Orchester und Ensembles kamen wegen der kritischen Verkehrslage zwar kaum mehr zustande – das letzte war ein Auftritt der Regensburger Domspatzen in der Nürnberger Aufführung von Humperdincks «Hänsel und Gretel» im Mai 1944. Aber nach wie vor gastierten bedeutende Künstler in der vom Luftkrieg immer stärker bedrohten Stadt, so im ersten Halbjahr 1944 noch Hilde Scheppan, Hans Hotter, Elly Ney, Käthe Dorsch, Karl Böhm und andere. Neben den regelmäßigen Philharmonischen Konzerten im Opernhaus (unter Leitung von Alfons Dressel) und vielen anderen musikalischen Darbietungen fanden seit Sommer 1943

erstmals auch Abendserenaden im stimmungsvollen Hof der ehemaligen Katharinenkirche statt. Auch die leichtere Muse in Oper und Schauspiel, Filmtheatern, Kabaretts und Varietés füllte die Häuser.
Die alte Sporthochburg Nürnberg bemühte sich auch nach Kräften, im Rahmen der bescheidener gewordenen Möglichkeiten den Sportbetrieb lebendig zu halten. Eine Anordnung des «Reichssportführers» vom Februar 1943 besagte zwar, daß künftig nur noch Veranstaltungen und Wettkämpfe «örtlichen und nachbarlichen Charakters» durchgeführt werden und Länderkämpfe und nationale Meisterschaften entfallen sollten. Aber dann wurde doch im Sommer 1943 auf der traditionsreichen Radrennbahn am Reichelsdorfer Keller die 4. «Deutsche Kriegsmeisterschaft der Steher» ausgetragen (vor 16000 Zuschauern), und noch im Juni 1944 fanden dort die «Deutschen Amateur-Bahn-Meisterschaften» statt (vor 3000 Zuschauern). Zwei Nürnberger Sportlerinnen errangen die Deutsche Meisterschaft im Speerwerfen (1943) und im Geräteturnen der Frauen (1944) und setzten damit auch in jenen dunklen Kriegsjahren die lange Serie herausragender Sporterfolge fort. Unübersehbar war aber auch, daß die sportliche Betätigung der Männer immer direkter für «Wehrertüchtigung» vereinnahmt wurde. Besonders deutlich zeigte sich das bei dem alljährlich von der Nürnberger SA mit großem Aufwand für die gesamte männliche Bevölkerung von 16–65 Jahren propagierten und organisierten «Wehrschießen».

Die Justiz «bewährte» sich wie bisher in vielen Fällen als wichtige, willfährige Stütze des Regimes, das durch den ungünstigen Verlauf des Krieges an der Ostfront, in Italien, im Westen nach der gelungenen Invasion der Amerikaner und Engländer und im Bombenkrieg in zunehmend stärkere Bedrängnis geriet. «Ordnung, Disziplin und Sicherheit sind die Eckpfeiler unserer Volksgemeinschaft. Wer an diesen rüttelt, hat seinen Kopf verwirkt», hieß es in einem Zeitungskommentar zu Urteilen des Sondergerichts Nürnberg im Januar 1943[18]. Ebenso wie gegen politisch geprägte Delikte ging die Justiz auch gegen kriegstypisch-kriminelle mit äußerster Härte vor. Ein Nürnberger Bauarbeiter (Wochenverdienst 37 RM), selbst fliegergeschädigt und voll geständig, erhielt eine fünfjährige Zuchthausstrafe, weil er bei Aufräumungsarbeiten nach einem Luftangriff drei gefundene Flaschen Wein mitgenommen hatte[19]. Den Versuch einer Haushälterin, bei einem Luftangriff abgeworfene gefälschte Fleischmarken zu verwenden, quittierte das Sondergericht mit einer Zuchthausstrafe von vier Jahren[20]. Im Mai 1943 erging gegen einen 64jährigen Oberinspektor, seit Jahrzehnten im Nürnberger Postdienst und als «Muster von Pflichttreue und Gewissenhaftigkeit» geachtet, wegen Beraubens von Feldpostsendungen mit Tabakwaren ein Todesurteil, das auch vollstreckt wurde[21]. Wegen ähnlicher Delikte wurden in mehreren Fällen auch weibliche Bedienstete der Nürnberger Post zum Tod verurteilt und hingerichtet[22]. Selbst ein harmloses, ja human wirkendes «Vergehen» konnte strenge Strafe nach sich ziehen. Ein 53jähriger Malergehilfe hatte sich an seinem Arbeitsplatz mit sowjetischen Kriegsgefangenen freundlich unterhalten und sein Vesperbrot mit ihnen geteilt, weil er auch im Russen, wie er angab, «einen Menschen» sehe. Urteil: ein Jahr und vier Monate Zuchthaus[23]. Zeitungskommentar: «Zwischen dem deutschen Arbeiter und dem sowjetrussischen Untermenschentum existiert eine nicht zu überbrückende Kluft!»[24]

«Feindpropaganda und gegen den Nationalsozialismus eingestellte Kräfte drohen in großen Teilen der Bevölkerung den bisher unerschütterlichen Glauben an den Endsieg der Achsenmächte wankend zu machen. Das bisher nur an Erfolge gewöhnte deutsche Volk wurde von den Rückschlägen des letzten halben Jahres schwer getroffen. . . . Ich sehe daher die Aufgabe der Strafrechtspflege darin, in den Fällen hart zuzugreifen, in denen unsaubere Elemente die Zeit für gekommen erachten, für ihre früheren politischen Ziele zu arbeiten, weil sie glauben, Morgenluft zu wittern.»

(Aus einem Lagebericht des Generalstaatsanwalts des Oberlandesgerichts Nürnberg vom Mai 1943)[25]

Die sinkende Stimmung in der Bevölkerung und ihre wachsende Kriegsmüdigkeit verschaffte in der Tat den Gerichten viel Arbeit. Organisierte, politisch begründete Widerstandstätigkeit gab es infolge der Perfektion der Überwachung und Verfolgung praktisch nicht mehr. Aber es gab eine Vielfalt von Äußerungen des Unmuts, der Verzweiflung, der Opposition – in Gesprächen, absichtlich verbreiteten Gerüchten, auf anonymen Zetteln, als Wandaufschriften und dergleichen. Man geht sicher nicht fehl in der Annahme, daß nur ein kleiner Teil davon «aktenkundig» und somit überliefert worden ist. Auch die vor allem in Großstädten – als Folge des Kriegs – zunehmende Jugendkriminalität und -verwahrlosung machte den Behörden viel zu schaffen. In einigen Fällen äußerte sich solche non-konformistische Haltung, die auch Reaktion war auf den permanent ausgeübten Zwang und Drill, in einem aktiven Widerstreben gegen das herrschende Regime. Im April 1944 standen mehrere Nürnberger Jugendliche aus einer Gruppe, die sich nach einem großen Platz der Stadt «Freikorps Plärrer» nannte, vor Gericht. Sie hatten sich mit «Ostarbeitern» zusammengetan und ähnlich den im Rhein-Ruhr-Gebiet weitverbreiteten «Edelweißpiraten» eine Art Bandenkrieg gegen HJ-Angehörige und deren Versammlungslokale geführt. Mit zwei Todesurteilen und mehreren Zuchthaus- und Gefängnisstrafen endete diese organisierte Aufsässigkeit. Auch die Jugendbande «Schwarze Hand» beschäftigte zu dieser Zeit wegen Zusammenstößen mit der HJ monatelang die Ermittlungsbehörden [25a]).

Stimmungsverschlechterung und wachsende Kriegsmüdigkeit der Bevölkerung wirkten sich auch bei den Kirchen aus, die in permanentem Abwehrkampf standen gegen Bestrebungen von Staat und Partei, kirchliches Leben und kirchlichen Einfluß weiter einzuschränken. In ihrer zunehmenden seelischen Bedrängnis suchten viele Menschen wieder verstärkt Halt und Trost im Glauben. Besorgt stellten Nürnberger Parteifunktionäre in dieser Zeit der Rückschläge und Niederlagen fest, daß «die Kirchen mit zunehmender Härte des Krieges einen Zustrom haben wie noch nie»[26], daß die Geistlichen «den Einfluß auf die Jugend und das deutsche Gemüt» behalten hätten «und solange das der Fall ist, wird kein echter und rechter Nationalsozialismus aufkommen»[27].

In den Abendstunden des 30. März 1944 dröhnten – wie so häufig seit zwei Jahren – auf zahlreichen Militärflugplätzen Ostenglands Tausende von Flugzeugmotoren. 795 mit Sprengbomben, Brandbomben, Zielmarkierungs- und Leuchtbomben randvoll beladene Maschinen der RAF starteten Richtung Deutschland. Sie sollten in der folgenden Nacht Nürnberg angreifen – diesmal vernichtend.

> «Alle dachten etwa: Wird unsere Besatzung zu den glücklichen gehören? Sind diesmal wir dran? Werde ich je meine Frau wiedersehen? Und so weiter. Alles kreiste um das Thema: Werde ich leben oder werde ich sterben? Es war offensichtlich, uns alle bewegte der gleiche Gedanke. Normalerweise gingen wir nach der Einsatzbesprechung laut und fröhlich auseinander, aber diesmal blieben wir sitzen und sahen uns nur an. Kein Wort wurde gesprochen».
>
> *(Aus den Erinnerungen eines englischen Flight Sergeant an den Abend des 30. März 1944)*[28]

Die in einem über hundert Kilometer langen Strom fliegenden schweren Bomber mit ihren mehr als fünftausend Besatzungsmitgliedern an Bord hatten einen drei- bis vierstündigen Anflug zu bewältigen. Aber die von den Meteorologen verhergesagte Wolkendecke, als Schutz auf dem langen Anflugweg eingeplant, war nicht vorhanden. Zudem bewirkte eine unerwartete Windänderung, daß ein Teil des Bomberstroms vom Anflugkurs abkam. Die Masse der Bomber blieb auf dem befohlenen Kurs, der in dieser Nacht ganz dicht an einem «Funkfeuer», einem Sammelpunkt deutscher Nachtjäger vorbeiführte. Obwohl die Engländer auch diesmal Täuschungsangriffe auf einige Städte, darunter Köln und Kassel, flogen, erkannte die deutsche Nachtjagdführung frühzeitig den Hauptstrom und konnte rasch zahlreiche ein- und zweimotorige Nachtjäger an ihn heranleiten. Schon im linksrheinischen Raum begann die Verfolgungsjagd. Die Nachtjäger fan-

67 *Der in der Nacht vom 30. zum 31. März 1944 von einer riesigen Bomber-Armada durchgeführte Luftangriff sollte Nürnberg vernichtend treffen. Er endete für die Angreifer mit einem Fiasko. Sie erlitten die schwersten Verluste, die die Alliierten jemals bei einem Luftangriff auf eine deutsche Stadt hinnehmen mußten. Nur wenige Bomber fanden und trafen ihre Ziele.*
Im Bild: Aufräumungsarbeiten im Hauptbahnhof nach dem März-Angriff 1944.

den, hatten sie einmal Kontakt mit dem Bomberstrom bekommen, geradezu ideale Angriffsbedingungen vor. Jeder Bomber zog in der kalten sternklaren Nacht Kondensstreifen hinter sich her, die im Licht des Halbmonds als helle weiße Linien schimmerten. In der ersten Stunde nach Mitternacht entwickelte sich zwischen Aachen und Fulda eine erbitterte Luftschlacht: praktisch in jeder Minute wurde ein viermotoriger Bomber abgeschossen. Die in der Luft und auf der Erde brennenden Fackeln der getroffenen Maschinen erleichterten den pausenlos angreifenden Nachtjägern das Fühlunghalten mit dem Bomberstrom.

Als der englische Bomberstrom, durch die wütenden Attacken und durch Navigationsschwierigkei-

«Die Leuchtspuren der Jäger wie vergossenes helles Licht über uns und die brennenden Flugzeuge als Beleuchtung von unten; dieser Anblick kurzer Feuerstöße, roter und grüner Leuchtbälle, und fast immer hinterher die Explosion des angegriffenen Bombers; diese müden Augen auf der Suche nach dem unsichtbaren Feind, verzweifelt, vom Terror geprägt; dieser Schock jedesmal, wenn eine andere Maschine und sieben Mann unten aufschlagen oder in der Luft in Stücke zerrissen werden.»

(Ein englischer Flieger über die mitternächtliche Luftschlacht am 30./31. März 1944)[29]

ten stark auseinander gezerrt, in den Luftraum über Nürnberg gelangte, traf er dort eine unerwartet dichte Wolkendecke und eine größere Windstärke als einkalkuliert an. Die Zielmarkierung durch die «Pfadfinder»-Flugzeuge mißlang völlig. Die meisten Sicht- und Himmelsmarkierungen landeten in der Umgebung der kleinen Stadt Lauf ca. 20 km östlich vom Zentrum Nürnbergs, und dementsprechend fielen die weitaus meisten Bomben auf Dörfer, Wälder und Ackerland. Noch heute kann man bei Wanderungen im Nürnberger «Reichswald» im Osten und Norden der Stadt ungezählte Bombentrichter entdecken. Ein Teil der englischen Flugzeuge fand nicht einmal annähernd den Zielraum von Nürnberg, sondern bombardierte das 90 km nordwestlich gelegene, von einigen «Pfadfindern» irrtümlich markierte Schweinfurt. Dort war es übrigens wolkenlos. Die Schäden und Verluste in der Stadt, die eigentlich getroffen, ja möglichst vollständig zerstört werden sollte, waren relativ gering (69 Tote und 256 zerstörte Gebäude). Das Mißgeschick der Angreifer hielt auch auf dem Rückflug an: die bisher davongekommenen Bomber mußten sich gegen sturmartigen Gegenwind und durch Eiswolken (mit der Gefahr der Vereisung) zurückkämpfen. Die glücklose Bomberflotte erlitt beim Rückweg und bei der Landung in England weitere empfindliche Verluste. Anderntags meldete der britische Rundfunk einer entsetzten Öffentlichkeit den Verlust von 96 Bombern. Der deutsche Wehrmachtsbericht behauptete sogar die Vernichtung von 132 viermotorigen Bombern durch «Luftverteidigungskräfte». Tatsächlich verlor die RAF in jener Nacht insgesamt 106 Flugzeuge, davon 94 von Nachtjägern und Flak abgeschossene. Weitere 59 Flugzeuge wurden beschädigt. Aber noch viel schwerer wogen die Personalverluste. 545 Flieger mit langer Spezialausbildung fanden den Tod, weitere 159 gerieten in deutsche Gefangenschaft. Die deutschen Verluste betrugen 5 Flugzeuge (von 246 eingesetzten) und 11 Tote und Vermißte.

Was als Routineangriff mit einem «üblichen» Ziel, nämlich der Flächenzerstörung einer großen Industriestadt, geplant war, wurde zu einer katastrophalen Niederlage. In doppelter Hinsicht: die RAF erlitt die schwersten Verluste, die sie jemals bei einem Angriff während des ganzen Krieges hinnehmen mußte, und erreichte ihr Ziel auch nicht ansatzweise. Und das am Vorabend desjenigen Tages, für den der englische Bomberchef Harris seiner Regierung die Kapitulation Deutschlands als Folge eines verschärften Bombenkriegs in Aussicht gestellt hatte! Das verheerende Ergebnis der Nürnberg-Aktion machte – ebenso wie die kurz vorangegangenen äußerst verlustreichen Angriffe auf Berlin und Leipzig – dem Bomberkommando der RAF endgültig klar, daß seine bisherige Bomberoffensive gescheitert war. Noch Jahrzehnte nach Kriegsende waren unter englischen Luftkriegshistorikern und Militärfachleuten Planung und Durchführung dieser Operation, bündig «the Nuremberg raid» genannt, heftig umstritten. Luftmarschall Saundby, Harris' Stellvertreter, äußerte die Meinung, daß der Angriff auf persönliches Drängen von Churchill zustande kam, für den Nürnberg das «lebende Symbol des Nazismus» war[30]. Jedenfalls bedeutete die Niederlage von Nürnberg zunächst das Ende konzentrierter Großangriffe auf tief in Deutschland gelegene Städte. Solche Angriffe wurden erst dann wieder aufgenommen, als sich die Luftkriegslage für Deutschland entscheidend verschlechtert hatte, d. h. als die Alliierten im Herbst 1944 nach ihrem Sieg an der Invasionsfront die Luftüberlegenheit im Luftraum über Deutschland nahezu unangefochten errungen hatten.

Beim Umsturzversuch vom 20. Juli 1944 spielte Nürnberg keine nennenswerte Rolle. Zwar gab es lose Kontakte einiger Nürnberger, vor allem aus früheren Links-Kreisen, zu den Verschwörern. Der ehemalige Reichstagsabgeordnete Matthäus Herrmann war als Verkehrsminister einer neuen Reichsregierung nach gelungenem Umsturz vorgesehen (was er allerdings ablehnte). Der Tag selbst verlief in der Stadt aber ohne dramatische Ereignisse. Zunächst sah es so aus, als wolle das Wehrkreiskommando die fernschriftlichen Befehle der Berliner Verschwörerzentrale ausführen, aber statt rascher praktischer Konsequenzen entschloß man sich dann doch lieber zum Abwarten. In den Augen des überlebenden NS-Regimes aber hatte die Nürnberger Militärspitze eine unsichere Haltung gezeigt, und so wurde – neben einigen anderen personellen Veränderungen – der bisherige Wehrkreisbefehlshaber General von

68 *Der 20. Juli 1944 verlief in Nürnberg ohne dramatische Ereignisse. Die Wehrmachtsspitze in der Stadt entschied sich entgegen den Befehlen der Berliner Verschwörerzentrale zum Abwarten. Die Folgen des gescheiterten Umsturzversuchs – die Fortdauer und weitere Verschärfung des Krieges und immer stärkere Verwüstungen und Menschenverluste – mußten auch die Nürnberger bis zur Neige auskosten.*

Fränkische Tageszeitung

Nürnberg, Ausgabe B — AMTL. ORGAN DER NSDAP FÜR DEN GAU FRANKEN — Freitag, 21. Juli 1944 / Nr. 169

Mordanschlag gegen Adolf Hitler

Das Schicksal erhielt uns unseren Führer

Der Führer blieb unverletzt – Er hat unverzüglich die Arbeit wieder aufgenommen

Letztes Mittel: Gemeiner Mord

20. Juli 1944. Auf den Führer wurde heute ein Sprengstoffanschlag verübt.

Aus seiner Umgebung wurden hierbei schwer verletzt: Generalleutnant Schmundt, Oberst Brandt, Mitarbeiter Berger.

Leichtere Verletzungen trugen davon: Generaloberst Jodel, die Generale Korten, Buhle, Bodenschatz, Heusinger, Scherff, die Admirale Voß, von Puttkamer, Kapitän zur See Aßmann und Oberstleutnant Borgmann.

Der Führer selbst hat außer leichten Verbrennungen und Prellungen keine Verletzungen erlitten. Er hat unverzüglich darauf seine Arbeit wieder aufgenommen und – wie vorgesehen – den Duce zu einer längeren Aussprache empfangen.

Kurze Zeit nach dem Anschlag traf der Reichsmarschall beim Führer ein.

Vergebliche anglo-amerikanische Durchbruchsversuche

Trümmer von St. Lo aufgegeben – Erbitterte Kämpfe in Italien – Schwere Abwehrkämpfe im Raum östlich Lemberg

Ritterkreuz für Sturmführer Dorr

Das Ritterkreuz

Durch Nachtjäger vereitelt

Rücktritt des Kabinetts Tojo

Wiktorin abgelöst und Ende August durch den unbedingt regimetreuen, hochdekorierten General Weisenberger ersetzt. «Das Schicksal erhielt uns unseren Führer», lautete nach dem mißglückten Attentat die Schlagzeile auf der Titelseite der größten Nürnberger Tageszeitung[31].

Nach ihren gelungenen Landungen in der Normandie (Juni 1944) und in Südfrankreich (August 1944) drangen die Armeen der Alliierten innerhalb weniger Wochen quer durch Frankreich bis in die Nähe der deutschen Reichsgrenze vor. An der Südfront waren Rom und Florenz verloren; Deutschlands Verbündete Rumänien und Bulgarien fielen ab und wechselten die Fronten. Die sowjetische Sommeroffensive drängte die deutschen Truppen bis ins Weichselgebiet und an die Grenze Ostpreußens zurück. Der Luftraum über Deutschland gehörte nahezu uneingeschränkt den

Bombergeschwadern der Westmächte. In dieser verzweifelten Lage im Spätsommer 1944 ordnete das Regime Maßnahmen zur «totalen» Kriegführung an, die neben den sich häufenden Fliegeralarmen und den Folgen der Luftangriffe den Alltag der Zivilbevölkerung nochmals einschneidend veränderten. Zur «vollen Ausnutzung der Arbeitskraft»[32] wurde die reguläre Arbeitszeit in Büros und Verwaltungen auf mindestens 60 Wochenstunden erweitert (für Frauen und Jugendliche auf 56). Für Männer bis 65 und Frauen bis 50 Jahren gab es eine generelle Urlaubssperre – wer gerade in Urlaub war, mußte sofort an seinen Arbeitsplatz zurückkehren. Alle Nürnberger Geschäfte durften abends frühestens um 20 Uhr (samstags um 19 Uhr) schließen. Die meisten Zeitungen und Zeitschriften mußten ihr Erscheinen einstellen. Auch der «Fränkische Kurier», die traditionsreiche Zeitung des rechtsgerichtet-nationalen Bürgertums, die in den letzten Jahren eine «noble» Distanz gegenüber einer rabiaten Spielart von Nationalsozialismus versucht hatte, fiel darunter. Sämtliche Theater, Kabaretts, Orchester, Musikschulen, Kunstakademien, belletristischen Verlage wurden «stillgelegt» – nur Rundfunk und Film durften nach einer Anordnung des «Reichsbevollmächtigten für den totalen Kriegseinsatz» Entspannung und Kultur noch vermitteln. Alle diese (und noch andere) Maßnahmen dienten dazu, weitere Kräfte und Reserven für Wehrmacht und Rüstungsindustrie freizusetzen. Nach einer Aufführung von «Götterdämmerung», in der Inszenierung von Wieland Wagner, am Abend des 31. August 1944 schlossen sich die Türen des Nürnberger Opernhauses – bis zum Untergang des Dritten Reiches.

69/70 *Um die Mittagszeit des 3. Oktober 1944 traf ein neuer schwerer Luftangriff, diesmal von viermotorigen Bombern der in Südengland stationierten 8. US-Luftflotte, die Stadt. Einige der für amerikanische Luftangriffe charakteristische «Bombenteppiche», d. h. Serien dicht nebeneinander einschlagender Sprengbomben, richteten im ältesten Teil der Innenstadt schwere Schäden an.*
Im Bild: Albrecht-Dürer-Platz von der St.-Sebaldus-Kirche aus gesehen, mit den Resten der hinweggefegten Moritzkapelle und des in aller Welt bekannten Altstadtlokals «Bratwurstglöcklein» (im Vordergrund beim Bild oben – links neben dem Räumpanzer beim Bild unten).

Nach der Niederlage der RAF Ende März 1944 richtete sich nach fünfmonatiger Pause erst wieder in der Nacht vom 8. zum 9. September ein Luftangriff gegen Nürnberg. Dann wurden die Pausen kürzer: erster Tagesangriff der US-Luftstreitkräfte am 10. September (gerichtet gegen Industrieziele und Wohngebiete im Süden und Südosten der Stadt) – zweiter Tagesangriff am 3. Oktober – neuer Nachtangriff am 19. Oktober. Der schwere Angriff vom 3. Oktober traf, neben Stadtteilen vor allem im Süden der Stadt, besonders hart das Burgviertel, den ältesten Teil der historischen Innenstadt. Getroffen wurden unter anderem die Burg (Totalzerstörung der Walpurgiskapelle), das Albrecht-Dürer-Haus, die St.-Sebaldus-Kirche, mehrere Türme und Wehrgangsteile der Stadtumwallung. Durch mindestens einen Volltreffer einer schweren Sprengbombe förmlich hinweggefegt wurde die Moritzkapelle mit dem angebauten, in aller Welt bekannten «Bratwurstglöcklein», über Generationen hinweg Ziel aller prominenten Besucher der Stadt. Einem der für die amerikanischen Luftangriffe charakteristischen «Bombenteppiche» fielen am Plärrer in einem Deckungsgraben allein 60 Menschen zum Opfer. Abermals waren 365 Tote, über tausend Verletzte und 20000 «Ausgebombte», d. h. Obdachlos-Gewordene, zu beklagen. Die Zerstörungen waren so umfangreich, daß es erst 5 Tage nach dem Angriff in einigen Stadtbezirken wieder Gas für das häusliche Kochen gab und daß noch Mitte Oktober die Wasserversorgung in großen Teilen der Stadt nur mittels Wasserwagen möglich war.

71 *Zahlreiche Passanten und Straßenbahn-Fahrgäste hatten sich beim Tagesangriff am 3. Oktober 1944 in den «Deckungsgraben» am Plärrer, einem der verkehrsreichsten Plätze der Stadt, geflüchtet. Ein Sprengbombenvolltreffer kostete dort 60 Menschen das Leben. Mehrere von ihnen wurden förmlich zerfetzt – «zertrümmert» hieß amtlich diese Todesart –, so daß nur noch kleine nicht mehr identifizierbare Körperreste geborgen werden konnten.*

«Man ist von Tag zu Tag abgehärteter gegen die Bilder der Verwüstung geworden, die einen umgeben, und die Menschen laufen durch Schutt und Trümmer der Straßen wie durch Altgewöhntes und Alltägliches, wie es ihnen selbstverständlich geworden ist, auf ihren Wegen stets das zum Leben Nötigste in Koffern und Taschen mitzuschleifen oder zu Hause griffbereit zu halten, um entweder einen öffentlichen L.S.Raum, wenn überraschend die Sirene ertönt, oder daheim den eignen L.S.Keller schnellstens zu erreichen. Man darf wohl sagen, daß es jetzt kaum mehr eine Straße in Nürnberg gibt, die ganz verschont geblieben ist, dagegen viele Stadtteile, die man nicht mehr erkennt, da sie nur noch aus Schutthaufen bestehen».

(Aus dem Brief eines Nürnbergers an seine Tochter vom 20. Oktober 1944)[33]

Der äußerst hart gewordene Alltag verschärfte sich im Spätherbst 1944 für die männliche Zivilbevölkerung abermals. Am Jahrestag der Völkerschlacht bei Leipzig 1813 proklamierte Hitler die Aufstellung des «Deutschen Volkssturms», des letzten Aufgebots des von militärischen Niederlagen und innerem Zusammenbruch bedrohten NS-Regimes. Alle «waffenfähigen» Männer zwischen 16 und 60 Jahren, soweit sie aus Berufs-, Alters- oder Gesundheitsgründen bisher vom Wehrdienst befreit waren, also in der Hauptsache Facharbeiter, Bauern, Wehruntaugliche, aber auch Gebrechliche und Jugendliche ab 16, mußten ab sofort zur Verteidigung des «Heimatbodens» beim militärähnlichen «Volkssturm» Dienst leisten. Auf sechs großen Plätzen der Stadt fand am 12. November die Vereidigung der ersten in aller Eile aufgestellten Nürnberger Volkssturm-Kompanien statt – die Männer waren in Zivil oder Parteiuniformen angetreten, denn eine neue Einkleidung als «richtige« Soldaten war nicht mehr möglich. Zur oft 60stündigen Arbeitswoche und zu mannigfachen Abend- und Nachtverpflichtungen beim Luftschutz oder anderen Organisationen kam für die Volkssturm-Männer in den folgenden Wochen und Monaten Volkssturm-Dienst und -Ausbildung am Sonntag hinzu. Ebenfalls im November 1944 begann der «Fronthilfe-Einsatz der fränkischen Jugend»: in Sonderzügen wurden zahlreiche Jugendliche – 15- und 16jährige – an die Westgrenze transportiert, wo die Jungen Stellungsbau- und Schanzarbeiten leisten, die Mädchen für ihre dienstverpflichteten Altersgenossen kochen und waschen mußten.

Ende November und Anfang Dezember erfolgten noch mehrere kleinere Luftangriffe auf Nürnberg, sogenannte «Störangriffe», wie sie amtlich hießen. Beteiligt waren daran jeweils 20 bis 50 zweimotorige englische Schnellbomber vom Typ «Moskito», die meistens riesige Luftminen mit sich führten (das waren 900 oder 1800 kg schwere dünnwandige Sprengstoffträger, die bei der leichtesten Bodenberührung detonierten und wegen ihrer

72 *In der Bergstraße am 3. Oktober 1944.*

enormen Zerstörungskraft im Volksmund «Wohnblockknacker» genannt wurden). Bei einem solchen «Störangriff» wurden durch den Einschlag einer einzigen Luftmine im Kreuzgassenviertel 25 Häuser völlig zerstört und Luftdruckschäden Hunderte von Metern weit angerichtet. Hatte es zwischen Sommer 1940 und Sommer 1943 insgesamt 59 Fliegeralarme in Nürnberg gegeben, so waren es im Dezember 1944 innerhalb eines einzigen Monats 78 Alarme. Tag für Tag, Nacht für Nacht, nahezu stündlich mußten die gequälten Stadtbewohner mit neuen Angriffen und Verwüstungen rechnen. In der Tat: auch für die Zivilbevölkerung war der Krieg inzwischen «total» geworden.

73 *Eine Aufnahme vom 17. September 1944: Möbelbergung aus einem teilzerstörten Haus in der Frankenstraße – ein uniformierter «Politischer Leiter» überwacht die Arbeiten, ein ebenfalls uniformierter SA-Mann kommt von rechts seines Weges daher. Nur wenige Monate später waren auf den Straßen Nürnbergs keine Parteiuniformen mehr zu sehen, und fast alle ihre Träger waren in der Versenkung verschwunden, als habe es nie Nationalsozialisten gegeben.*

74 *Im Herbst 1944 erlebte die Stadt in kurzen Abständen mehrere schwere Luftangriffe. Beim Angriff in den Abendstunden des 19. Oktober 1944 gab es an dieser abgebildeten Stelle 24 Todesopfer. Da die Trümmer der eingestürzten Häuser (Voltastraße 52/53/54) teilweise in Brand gerieten, konnten die Leichen der in den Luftschutzkellern Erstickten und Verbrannten erst am 21. und 22. Oktober geborgen werden. An ihrer anschließenden Identifizierung mußten Väter, Mütter, Ehemänner und andere Verwandte beteiligt werden.*

5. Das Ende mit Schrecken (1945)

«Nun ist die Reihe der Feiertage wieder abgeschlossen, und die meisten sind sogar froh darüber . . . Es ist nicht die Zeit zum Feiern! Es ist uns nicht nach Feiern zumute, solange dieser Krieg nicht eingemündet ist in den deutschen Sieg. Nun tritt der Alltag wieder in seine Rechte, und wir spüren es zufrieden: er ist nicht minder beglückend.»

(Schluß einer Neujahrs-Betrachtung in der «Fränkischen Tageszeitung» am 2. Januar 1945)[1]

Der 2. Januar 1945 war in Nürnberg ein diesiger, schneefreier, kalter Wintertag. Um 18.43 Uhr heulten die Luftschutzsirenen in den Winterabend das Signal «Fliegeralarm» – es war der 201. Alarm seit Kriegsbeginn. Um 19.20 Uhr begann ein Luftangriff von solcher Wucht und Zerstörungs-

75/76 *Das Jahr 1945 begann für Nürnberg mit der größten Katastrophe in der 900jährigen Stadtgeschichte. In den Abendstunden des 2. Januar verwüstete ein englischer Luftangriff den historischen Kern der Stadt bis zur Unkenntlichkeit. Seither ist die Datumsangabe «2. Januar» ein feststehender Begriff, mit dem sich die Erinnerung an den Untergang des alten Nürnberg verbindet.*
Im Bild (oben): Egidienplatz nach Süden – rechts die Fassade des Tucherpalais, im Hintergrund St. Lorenz.
Im Bild (unten): Theresienplatz und Egidienplatz nach Norden – im Hintergrund die Reste des «Pellerhauses», eines Renaissance-Bürgerhauses von höchstem kunstgeschichtlichen Rang.

77 Beim Luftangiff am 2. Januar 1945 gelang den Angreifern, was sie vorher schon wiederholt versucht hatten: in der eng bebauten Altstadt einen Flächenbrand zu entfachen. Nahezu die gesamte östliche Altstadthälfte wurde eingeäschert.
Im Bild: Äußere Laufer Gasse – rechts Laufer Tor-Turm.

kraft, wie die Stadt zuvor noch keinen erlebt hatte. In den folgenden 53 Minuten luden 521 viermotorige Bomber der RAF rund 100 Luftminen, 6000 Sprengbomben und eine Million Stabbrandbomben über der todgeweihten Stadt ab. Von der deutschen Abwehr war wenig zu spüren; lediglich drei der angreifenden Flugzeuge gingen verloren.

«Das Entsetzliche und Grausige dieses Angriffs kann man nicht in Worte fassen. Wer ihn nicht miterlebt hat, kann sich dieses furchtbare Geschehen kaum vorstellen. In pausenlosem Angriff und Bombenabwurf erbebte die Erde, unser Keller schwankte. Die Leute lagen auf den Knien und riefen zu Gott. Ich betete laut. 45 Minuten dauerte der Angriff, aber allen dünkte diese Zeit eine Ewigkeit. Jeder mußte mit seinem Ende rechnen. Als wir durch Gottes Gnade endlich doch den Keller, bis ins Innerste erschüttert, aber unversehrt verlassen konnten, bot sich uns ein grauenhaftes Bild. Gegenüber am Bahngelände wütete weithin ein Feuermeer, es brannte alles lichterloh.»

(Aus einem Bericht von Pfarrer Friedrich Rupprecht von Nürnberg-St. Peter über den 2. Januar 1945)[2]

◁ 78 *Über 1800 Tote und 100 000 Obdachlose waren nach dem Angriff zu beklagen. Auch in der Innenstadt gab es diesmal – im Gegensatz zu früheren Angriffen – hohe Menschenverluste.*
Im Bild: Judengasse Richtung Westen – aus einem öffentlichen Luftschutzraum am Ende der Gasse (Theresienplatz 6) barg man 52 Tote.

An allen Ecken und Enden der Stadt fing es nahezu gleichzeitig zu brennen an. Nach kurzer Zeit loderten – wie der amtliche Abschlußbericht meldete – 1194 große, 851 mittelgroße und 1070 kleinere Brände. Die mit dem Mut der Verzweiflung kämpfenden einheimischen Kräfte und die der «Löschhilfszone» wurden wiederum wie nach allen schweren Luftangriffen durch Tausende Helfer auch von weit her unterstützt. Aber die riesige Zahl der Schadensstellen, ihre Streuung über praktisch das gesamte Stadtgebiet und die durch eingestürzte Häuser und Bombentrichter blokkierten Anfahrtsstraßen setzten allen noch so aufopferungsvollen Rettungsversuchen allzu enge Grenzen. Diesmal gelang, was die Angreifer schon wiederholt, aber bisher vergeblich versucht hatten: in der eng bebauten Altstadt einen Flächenbrand zu entfachen. Ganze Straßenzüge wurden zu einer einzigen Riesenfackel. Schließlich stand die östliche Altstadt-Hälfte vollständig in Flammen. Die meisten bedeutenden Gebäude, die Nürnberg jahrhundertelang berühmt gemacht hatten – Burg, Rathaus, Kirchen, Klöster, Patrizierhäuser, Innenhöfe – wurden in jener Nacht vernichtet oder schwerbeschädigt. Mindestens 2000 historische Wohnhäuser der Innenstadt gingen unter. Zu den Totalverlusten zählte auch der große Rathaussaal mit den Bildwerken von Dürer und seiner Schule – einer der «schmerzlichsten Verluste der deutschen Kunst» überhaupt[3]. Im Gegensatz zu früheren Luftangriffen gab es diesmal auch in der Altstadt hohe Menschenverluste. Allein 52 Tote barg man aus dem öffentlichen Luftschutzraum Theresienplatz 6. Unter den in der Altstadt Getöteten befand sich auch Gebietsführer Dr. Alfred Raschke, der oberste HJ-Führer Frankens, der auf der Burg (Kaiserstallung) mit mehreren Mitarbeitern und Hitler-Jungen ums Leben kam. Große Verluste und Schäden gab es auch in Maxfeld, Steinbühl, Galgenhof, St. Peter. Angesichts der ungeheuren Verwüstungen entstanden rasch Gerüchte, die von -zigtausenden von Opfern sprachen. Deshalb wurde schon bald nach dem verheerenden Luftangriff als amtliche Zahl «knapp 1800 Tote bzw. Vermißte» bekannt gegeben. Das vielfach noch tagelange Brennen und Schwelen der Gebäudetrümmer erschwerte die Bergung der Erstickten, Verbrannten, Zerfetzten – noch eine Woche nach dem Angriff war ihre Bergung und Identifizierung nicht abgeschlossen. In vielen Fällen fand man nur noch kleine und kleinste Leichenteile und Knochenreste. Insgesamt waren 1850 Tote und 100 000 Obdachlose zu beklagen. Der «zweite Januar» ist seit jener Unglücksnacht ein feststehender Begriff in Nürnberg. Die größte Katastrophe innerhalb der 900jährigen Stadtgeschichte kleidete der «Wehrmachtsbericht» anderntags in die lapidaren Sätze: «In den Abendstunden richtete sich ein Terrorangriff der Briten gegen Nürnberg, der große Häuserschäden und Verluste unter der Zivilbevölkerung verursachte. Unersetzliche Kulturdenkmäler fielen der sinnlosen Zerstörungswut des Feindes zum Opfer.»

«In der strategischen Bombenoffensive ist Nürnberg nunmehr ein Ziel von höchster Priorität nicht nur wegen der sehr großen Wichtigkeit seiner Kriegsindustrie, sondern auch deshalb, weil es in Vergleich mit anderen deutschen Städten gleicher Größe noch nicht so stark zerstört ist. Ungefähr der fünfte Teil von Nürnberg lag vor dem Angriff der letzten Nacht in Trümmern, während die meisten anderen deutschen Städte gleicher Größe und innerhalb ähnlicher Reichweite schon weit umfassender getroffen sind.»

(Aus dem Bulletin des englischen Luftfahrtministeriums vom 3. Januar 1945)[4]

Nürnberg war eine geschlagene Stadt. Es gab kein Wasser, kein Gas, keinen Strom. Straßenbahnen konnten nicht mehr fahren, die Postzustellung

79 *Innenraum der gotischen Frauenkirche am Hauptmarkt.*

79–81 *Die meisten bedeutenden Bauwerke, deretwegen Nürnberg als «des Reiches Schatzkästlein» gegolten hatte, wurden in jener Nacht des 2. Januar 1945 vernichtet oder schwer beschädigt. Mindestens zweitausend historische Wohnhäuser der Altstadt gingen unter.*

80 *Plobenhofstraße mit dem Turmrest der Frauenkirche.*

81 *Fassadenrest des Rathauses von der Winklerstraße aus gesehen – dahinter lag der von Dürer und seiner Schule ausgemalte, nun vollständig ausgebrannte Große Rathaussaal.*

ruhte. Zehntausende suchten sich einen Weg über Schutthaufen und durch trümmerübersäte Straßen, vielfach auf Handkarren und Kinderwagen ihre letzten Habseligkeiten mit sich führend, um von einem Vorortbahnhof aus die Stadt verlassen zu können. Andere Zehntausende von Obdachlosen zogen in die Bunker und vegetierten dort, auf engstem Raum zusammengedrängt und unter unvorstellbaren hygienischen Verhältnissen, während der folgenden Wochen und Monate. Ein Kälteeinbruch Mitte Januar steigerte noch die Not, trug aber wenigstens dazu bei, daß in den hoffnungslos überfüllten Bunkerquartieren der Ausgebombten keine Seuchen und Epidemien entstanden. Von 170 Arztpraxen in der Stadt waren 104 total zerstört und weitere 33 beschädigt. Wer ärztliche Hilfe brauchte, konnte sie nur noch in den unterirdischen Luftschutz-Rettungsstellen finden. Die NS-Wohlfahrtsorganisation gab zehn Tage lang für alle, die nicht mehr kochen konnten (und das waren nicht nur die 100000 Obdachlos-Gewordenen), markenfreie Gemeinschaftsverpflegung aus. Der gepeinigten Bevölkerung wurde aus Anlaß des Luftangriffs vom 2. Januar eine Sonderzuteilung gewährt: 950 g Brot, 150 g Fleisch, 90 g Butter, dazu für jeden Erwachsenen 50 g Bohnenkaffee, ½ Flasche Spirituosen, 10 Zigaretten und für jedes Kind eine Dose Kondensmilch. Wegen der katastrophalen Transportlage dauerte es teilweise Wochen, bis die Menschen tatsächlich in den Genuß dieser bescheidenen Wohltaten kamen. Um die Lebensmittellieferungen von auswärts überhaupt noch gewährleisten zu können, mußten in der ersten Januar-Hälfte sogar Pferdegespanne und landwirtschaftliche Zugmaschinen mobilisiert werden.

«Am Morgen gingen wir zuerst zu meiner Arbeitsstätte. Was wir unterwegs sahen, ließ uns die Sprache verdorren. Der Schrekken schoß bis in die innersten Herzkammern. Wir werden ihn nie mehr ganz loswerden können. . . In meinem Arbeitsraum überfiel mich mit schmerzhafter Gewalt das beängstigend drückende Gefühl, hier werde ich niemals mehr arbeiten. Ich dachte des schrecklichen Tages, als wir in diesem Hause ahnungslos den jüdischen Besitzer und seine Frau besuchten, die in der vorangegangenen Nacht [«Kristallnacht» Nov. 1938!] von den ‹Männern des Führers› ‹gezüchtigt› worden waren. Sie standen hilflos lächelnd inmitten ihrer wüst geschändeten kostbaren Möbel. Nebenan suchten die beiden Kinder, verstört von den Erlebnissen der Nacht, Ordnung in ihre zerfledderten Bücher und ihr zerschlagenes Spielzeug zu bringen. Fassungslos stumm standen wir da. Wir wußten zwar nichts von dieser erbärmlichen Untat, doch war sie auch in unserem Namen begangen worden. . . . Seitdem weiß ich, was Scham ist. Sie brannte uns wie höllisches Feuer. Was der Inhalt meines beruflichen Strebens und Wirkens war, ist in Rauch und Dreck aufgegangen.»

(Der Wirtschaftswissenschaftler Dr. Georg Bergler bei seiner Rückkehr nach Nürnberg am 7. Januar 1945)[5]

82 *Der Adolf-Hitler-Platz, auf dem sein Namenspatron noch wenige Jahre zuvor die stundenlangen Vorbeimärsche seiner uniformierten Anhänger abgenommen hatte, war nach dem 2. Januar 1945 nur noch von Trümmern und Ruinen umgeben. In Bildmitte der eingemauerte Schöne Brunnen, im Hintergrund die St. Sebaldus-Kirche und die Ruinen des Rathauses.*

Nur ganz langsam begann das Leben sich zu normalisieren, falls man angesichts der Trümmerstätten und Schuttberge überhaupt von Normalisierung sprechen durfte. Der Straßenbahnverkehr kam auf einigen wenigen Strecken wieder in Gang. In weniger zerstörten Stadtteilen gab es nach und nach wieder Wasser und Strom. Material- und Treibstoffmangel behinderte alle Aufräum- und Reparaturbemühungen; es fehlte an praktisch allem. Die Ortsgruppen der Partei verteilten an Geschädigte Pappe zum Abdichten zerbrochener Fenster und zerborstener Wände – aber nur soviel, wie zur «behelfsmäßigen Bewohnbarmachung» eines einzigen Wohnraums nötig war. Wo es noch keinen Strom und damit kein Licht gab, wurden Kerzen ausgegeben – stückweise! Bezugscheine, d. h. Einkaufsgenehmigungen für Textilien und Schuhe konnte man bei der zuständigen Behörde nur dann erhalten, wenn beim Antragsteller «kein tragbares Stück vorhanden» war[6]. An den Nürnberger Schulen, soweit sie unzerstört geblieben waren, konnte der Unterricht erst wieder am 1. Februar 1945 beginnen (drei Wochen später mußte er abermals – diesmal endgültig bis Kriegsende – eingestellt werden).

In diesen Januarwochen 1945 verschlechterte sich die militärische Lage des Dritten Reiches rapid. Im Westen war die kurz vor Weihnachten 1944 begonnene «Ardennenoffensive» gescheitert – der verzweifelte Versuch Hitlers, unter Aufbietung der letzten Reserven das Gesetz des Handelns nochmals an sich zu reißen. Auf breiter Front standen die englischen und amerikanischen Armeen an oder dicht vor der deutschen Reichsgrenze. Im Osten begann am 12. Januar die sowjetische Winteroffensive an der Weichsel – drei Wochen später stand die Rote Armee schon tief in Schlesien und Ostpreußen. Nicht nur militärisch ging es dem Ende zu, auch kriegswirtschaftlich. Am 7. Januar wurde zum «Volksopfer» aufgerufen: zur Abgabe aller nicht täglich benötigten Kleidung, Wäsche, Schuhe, Uniformen, zur Abgabe von Decken, Vorhängen, Fahnen, Feldflaschen, Kochgeschirren, Spaten, Zelten und so fort. Denn neuaufgestellte Wehrmachtseinheiten und den Volkssturm konnte man wegen Rohstoffmangels nicht mehr ordentlich einkleiden und ausrüsten. Als Gauleiter-Stellvertreter Holz das in Nürnberg um drei Wochen verschobene «Volksopfer» im Rahmen einer großspurigen Parteiver-

83/84 Nürnberg war nach dem 2. Januar 1945 eine geschlagene Stadt. Tagelang, in manchen Stadtteilen wochenlang, gab es kein Wasser, kein Gas, keinen Strom. Keine Straßenbahn verkehrte mehr, ebenso vom Hauptbahnhof aus kein einziger Reisezug.
Im Bild: Zerstörungen und Instandsetzungsarbeiten im Hauptbahnhof.

anstaltung vor Rüstungsarbeitern eröffnete, mußte er manche rhetorische Kapriolen schlagen, um der schwer luftkriegsgeschädigten Bevölkerung ein solches Ansinnen plausibel zu machen. Neben dem Eingeständnis, daß neuerdings auch unter Nationalsozialisten nicht mehr wie selbstverständlich mit «Heil Hitler» gegrüßt werde, enthielt seine Rede auch den Satz: «Wir bauen Nürnberg wieder auf, schöner als es vordem war»[7]. In der Stadt war man noch dabei, wenigstens die schlimmsten Folgen des Luftangriffs vom 2. Januar zu lindern, die trostlose Lage von Zehntausenden Obdachloser erträglicher zu machen, den innerstädtischen Verkehr wieder in Gang zu setzen, alle Stadtteile wieder an die Wasser- und Stromversorgung anzuschließen. Da trafen am 20. und 21. Februar 1945, jeweils zur Mittagszeit, zwei neue schwere Luftangriffe die Stadt. Am 20. Februar waren es 850, am Folgetag 1100 viermotorige Bomber der 8. US-Luftflotte, die an beiden Tagen zusammen 17 500 Sprengbomben und 1,5 Millionen Brandbomben, dazu zahlreiche Flugblätter und gefälschte Lebensmittelmarken, abwarfen. Schwerpunkte dieser beiden Tagesangriffe waren Bahnanlagen und die Industriegebiete im Süden der Stadt. Allein das Gelände des Hauptbahnhofs erhielt 65 Sprengbombentreffer. Nahezu alle Vorortbahnhöfe wurden getroffen und waren für einige Tage betriebsunfähig. Noch stärkere Verwüstungen entstanden im wichtigen Rangierbahnhof. Das Reichsbahn-Ausbesserungswerk wurde, wie zahlreiche Industriebetriebe, vollständig zerstört. Die Schäden in den Wohngebieten – 5800 zerstörte oder beschädigte Wohnhäuser – verteilten sich über das ganze Stadtgebiet. Auch die schon stark verwüstete, in Teilen aber noch intakte Altstadt erlitt weitere unersetzliche Verluste an historischen Bürgerhäusern. Eine Sprengbombe fuhr in die schon früher getroffene Mauthalle und tötete in der darunter gelegenen Kellergaststätte («Mautkeller») 40 Gäste und Bedienungen. Beim Doppelangriff vom 20. und 21. Februar 1945 waren insgesamt 1356 Tote, über 1200 Verletzte und rund 70 000 Obdachlose zu beklagen.

«Das Anwesen Juvenellstraße Nr. 2 wurde von 2 Sprengbomben getroffen. Eine Bombe durchschlug das Haus und detonierte im

85 *Während man noch dabei war, wenigstens die schlimmsten Folgen des Januar-Angriffs zu lindern und die trostlose Lage der Obdachlosen erträglicher zu machen, erfolgten am 20. und 21. Februar 1945 zwei neue schwere Luftangriffe. Die 8. US-Luftflotte warf bei diesen beiden Angriffen 1,5 Millionen Brandbomben auf die gepeinigte Stadt.*
Im Bild: Blick auf die brennende Stadt vom Fliegerhorst Fürth aus (ein zur Schadensbeobachtung eingesetztes Flugzeug vom Typ Fieseler «Storch» kehrt zurück – 21. Februar 1945).

Luftschutzkeller. Die dort befindlichen Personen wurden größtenteils in kleine und kleinste Stücke zerrissen. Außerdem gerieten die zerstörten Holz- und Hausgerätteile in Brand, wodurch die Gefallenen teilweise stark verbrannten. Die unter Nr. 10 mit 18 benannten Gefallenen konnten daher nicht mehr identifiziert werden. Eine große Anzahl Leichenteile von diesen gefallenen Personen wurden am 24. 2. 45 um 13.30 Uhr geborgen. Die an den einzelnen Leichenteilen noch haftenden Kleidungsstücke sind größtenteils verbrannt oder so verschmort, so daß auch hier keine Feststellungen mehr gemacht werden konnten. . . Von dem Kind Kurt Deinlein konnten nur noch kleine Teile aufgefunden werden. Ebenso wurden von dem Kinderwagen, in welchem sich das Kind befand, nur noch kleine Teile des Wagens und der Handgriff unter den Schuttmassen gefunden.»

(Aus einem Bericht der Kriminalpolizeileitstelle Nürnberg-Fürth vom 26. Februar 1945)[8]

86 *Im offiziellen US-Luftkriegswerk hieß es über den Februar-Doppelangriff: «. . . wendete sich die Aufmerksamkeit Nürnberg zu, das eine Zeitlang von den Amerikanern nicht angegriffen worden war und das nun mit Nachschubzügen vollgestopft war. Am 20. 2. erhielt das Naziheiligtum (the nazi shrine city) 2000 Tonnen und am 21. 2. fast 1800 von der 8. Luftflotte. Fotos zeigten ausgedehnte Schäden an Bahn- und Industrieanlagen.»*
Im Bild: deutsche Luftaufnahme vom 21. Februar 1945.

Wiederum war die Stadt stromlos, ohne Straßenbahnverkehr und Briefkastenleerung – Wasser war nur aus Tiefbrunnen und von Wasserwagen zu beziehen, die Wasserleitungen waren tot – an eine Gasversorgung zum Heizen und Kochen war «sowohl wegen der schweren Schäden im Gasrohrnetz als auch wegen des nahezu völligen Erliegens der Kohlenzufuhr» ohnehin nicht mehr zu denken[9]. Die Menschen mußten sich neue Trampelpfade durch neue Schutt- und Trümmerberge suchen. Es verging kaum mehr ein Tag und kaum mehr eine Nacht, ohne daß das Heulen der Luftschutzsirenen die verängstigten und entnervten Menschen in die Keller und Bunker trieb – oft stundenlang und mehrmals innerhalb von 24 Stunden.

Welchen Grad die Verheerungen mittlerweile erreicht hatten, beleuchtet die Tatsache, daß nach dem Luftangriff vom 21. Februar volle drei Wochen keine einzige Straßenbahn verkehren konnte und dann der Betrieb auf einem kümmerlichen Zehntel des bisherigen Netzes wiederaufgenommen wurde. Um wenigstens ein «Rumpfnetz» betreiben zu können, mußten von nicht reparaturfähigen Strecken Oberleitungen und Schienen zwecks Materialgewinnung abgebaut werden. Aber ehe es auf solchem Weg ein wenig weiterging, folgten Mitte März weitere Luftangriffe. Vor allem der englische Angriff in den Abendstunden des 16. März entfachte einen riesigen Flächenbrand in den südlichen Stadtteilen, verursachte weitere Schäden in den Ruinen- und Halbruinenfeldern der Altstadt und kostete nochmals 597 Menschen das Leben, davon allein 133 in einer kurzen Nebenstraße in Steinbühl (Seuffertstraße). Nach den wiederholten Beschädigungen der Städtischen Krankenanstalten und der vollständigen Zerstörung der Frauenklinik durch einen Bombenvolltreffer am 19. März waren von dem ausgedehnten Krankenhauskomplex, dem weitaus größten Krankenhaus der Stadt, nur noch die Bunkerstationen und ein paar Keller- und Erdgeschoßstationen zu benutzen. Beim Angriff am 16. März erzielte die vorübergehend wiedererstarkte deutsche Luftabwehr einen ihrer späten größeren Erfolge; Nachtjäger schossen von 277 eingesetzten Lancaster-Bombern 24 ab. Zu diesem Zeitpunkt stand die Rote Armee schon vor Königsberg, Danzig, Stettin und Breslau – kämpften amerikanische Truppen bereits an Saar, Mosel und Rhein und nach der handstreichartigen Inbesitznahme der unzerstörten Rheinbrücke bei Remagen sogar schon auf rechtsrheinischem Gebiet.

> «Die Bestattung der Luftkriegsgefallenen kann nicht mehr mit Särgen, sondern nur noch mit Papierumhüllungen durchgeführt werden, da die gelagerten Sargvorräte der Stadt erschöpft sind und Lieferungen aus den auswärtigen Lagern infolge der unzulänglichen Verkehrsverhältnisse nicht erfolgen können»
>
> *(Stadtchronik 20. Februar 1945)*[11].

In der fürchterlich zugerichteten Stadt war für die zurückgebliebenen Menschen das Leben zum Vegetieren geworden. Wegen der verzweifelten Entwicklung an der Ostfront, wo die landwirtschaftlichen Überschußgebiete Ostpreußens, Schlesiens und Pommerns verlorengingen und Millionen fliehender Zivilisten ins Reichsinnere strömten, mußten im Februar 1945 die 72. und 73. «Zuteilungsperiode» um eine Woche verlängert werden, d. h. die für acht Wochen vorgesehenen Lebensmittelrationen mußten neun Wochen reichen – faktisch also eine Kürzung von 12%. Nach dem Doppelangriff vom 20. und 21. Februar drohte die Brotversorgung der Stadt zusammenzubrechen; die wenigen intakt gebliebenen Bäckereien konnten nicht mehr backen, weil sie kein Wasser hatten. Am 23. Februar richtete Holz an die Kreisleiter des Gaues Franken einen dringenden Hilferuf, der mit den Worten begann: «Nürnberg ist ab morgen ohne Brot»[10]. Eine eilige «Brotsammlung» bei der bäuerlichen Bevölkerung nah und fern und eine improvisierte Wasserzufuhr mittels Pferdefuhrwerken von Brauereien konnte die äußerste Not gerade noch abwenden. Lebensmittel-Sonderzuteilungen aus Anlaß von Luftangriffen gab es nicht mehr (nur noch zehn Zigaretten nach dem Februar-Doppelangriff). Im März mußten die Lebensmittelrationen abermals gekürzt werden und erreichten Anfang April 1945 mit einer Wochenration von 1700 g Brot, 250 g Fleisch und 125 g Fett den tiefsten Stand während des ganzen Krieges.

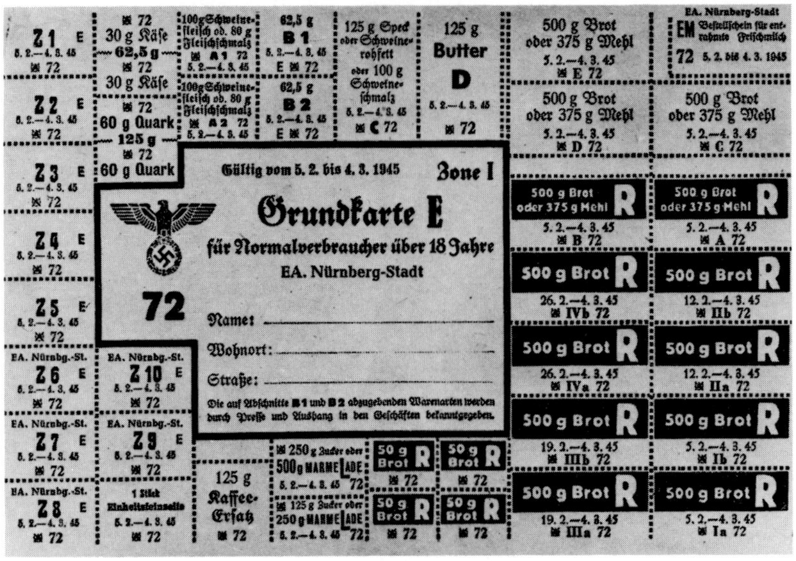

87 *Durch den Verlust der landwirtschaftlichen Überschußgebiete des Ostens und den Zustrom von Millionen Flüchtlingen ins Reichsinnere verschlechterte sich die Lebensmittelversorgung mit dramatischer Schnelligkeit. Im Februar 1945 wurden die 72. und 73. «Zuteilungsperiode» verlängert, d. h., die für acht Wochen gewährten ohnehin sehr knappen Rationen mußten eine Woche länger reichen.*
Im Bild: eine der letzten Lebensmittelkarten des untergehenden Dritten Reiches.

Abends saßen die Menschen meistens im Dunkeln – manche Stadtteile waren nach Luftangriffen wochenlang ohne Strom. Im März konnte jeder Haushalt solcher stromlosen Stadtteile eine «Haushaltskerze» oder drei Weihnachtskerzen beziehen, aber nur dann, wenn er in den vorangegangenen zwei Wochen nicht schon einmal Kerzen erhalten hatte.
Einige Wochen später führten nicht nur die massenhaften Luftkriegsopfer zu «Engpässen» bei der Bestattung: ab 15. März gab es auch für die eines natürlichen Todes Gestorbenen keinen Sarg mehr, sondern nur noch eine «Papierumhüllung». Um diese Zeit teilte die Städtische Frauenklinik Nürnberg mit: eine Gebärende, die nicht auf Vorräte von Eltern oder Verwandten zurückgreifen kann, ist derzeit «praktisch nicht in der Lage, einen Säugling aufzuziehen», da Kindernährmittel, Säuglingspflegeartikel und dergleichen einfach nicht mehr zu kaufen sind[12].
Außer Angst, Not und Sterben reduzierte sich nahezu alles. Im privaten Postverkehr waren ab Februar nach auswärts nur noch Postkarten zugelassen; selbst Feldpostsendungen wurden auf ein Gewicht von 20 g beschränkt. Auch Briefkastenleerungen entfielen: Postsendungen mußte man auf den wenigen noch betriebsfähigen Postämtern einliefern. Ebenfalls ab Februar waren private Bahnfahrten nur noch bis 75 km genehmigungsfrei. Für größere Entfernungen gab es auch bei triftigen persönlichen Gründen – Hochzeiten, Krankheiten, Sterbefälle im Familienkreis – keine Ausnahmegenehmigungen. «Erst siegen, dann reisen» hieß die entsprechende Parole. Mit dem Näherrücken der Front im Westen beeinträchtigten Tieffliegerangriffe in zunehmendem Maß den Verkehr auf Bahnstrecken und Straßen. Im Nahverkehrsraum Nürnberg wurden im ersten Vierteljahr 1945 auf freier Strecke und in Bahnhöfen insgesamt 57 Züge beschossen und dabei 30 Menschen getötet und 78 weitere verletzt. Ab Ende März war Tagesbetrieb praktisch nicht mehr möglich: die Züge blieben, falls sie bei der Morgendämmerung ihr Ziel noch nicht erreicht hatten, in Geländeeinschnitten, Wäldern oder Tunnels stehen und fuhren erst bei Einbruch der Dunkelheit wieder weiter. Auch Berufszüge verkehrten bei Helligkeit nicht mehr. Schließlich kam es sogar vor, daß Züge bei Mondlicht von Tieffliegern angegriffen und beschossen wurden. Auch auf den Landstraßen war jeglicher Verkehr mit äußerster Gefahr verbunden. Am 25. Februar beschossen Tiefflieger einen Nürnberger Krankentransport, der eine große Rotkreuz-Flagge führte, auf dem Weg zum Hilfskrankenhaus Neustadt/Aisch: 6 Tote, darunter 2 Schwestern, und 6 Verletzte waren das traurige Ergebnis (auch das zur Hilfe herbeigerufene Sanitätsauto, ebenfalls mit Rot-

88 *Auch im März und April 1945 ging der gnadenlose Luftkrieg mit weiteren Bombenangriffen und zahllosen, oft innerhalb von 24 Stunden mehrmaligen Fliegeralarmen bei Tag und Nacht weiter.*
Im Bild: Blick von der Landesgewerbeanstalt über die Katharinengasse zur St. Lorenz-Kirche mit ihrem Notdach über dem schwerbeschädigten Chor.

So ist das mit der Panzerfaust

Bei der Panzerbekämpfung mit der Panzerfaust ist folgendes zu beachten:

1. Du sollst den Feindpanzer nicht fürchten, sondern alles aufbieten, ihn umzulegen.

2. Die beste Waffe des Infanteristen zur Panzernahbekämpfung ist die Panzerfaust, Du sollst ihr vertrauen und Dich ihrer bedienen, wo du nur kannst.

3. Du mußt Dich vorher genau unterrichten, wie die Panzerfaust zu bedienen ist.

4. Du sollst jederzeit im Bilde sein, wo in der Nähe Deines Kampfplatzes die Panzerfaust zu haben ist.

5. Du mußt unbedingt darauf achten, daß sich beim Schießen mit der Panzerfaust in 10 Meter Entfernung hinter Dir kein Kamerad befindet. Der nach hinten gehende Feuerstrahl der Treibladung kann bis auf 3 Meter tödlich wirken.

6. Du sollst bei Panzerbekämpfung ruhig Blut bewahren, um so sicherer wirst Du treffen, um so mehr verliert der Panzer seinen Schrecken. Du wirst dann zum Schrecken für den Panzer.

7. Nimm jede Gelegenheit wahr, mit der Panzerfaust zu üben und laß Dich von kampferprobten Kameraden beraten, wenn Du selbst noch keine Erfahrung hast.

8. Sei mutig und unerschrocken, wenn Feindpanzer nahen, auch der stärkste Panzer ist durch die Panzerfaust mit dem ersten Schuß zu erledigen.

Du kannst aus jeder Körperstellung schießen. Nur achte darauf: Rohrende frei! Außerdem mußt Du wissen: Die Panzerfaust schießt ohne jeden Rückstoß (daher auch der Feuerstrahl nach hinten). Uebe vorher Anschläge, dann geht es nachher besser.

Blindgänger soll man nicht anfassen! Liegen lassen, wenn möglich, sprengen. Zündversager können vorkommen, dann die Panzerfaust sofort weglegen, später sprengen.

Merke vor allem: Je näher Du den Panzer herankommen läßt, um so sicherer triffst du ihn.

89 *Dieser Zeitungsartikel sollte offenkundig auch Zivilisten mit der Handhabung der «Panzerfaust», einer Waffe zur Panzerbekämpfung, vertraut machen. Als er am 17. März 1945 auf der Titelseite der «Fränkischen Tageszeitung» erschien, stand die Rote Armee schon vor Königsberg, Danzig, Stettin und Breslau und kämpften amerikanische Truppen bereits an Saar, Mosel und Rhein und an einer Stelle sogar schon auf rechtsrheinischem Gebiet.*

kreuz-Flagge gekennzeichnet, wurde angegriffen und zerstört).
Im Februar und März häuften sich die Fliegeralarme in schier unerträglicher Weise. Nacht für Nacht und oft mehrmals am Tag heulten die Alarmsirenen: dann raffte jeder sein Überlebensgepäck an sich und eilte in den nächstgelegenen Keller oder Bunker, jedesmal in der Ungewißheit, ob er lebend wieder herauskäme.

> «Die Erwartung, daß die Eltern nach den schweren Angiffen auf Nürnberg ihre Kinder der KLV anvertrauen würden, hat sich nicht erfüllt. Im Gegenteil: Neuanmeldungen erfolgen selten, widerrechtliche Rückführungen dagegen am laufenden Band . . . Die Losung lautet jetzt erst recht: ‹Wir wollen mit unseren Kindern gemeinsam sterben›.»
>
> *(Aus einem Bericht des Regierungspräsidenten von Ober- und Mittelfranken vom 15. März 1945)*[13]

Zwischen «Entwarnung» und neuem Alarm lagen oft nur zwei, drei Stunden. Um einen völligen Zusammenbruch der Arbeit in den kriegswichtigen Betrieben und des öffentlichen Lebens zu vermeiden – wann sollten unter solchen Umständen beispielsweise die Hausfrauen noch einkaufen? – führte man Ende März das neue Alarmsignal «Akute Luftgefahr» ein. Es wurde nur nach vorangegangenem Fliegeralarm ausgelöst, wenn feindliche Flugzeuge in unmittelbare Nähe der Stadt kamen oder wenn ein Überraschungsangriff zu befürchten war, und bedeutete, daß bis zum Ertönen dieser zusätzlichen Warnung Arbeiten in der Nähe der Schutzräume weitergehen konnten.
Mitte März begannen systematische Evakuierungen von Frauen mit Kleinkindern, Alten, Kranken und Schwangeren durch die NSV. Allerdings war Berufstätigen und allen im Luftschutz eingeteilten «Selbstschutzkräften», auch den weiblichen, das Verlassen der Stadt ausdrücklich verboten.
Auf zahlreichen Parteiveranstaltungen versuchten NS-Funktionäre, an ihrer Spitze «Reichsverteidigungskommissar» Holz, Durchhaltefanatismus und Haß gegen die näherrückenden Gegner zu wecken und mit Hilfe angstmachender Visionen die Parole «Siegen oder fallen» populär zu machen. Der Deutschland aufgezwungene Krieg – die auf Hitlers Aufbauwerk neidischen Nachbarn – die Verschwörung des Weltjudentums und Bolschewismus gegen Deutschland – der Untergang des deutschen Volkes für den Fall der Niederlage – der strahlende Sieg des Nationalsozialismus nach ausweglos scheinender Lage in der «Kampfzeit» – das gläubige Vertrauen zu Hitler, der die baldige Wende versprochen habe und verbürge: das waren die Themen dieser Reden. Und so lauteten – getreu den Weisungen der Partei – charakteristische Schlagzeilen auf den Titelseiten der Zeitungen in den letzten Wochen: «Massenmord an deutschen Bergarbeitern» – «Die Ausmordung Europas beginnt» – «Jahrzehntelang deutsche Arbeitssklaven» – «Sadistische Pläne der Ausrottungskommissare»[14].

> «Die Ausgabe von Bezugsrechten über schwarze Damenstrümpfe und schwarze Männer-Krawatten ist ab sofort einzustellen. . . Es dürfen an die in diesem Rundschreiben genannten Personen [Hinterbliebene von Luftkriegsopfern] nur noch Trauerflore bewilligt werden.»
>
> *(Aus einer Anweisung an das Städt. Wirtschaftsamt Nürnberg vom 26. März 1945)*[15]

Die es noch nicht ahnten oder wissen wollten, erfuhren aus dem Wehrmachtsbericht vom 28. März, daß für Nürnberg mittlerweile «5 vor 12» geworden war. Die Spitzen der 4. US-Panzerdivision waren, wie das Oberkommando der deutschen Wehrmacht meldete, von Aschaffenburg aus über Lohr bis östlich Gemünden vorgestoßen. Östlich Gemünden – viele holten ungläubig ihre Landkarten her: das war nahe Würzburg, also in Luftlinie 100 bis 110 km von Nürnberg entfernt. Zwar konnte das überraschende Vorpreschen dieser amerikanischen Kampfgruppe gestoppt und die Frontlücke bei Aschaffenburg nochmals geschlossen werden. Aber knapp eine Woche

90 *Nach dem Luftkrieg, den die Stadt seit zweieinhalb Jahren mit steigender Vernichtungswucht zu erdulden hatte, näherte sich Ende März 1945 auch der Landkrieg. Anfang April wurde Nürnberg zum «rückwärtigen Operationsgebiet» erklärt und Frauen mit Kindern und älteren Menschen das Verlassen der Stadt geraten. Im Bild: Flüchtende auf dem Weg Richtung Schwabach am 6. April 1945.*

später standen die Amerikaner abermals – diesmal endgültig – im Raum von Würzburg. Von der Öffentlichkeit völlig unbemerkt (aber die hatte ohnehin ganz andere Sorgen) ließ Oberbürgermeister Liebel am 31. März einen Teil der «Reichskleinodien» aus dem an sich sicheren Kunstbunker Obere Schmiedgasse entfernen und an geheimer Stelle einmauern (im Felsenkeller Paniersplatz). Möglicherweise wollte er einen der wertvollsten beweglichen Kunstschätze der Stadt auf diese Weise einer für denkbar gehaltenen Verzweiflungstat der NS-Führung entziehen. (Zwei an der Bergungsaktion beteiligte Nürnberger Stadträte wurden nach Kriegsende von einem amerikanischen Militärgericht zu mehrjährigen Haftstrafen verurteilt, weil sie der Besatzungsmacht diese Aktion verheimlicht hatten.) Am 7. April wurde amtlich mitgeteilt, daß Nürnberg und Fürth «rückwärtiges Operationsgebiet» geworden seien, und Frauen mit Kindern, Frauen ohne kriegswichtige Verpflichtung und Älteren das Verlassen der Stadt geraten. Am 9. April begann die Ausgabe von Sonderzuteilungen – von Fleisch, Eiern und anderen Köstlichkeiten – um die prall gefüllten Vorratslager zu räumen. Immer mehr deutsche Truppen zogen durch die Ruinenfelder der Stadt, ungeordnet, unverkennbar auf Rückzug und Flucht befindlich. In diese chaotischen Verhältnisse schlugen am 5. und 11. April nochmals zwei schwere Tagesangriffe. Nochmals 286 Tote – am 5. April nochmals neue Verwüstungen in der Altstadt, wobei die bereits früher ausgebrannte Frauenkirche nunmehr vollends zerstört wurde – am 11. April endgültige und radikale Zerschlagung des Rangierbahnhofs, in dem die letzten Reste eines Zugverkehrs zum Erliegen kamen. Beim Luftangriff am 11. April ging auch noch der allerletzte in der Stadt vorhandene Leichenwagen verloren – ein Straßenbahnomnibus mußte von da an den Transport der Leichen zu den Friedhöfen besorgen. Bis zuletzt bestanden die Nürnberger Bunker und Felsenkeller, in denen neben den bei Luftangriffen Schutzsuchenden seit Wochen Zehntausende von Obdachlosen hausten, ihre Bewährungsprobe. Trotz zahlreicher Bombenvolltreffer – bei manchen Bunkern sogar mehrfach – gab es keine Personenverluste und nicht einmal Verletzungen (die einzige Ausnahme war die Verschüttung eines Felsenkeller-Eingangs am 5. April 1945 mit 26 Toten).

Nachdem die alliierten Armeen im Westen den Rhein auf breiter Front überschritten hatten, gingen die Pläne ihres Oberkommandierenden, des US-Generals Eisenhower, für den Fortgang der Operationen dahin, das Ruhrgebiet einzukesseln und rasch quer durch Mitteldeutschland vorzustoßen, um durch baldige Vereinigung mit den Sowjets an der Elbe Deutschland in zwei Teile zu spalten. Die 7. US-Armee sollte zusammen mit der 3. Armee die rechte Flanke decken und dann nach Süden drehend die dortigen deutschen Streitkräfte entscheidend schlagen, um ihren Rückzug in den Alpenraum zu verhindern. Auf

amerikanischer Seite fürchtete man, daß die Deutschen in der «Alpenfestung» sich verschanzen und dort ihren Gegnern äußerst verlustreiche Kämpfe liefern könnten. Im Rahmen dieses Plans erhielt das XV. US-Korps den Auftrag, die Stadt Nürnberg einzunehmen, der die amerikanische Führung neben ihrer strategischen Bedeutung einen hohen Symbolwert als «shrine of nazism» (Heiligtum des Nationalsozialismus) beimaß.
Konkrete Planungen und Vorbereitungen für eine Verteidigung Nürnbergs hatten erst anfangs Februar 1945 begonnen. Bis dahin hatte man militärisch nur an die Abwehr von feindlichen Luftlandungen oder von inneren Unruhen, z. B. Aufständen von ausländischen Zwangsarbeitern und Kriegsgefangenen gedacht. Ab Mitte März überschlugen sich die Ereignisse beim Bewegungskrieg auf rechtsrheinischem Gebiet. Am 13./ 14. April drangen US-Truppen in Bamberg ein,

91 *Am 5. und 11. April 1945 erfolgten die beiden letzten schweren Luftangriffe, die nochmals neue Verwüstungen in der Innenstadt und in der Südstadt anrichteten und nochmals Hunderten von Menschen das Leben kosteten. Im Bild: der am 11. April 1945 förmlich umgepflügte Rangierbahnhof. Als wenige Tage später jegliche staatliche und militärische Ordnung sich auflöste, fanden dort bei den bewegungsunfähig gewordenen Güterzügen, soweit sie unzerstört geblieben waren, wahre Plünderungsorgien statt.*

50 g Brot 74	50 g Brot 74	50 g Brot 74
50 g Brot 74	50 g Brot 74	50 g Brot 74
50 g Brot 74	50 g Brot 74	50 g Brot 7'
50 g Brot 74	50 g Brot 74	50 g Brot 74
50 g Brot 74	50 g Brot 74	50 g Brot 74
50 g Brot 74	50 g Brot 74	50 g Brot 74
50 g Brot 74	50 g Brot 74	50 g Brot 74
50 g Brot 74	50 g Brot 74	50 g Brot 74
50 g Brot 74	50 g Brot 74	50 g Brot 74
50 g Brot 74	50 g Brot 74	50 g Brot 74

3

K 74

Gültig vom
9. bis 29. 4. 1945

Lebensmittelkarte

für Kinder
bis zu 6 Jahren

EA: Nürnberg-Stadt

Name

Wohnort

Straße

Lose Abschnitte sind ungültig!

6 74 K	5 74 K	4 74 K	3 74 K	2 74 K	1 74 K
12 74 K	11 74 K	10 74 K	9 74 K	8 74 K	7 74 K
18 74 K	17 74 K	16 74 K	15 74 K	14 74 K	13 74 K
24 74 K	23 74 K	22 74 K	21 74 K	20 74 K	19 74 K
30 74 K	29 74 K	28 74 K	27 74 K	26 74 K	25 74 K
36 74 K	35 74 K	34 74 K	33 74 K	32 74 K	31 74 K
42 74 K	41 74 K	40 74 K	39 74 K	38 74 K	37 74 K
48 74 K	47 74 K	46 74 K	45 74 K	44 74 K	43 74 K

Bestellschein für ¼ L Milch Nbg.-St. 74 2. bis 29. 4. 1945	Bestellschein für ¼ L Milch Nbg.-St. 74 2. bis 29 4. 1945	55 74 K Nbg.-St.

54 74 K Nbg.-St.	53 74 K Nbg.-St.	52 74 K Nbg.-St.	51 74 K Nbg.-St.	50 74 K	49 74 K

92 *Die allerletzte Nürnberger Lebensmittelkarte mit dem nationalsozialistischen Hoheitszeichen. Noch vor dem Ende ihrer Geltungsdauer war die Stadt fest in der Hand amerikanischer Truppen, hatte Nürnberg endgültig seine Rolle als «Stadt der Reichsparteitage» ausgespielt.*

◁ 93 *Im Frühjahr 1945 war für die rund 200000 in der verwüsteten Stadt Zurückgebliebenen das Leben zum Vegetieren geworden. Strom- und Gasversorgung waren vollständig zusammengebrochen, die Wasserleitungen waren tot, abends saßen die Menschen im Dunklen und froren und hungerten – es ging nur noch ums nackte Überleben.*
Im Bild: an einer Wasserzapfstelle an einem Tiefbrunnen beim Weinmarkt (April 1945).

50 km nördlich von Nürnberg, und waren im zügigen Vorstoß Richtung Bayreuth und Nürnberg. Am 12. April erging aus dem «Führerhauptquartier» ein (erneuter) Befehl, daß grundsätzlich jede Stadt bei Todesandrohung für alle dafür Verantwortlichen zu verteidigen sei. Spätestens seit diesem Zeitpunkt stand für Gauleiter-Stellvertreter Holz, als «Reichsverteidigungskommissar» unangefochten Nürnbergs und Mittelfrankens «starker Mann», außer Frage, daß Nürnberg bis zum Äußersten und um jeden Preis verteidigt wird. Am 13. April rief er den «Volkssturm» auf – die Betroffenen, alle bisher nicht im Wehrdienst stehenden Männer zwischen 16 und 60 Jahren, waren seit Spätherbst 1944 an Sonntagvormittagen militärisch «ausgebildet» worden; Ausrüstung und Kampfwert waren erbärmlich. Am selben Tag wurde auch das «Volksaufgebot» aufgerufen: am Sonntagmorgen, 15. April, um 6 Uhr mußten alle nicht volkssturmpflichtigen Männer bis 65, also auch Kranke, und alle Frauen und Mädchen von 16 bis 50 Jahren zu Schanzarbeiten antreten und sollten Pickel, Schaufeln, Handwagen und dergleichen mitbringen. Die Angehörigen des Volkssturms folgten größtenteils dem soldatischen Befehl – aus Pflichtgefühl und Gehorsam, aus berechtigter Furcht vor dem Terror von Standgerichten oder auch aus ungebrochen nationalsozialistischer Gesinnung und noch im Glauben an einen Endsieg. Das «Volksaufgebot» der Frauen kam allerdings wegen mangelhafter Resonanz, Tieffliegerangriffen und bald beginnender Kampfhandlungen nicht mehr ernsthaft zum Zug. Die Schützenlöcher, Gräben und Panzersperren aus Balken und Straßenbahnwagen, die dennoch entstanden, waren, wie sich wenige Tage später herausstellte, von geradezu grotesker Sinn- und Wirkungslosigkeit.

Das XV. US-Korps erreichte den Großraum Nürnberg am 15. April. Seine 3. Division marschierte, über Erlangen vorstoßend, im Norden der Stadt auf, während seine 45. Division, weiter nach Osten ausholend und dann nach Süden drehend, über die unzerstört gebliebene Autobahnbrücke bei Lauf vordrang und Ausgangsstellungen im Osten und Südosten Nürnbergs bezog. Den so gebildeten Halbkreis riegelte nach Westen die sich dort nähernde 42. Division des XXI. US-Korps ab, ohne allerdings einen geschlossenen Umfassungsring zu bilden. Möglicherweise wollten die Amerikaner im Süden und Südwesten den Deut-

94/95 *Mit allen Mitteln, auch und vor allem mit nacktem Terror, suchte das untergehende NS-Regime den verlorenen Krieg fortzusetzen und seinen eigenen Untergang hinauszuzögern. Daß die häufigen Drohungen mit Aufhängen und «schimpflichem Tod» keine leeren Phrasen waren, war noch in den letzten Tagen vor dem beginnenden Endkampf den Zeitungen unmißverständlich zu entnehmen.* ▷

„. . . eines schimpflichen Todes“

Das Standgericht fällte drei Todesurteile

Das Standgericht für den Verteidigungsbezirk Franken hat zum Tode verurteilt:
den Grafen Franz von Montgelas auf Schloß Kreuth;
die Geschäftsinhaberin Anna Wahlrab aus Behringersdorf;
die Ostarbeiterin Valentina Witrak aus Nürnberg.
Franz von Montgelas hat den Führer in unflätigster Weise beschimpft, ihn verächtlich gemacht und mit seiner böswilligen und zersetzenden Kritik die Kampfkraft des Volkes zu untergraben versucht.
Anna Wahlrab hat in ihrem Geschäft Kunden gegenüber den Sieg des Feindes gewünscht und den Führer niederträchtig beschimpft.
Valentina Witrak hat in größtem Umfange Lebensmittelmarken hintenherum erworben und Schiebungen mit Lebensmitteln durchgeführt.
Die Urteile sind vollstreckt.
In seinem Aufruf vom 30. Januar 1945 hat der Führer verkündet: „Wer der Nation feige und charakterlos in den Rükken fällt, wird unter allen Umständen eines schimpflichen Todes sterben.“
Ohne Ansehen der Person wird jeder aus der deutschen Volksgemeinschaft ausgelöscht, wer am deutschen Volke zum Verräter wird.

Seite zwei der «Fränkischen Tageszeitung» vom 14. April 1945. Unmittelbar neben der Anordnung von Holz, wonach jeder, der eine weiße Fahne hisse, aufgehängt werde, standen Nachrichten über Hinrichtungen von Volkssturmmännern und Zivilisten, die beim aussichtslos gewordenen Kampf nicht mehr mitmachen wollten (rechte Spalte).

◁ *Im Bild: Bekanntmachung in der «Fränkischen Tageszeitung» vom 12. April 1945.*

Jede Stadt ist zu verteidigen!

Das Oberkommando der Wehrmacht hat am 12. 4. 1945 bekanntgegeben:

Städte liegen an wichtigen Verkehrsknotenpunkten. Sie müssen daher bis **zum Aeußersten verteidigt und** gehalten werden, ohne jede Rücksicht auf Versprechungen und Drohungen, die durch Parlamentäre oder feindliche Rundfunksendungen überbracht werden. Für die Befolgung dieses Befehls sind die **in jeder Stadt ernannten Kampfkommandanten** persönlich verantwortlich. **Handeln sie dieser soldatischen Pflicht** und Aufgabe zuwider, so werden sie **wie alle Amtspersonen, die den Kampfkommandanten** von dieser Pflicht abspenstig zu machen versuchen oder gar **ihn** bei der Erfüllung seiner Aufgabe **behindern, zum Tode verurteilt.**

Ausnahmen von der Verteidigung von Städten bestimmt ausschließlich das Oberkommando der Wehrmacht.

Der Chef des Oberkommandos der Wehrmacht: gez. Keitel.
Der Reichsführer SS: gez. Himmler.
Der Leiter der Parteikanzlei: gez. Bormann.

Anordnung des Reichsverteidigungskommissars

Es hat da und dort bei Annäherung des Feindes gesinnungslose und verräterische Elemente gegeben, die weiße Fahnen hißten und die damit zu erkennen gaben, daß sie bereit sind, den Führer und das deutsche Volk zu verraten, deutsche Frauen der Vergewaltigung und deutsche Kinder dem Verhungern preiszugeben, daß sie bereit sind, sich mit den Kriegsverbrechern zu verbrüdern, die unsere Städte zerstört und Zehntausende von Frauen und Kindern ermordet haben.

Ich bestimme daher:

Jeder Verräter oder jede Verräterin, die weiße Fahnen hissen, verfallen unweigerlich dem Tode und werden aufgehängt. Jedes Haus, an dem weiße Fahnen hängen, wird gesprengt oder niedergebrannt. Dörfer, die gemeinsam weiße Fahnen hissen, werden niedergebrannt.

Karl Holz

Reichsverteidigungskommissar

---

gestaltete. Es entstand der Glaube, der Berge versetzt, der alles überwindet und der letzten Endes den Sieg davon trägt.

Nur der, glauben Sie mir, der den Tod nicht achtet und für seine Idee einsteht, und für seine Weltanschauung, der geradeaus seinen Weg geht, wird Sieger werden. Und das werden wir Nationalsozialisten sein. (Starker Beifall.) Ich weiß, daß heute manche kleinmütig werden. Ich weiß aber auch, daß andere desto trotziger zur Weltanschauung der Nationalsozialisten stehen und desto unerschütterlicher kämpfen und weiter marschieren. Diese nationalsozialistische Weltanschauung ist es wirklich wert, daß man für sie kämpft. Es kann keiner aufstehen und sagen: Ich gebe Euch eine bessere Idee, oder eine wahrhaftigere Idee oder eine edlere, eine anständigere Idee. Keiner kann dies tun. Was wir wollen und was wir predigen ist das Beste für das deutsche Volk und birgt in sich eine große deutsche Zukunft. Glauben Sie mir, darum verfolgen die Feinde die Nationalsozialisten, darum wollen sie den Nationalsozialismus ausgelöscht haben, darum wollen sie alles was nationalsozialistisch ist ausrotten, weil sie wissen,

diese Idee ist die Garantie dafür, daß das deutsche Volk eine große Zukunft dereinst haben wird.

Der Nationalsozialismus hat bewiesen, daß er etwas zu leisten vermag. Die Demokratie, die die Amerikaner preisen, die zusammen mit den Negern hereinkommen in unser Land, diese Demokratie haben wir zur Genüge genossen. Im Jahre 1918 wurde sie errichtet und im Jahre 1933 wurde sie begraben. Was hat sie dem deutschen Volk gebracht? Inflation, jüdische Börsenmanöver, den Tod der alten Leute, den Ruin der letzten Sparpfennige, Schande, Entehrung für Deutschland, Hunger und Not für das deutsche Volk, Erwerbslosigkeit, Zusammenbruch auf allen Gebieten, den politischen Bruderkampf und Bruderstreit in jedem Dorf. Bis dann das deutsche Volk sagte: Wir halten es nicht mehr aus, so kann es nicht mehr weitergehen; bis die deutsche Mutter sagte, ich gehe entweder mit meinen Kindern ins Wasser oder es muß anders werden. Ich wähle jetzt Adolf Hitler. Und der Nationalsozialismus hat mit spielender Leichtigkeit alle diese Probleme gelöst, hat durch die Tat bewiesen, daß er das Gewaltigste vermag, was in der Geschichte von Völkern überhaupt zu vollbringen ist:

Aus einem gedemütigten, zertretenen, wehrlosen, ohnmächtigen Volk, aus einem namenlosen Zusammenbruch hat der Nationalsozialismus ein neues Deutschland aufgebaut in einer atemberaubend schnellen Zeit.

Die Welt staunte. Sie sagte sich: Da hat dieses Deutschland den Weltkrieg verloren, da ist es nun 14 Jahre ausgebeutet und ausgeplündert worden von der jüdischen Hochfinanz zusammen mit den Feindstaaten und nun schaue einer dieses Volk an! Einig, fleißig, arbeitsam, rechtschaffen, überall wird gebaut, überall regen sich Hände, überall rauchen die Fabrikschlote, überall wird der Ackerboden gepflügt, ein neues Leben ist über dieses Reich gekommen. Und das Reich selbst stieg empor zu nie geahnter Größe, stand wieder in Ehren und Freiheit vor der Welt, wurde ein großdeutsches Reich von 90 Millionen deutscher Volksgenossen, die ihren Führer liebten, die an die Zukunft Deutschlands wieder glaubten, die glücklich waren. Der Führer hat es tausendmal der Welt erklärt, daß wir Deutschen nicht fremde Völker unterdrücken und ihre Länder ausbeuten wollen, wie das England seit Jahrhunderten schon tut, oder wie Amerika, das mit gierigen Händen nach allen Schätzen und allen Rohstoffen der Welt greift. Nur uns selbst wollten wir eine Existenz schaffen und unseren Kindern eine Zukunft aufbauen.

So stand dieses Deutschland da, jung und strahlend, und Millionen gaben dem Führer immer wieder ihr Ja bei den Wahlentscheidungen und Abermillionen jubelten ihm zu, wenn er in den Städten erschien oder hier zu den Reichsparteitagen. Ich wiederhole: Der Nationalsozialismus hat Ungeheures vollbracht und wir alle sind unendlich stolz darauf, Nationalsozialisten zu sein.

Meine Volksgenossen, dieses nationalsozialistische Deutschland wurde nun von den Juden und von unseren alten Weltkriegsgegnern überfallen. Wenn etwas ein großes Verbrechen ist gegen alles Recht, gegen alle Anständigkeit, gegen alle Ehrlichkeit, dann ist es dieser Krieg, meine Volksgenossen. Es ist kein Krieg, bei dem sich zwei Völker miteinander messen, um ihre Kräfte zu erproben, damit das eine oder andere vielleicht verdrängt wird um des Ackerbodens willen, den es braucht.

Dieser Krieg ist ein von Juden herbeigeführter Ueberfall

von Völkern, die genau wissen, daß sie im Einzelkampf von uns mit Leichtigkeit geschlagen würden, die genau wissen, daß, wenn wir uns messen würden in einem friedlichen Wettbewerb, in ehrlicher fleißiger Arbeit, wir dann alle anderen Völker überflügeln würden, die genau wissen, daß der deutsche Arbeiter der fleißigste und der beste Arbeiter der Welt ist und der deutsche Erfinder der größte Erfinder der Welt. (Stürmische Zustimmung.)

So haben sie in Haß und Neid und Mißgunst und Niedertracht zum Schwert gegriffen, um dieses deutsche Volk, mit dem sie sich in ehrlicher Arbeit nicht messen konnten, mit dem Schwerte niederzuschlagen, auf die brutalste und rücksichtsloseste Weise jedes Völkerrecht und Menschenrecht zu Boden tretend. Nun führen wir diesen Krieg gegen die vom Juden entfesselte teuflische Welt, um unser heiliges Recht, um die Zukunft unserer Kinder und um unser nacktes Leben.

Ich frage da nicht, wie dieser Kampf ausgeht, sondern ich frage nur: Bin ich im Recht oder bin ich im Unrecht? Ich bin im Recht und darum kämpfe ich gegen die Kriegsverbrecher und hasse sie mit der ganzen Glut meines Herzens. Sie haben uns überfallen. Sie morden unsere Frauen und Kinder, sengen und brennen im Lande, verwandeln unsere Städte, blühende Zentren deutschen Schöpfergeistes und deutscher großer Kunst, in Trümmerhaufen, lassen in den Kellern unsere Frauen und Kinder elend umkommen, schonen weder Krankenhäuser noch Lazarette, machen Jagd mit ihren Tieffliegern auf das Kind, das auf der Straße spielt. Sie kommen mit Negern, die unsere Frauen vergewaltigen und unsere Mädchen schänden. Und da gibt es Menschen, die sagen, die Amerikaner seien nicht so schlimm.

Welch eine Charakterlosigkeit, welch eine erbärmliche Gesinnung! Jedes getötete Kind müßte ihren Haß auflodern lassen, jede ermordete Mutter müßte sie Flüche und Verwünschungen ausstoßen lassen auf diesen frivolen und verbrecherischen Feind, der in unser Land eingebrochen ist!

Wir erfahren, ein Telegraphenarbeiter hat es uns berichtet, daß in Iphofen, in der ganzen Gegend dort oben, Neger zusammen mit den Amerikanern gegen uns kämpfen, daß sie die Dörfer besetzen und die Städte, daß sie die Lazarettstadt Iphofen besetzt haben. Wir erfahren, daß sie sich betranken und daß betrunkene Neger des Nachts von Haus zu Haus torkelten, Frauen und Mädchen vergewaltigten, daß

die schwarze Schmach

nun wieder mit den Amerikanern in das Deutsche Reich hereinkommt, daß Väter niedergeschossen wurden, die sich vor ihre Familie schützend stellten. Meine Volksgenossen, gegen diesen Gegner, der uns gegenüber keine Ritterlichkeit kennt, keine soldatisch anständige Haltung zeigt, kann es von unserer Seite nur den unerbittlichen Haß und den Schrei nach Rache geben. (Stürmischer Beifall braust auf.) **Dieser Feind ist genau so zu bewerten wie die bolschewistischen Bestien, die aus der Steppe des Ostens über unser Land gekommen sind.**

Meine Volksgenossen, Sie werden mich vielleicht in Ihrem tiefsten Herzen fragen: Sage mir,

werden wir noch siegen und wie werden wir noch siegen?

Ich habe diese Frage schon einmal zu Eingang meiner Ausführungen beantwortet. Wenn wir nicht nachlassen, für unser heiliges Recht, für unsere deutsche Freiheit und für unsere Ehre zu kämpfen, dann müssen und werden wir siegen. Denn kein Volk auf dieser Erde ging unter, wenn es einen solchen Kampf kämpfte. Vielleicht sagen manche: Ja, so gib uns doch irgend einen kleinen Beweis oder einen Halt, oder

warum spricht der Führer nicht?

Zunächst das eine: Wenn der Führer schweigt, dann ist es kein schlechtes, sondern bestimmt ein gutes Zeichen; denn wir wissen, je mehr der Führer bisher geschwiegen hat, desto mehr hat er gehandelt. Und im übrigen hat der Führer oft genug gesprochen. Er hat gesprochen zu Beginn dieses Jahres und er hat erklärt, daß in diesem Jahre die Wende kommen wird. Er hat gesprochen zur Machtübernahme und im Februar dieses Jahres zur Parteigründungsfeier. Wenn man mich aber fragt: „Ja wie denn, wie ist es denn möglich, diese Wende herbeizuführen, von der der Führer spricht?", so kann ich nur sagen, meine deutschen Volksgenossen, meine Parteigenossen,

es muß in einem Krieg Geheimnisse geben.

Nur dann, wenn diese Geheimnisse nicht gelüftet werden, wenn geschwiegen wird, nur dann, wenn vielleicht der Führer zum Schlage ausholt, im letzten Augenblick fünf Minuten vor zwölf, nur dann ist vielleicht bei einer solchen Lage die Garantie gegeben, den Gegner auch vernichtend zu treffen. Wir wollen deshalb keine Geheimnisse wissen. Wenn man mir sagt: „Ja, gibt es Wunderwaffen?", so sage ich Dir, mein Freund die V 1 ist eine großartige deutsche Erfindung die V 2 ebenfalls, und nebenbei gesagt, es ist meine Auffassung, daß der Führer nicht diesen Vergeltungswaffen die Nummern 1 und 2 gegeben hat, um dann plötzlich damit aufzuhören. Es sind dies wunderbare Waffen deutscher Erfindungskunst, die der Gegner nicht nachmachen kann, mit denen wir dem Gegner überlegen sind, und glaube mir, die Technik ist noch voller Geheimnisse und andere Gebiete ebenfalls. Der Deutsche war bisher der größte Erfinder. Aber wir wollen nicht auf eine Wunderwaffe all unser Hoffen werfen. Das wäre falsch.

Wir wollen standhaft, tapfer und treu bleiben und wollen Nationalsozialisten bleiben, mag kommen, was will. Aber wir wollen auch dem Führer glauben. Wenn der Führer sagt: „Ich prophezeie, daß das deutsche Volk am Ende dieses Kampfes den Sieg des Deutschen Reiches erlebt", dann glauben wir dies und wenn alle Teufel der Welt sich dagegen stellen sollten. In diesem Glauben wollen wir beharren, wollen nicht eines Tages uns beschämen lassen wie so viele Hunderttausende und Millionen, denen wir dann sagen werden: Ihr seid umgefallen, Ihr habt versagt. Sollte unser Leben erhalten bleiben, so wollen wir dereinst vor dem Führer stehen, ihm gerade ins Auge blicken und ihm sagen können: Mein Führer, in Deiner schwersten Not haben wir desto treuer an Dir geglaubt. Wir wollen ihm sagen: Mein Führer, in Deinen schwersten Tagen, als Millionen schwach wurden, haben wir desto heiliger an Dich, an Dein Werk und an Deutschland geglaubt. In dieser Treue und in diesem Glauben wollen wir weiter marschieren, mag kommen, was wolle, zum Siege Deutschlands für die Zukunft des Deutschen Reiches.

Drei Forderungen an die Türkei

Auch die Türkei bekommt jetzt die Folgen einer Politik im Schlepptau der Alliierten zu spüren. Der Korrespondent des „Daily Expreß" berichtet seiner Zeitung vom Balkan, daß die Sowjetunion drei Forderungen an die Türkei richten werde: 1. Verzicht auf die Kontrolle über die Dardanellen; 2. Auslieferung einiger armenischer Bezirke an die Sowjetunion; 3. Demokratisierung der türkischen Verfassung, was nach der Moskauer Auslegung gleichbedeutend mit der Bolschewisierung ist.

In Polen sind schon 1,7 Millionen Menschen von den Bolschewisten deportiert und der größte Teil von ihnen ermordet worden. Nur einer Minderheit wird es gelingen, das [illegible] Leben in Sibirien zu erlangen, stellt der nordamerikanische Schriftsteller [illegible] in „News Leader" fest.

Die Tafel der Schmach und Schande

So werden Verräter gerichtet!

In der Ortschaft Neuhof an der Zenn meuterten die dort aufgerufenen Volkssturmsoldaten, stellten sich gegen ihren Führer und beseitigten eine Panzersperre. Dieses ungeheuerliche verräterische Treiben fand heute vor dem Standgericht seine Sühne. Der Rädelsführer Georg Freund wurde vor der angetretenen Mannschaft aufgehängt. Die gesamten übrigen Verbrecher — 35 Mann stark — treten den Gang in ein Konzentrationslager an.

Karl Holz
Reichsverteidigungskommissar

Tod allen Verrätern!

Standgerichtlich wurden zum Tode verurteilt:

Volkssturmm. Rößler aus Rothenburg o. T.,
Volkssturmm. Hanselmann aus Brettheim,
Volkssturmmann Uhl aus Brettheim,
Bürgermeister Gackstatter aus Brettheim,
Ortsgruppenleiter Wolfmeyer aus Brettheim.

Rößler hat, als er vor dem Feinde eingesetzt werden sollte, schon nach wenigen Stunden heimlich die Stellung verlassen und sich unerlaubt nach Rothenburg o. d. T. zurückbegeben. Die Fortführung des Kampfes an der Front überließ er den anständigen Kameraden seiner Volkssturmkompanie.

Hanselmann und Uhl haben vier Hitlerjungen, die als Panzerknacker auf dem Marsch gegen den Feind waren, entwaffnet, geschlagen, fortgejagt und sämtliche Waffen vernichtet.

Gackstatter und Wolfmeyer haben sich schützend vor den Verräter Hanselmann gestellt.

Das Urteil gegen Rößler ist durch Erschießung, gegen Hanselmann, Gackstatter und Wolfmeyer durch Erhängen bereits vollstreckt worden. — Uhl ist flüchtig und wird verfolgt. Wer ihm Unterschlupf und Hilfe gewährt, wird ebenfalls mit dem Tode bestraft.

Das deutsche Volk ist entschlossen, mit zunehmender Schärfe solche feigen, selbstsüchtigen und pflichtvergessenen Verräter auszumerzen und wird nicht davor zurückschrecken, auch deren Familien aus der Gemeinschaft des in Ehren kämpfenden deutschen Volkes zu streichen.

Der Kommandierende General
gez. Simon
SS-Gruppenführer und Generalleutnant der Waffen-SS

Verräter müssen in Schande sterben

Macht Feindagenten dingfest! Defaitisten sofort der Strafe zuführen!

Seit einigen Tagen versucht der anglo-amerikanische Feind durch eine plumpe Kapitulationsagitation, in der die Bevölkerung — insbesondere in den frontnahen Gebieten — aufgefordert wird, als Zeichen der Unterwürfigkeit weiße Fahnen zu hissen, Unruhe und Unsicherheit in das deutsche Volk hineinzutragen. Feindliche Agenten treten dabei oftmals in deutscher Offiziersuniform auf und streuen Panikmeldungen aus, um unseren Widerstand zu lähmen. Die Anglo-Amerikaner bedienen sich dieser Methoden, weil ihre Ausfälle ständig zunehmen und sie sich ihren Weg in das Reich nur mit hohen Blutopfern erkaufen können. Auf diese hinterhältige Agitation wird das ganze deutsche Volk die einzig mögliche Antwort geben. Jeder, der in dieser Schicksalsstunde der Nation unser Volk zur Waffenniederlegung auffordert oder die Bevölkerung mit defaitistischen Aeußerungen zu verwirren sucht, verdient die härteste Strafe, den Tod. Das gleiche Schicksal wird solchen verbrecherischen Elementen zuteil, die sich zum Werkzeug des Feindes machen, indem sie seine Agitationsparolen verbreiten.

In einigen Gauen haben beherzte Männer bereits solche Verbrecher dingfest gemacht und sie der verdienten Strafe zugeführt. Wer unserem schwer ringenden Volk jetzt schmählich in den Rücken fällt, muß und wird in Schande sterben!

Aufruf des Volkssturmes

Die im gestrigen Aufruf des Volkssturmes ausgenommenen Kreise

Schwabach, Hilpoltstein, Weißenburg und Ansbach

sind hiermit ebenfalls dem Aufruf unterstellt. Auch in diesen Kreisen hat am Sonntag, 15. April, vormittags 7.30 Uhr auf den Appellplätzen der Volkssturmeinheiten der Volkssturm vollzählig anzutreten.

Englischer Stützpunkthunger

Im englischen Unterhaus ist vom Abgeordneten [illegible] angeregt worden, das Recht zur Mitbenutzung des Hafens von Beira in Portugiesisch-Ostafrika zu erwerben, mit anderen Worten also, aus diesem Hafen einen englischen Stützpunkt zu machen. Der Sekretär im Kolonialamt, Stanley, hat insofern zugestimmt, als er den Hafen von Beira als äußerst wichtig für England hinstellte, weswegen man sich mit der portugiesischen Regierung in Verbindung setzen müßte.

Es fehlt an Fleisch in England

Das britische Ernährungsministerium prüft zur Zeit die Lage, die durch die Erklärung Washingtons, daß die USA-Lieferungen an Fleisch für England herabgesetzt werden, entstanden ist. [illegible] ohne Hilfe der USA nicht aufrechterhalten werden.

schen noch eine Lücke zum Ausbrechen lassen, um dadurch der eigenen Seite verlustreiche Straßenkämpfe zu ersparen. Den gegen Nürnberg-Fürth gerichteten Aufmarsch von 3 US-Infanteriedivisionen deckten die 14. Panzerdivision (nach Osten), die 106. Armoured Cavalry Group (nach Süden) und die 12. Panzerdivision (nach Westen) ab.

Eine nach Zusammensetzung und Ausrüstung dürftige Streitmacht sollte deutscherseits drei kampfstarken, vollmotorisierten amerikanischen Divisionen und einer immensen Materialüberlegenheit standhalten. Den Kern bildeten Fronteinheiten, die sich vor den andrängenden Amerikanern auf die Stadt zurückzogen und deren Kampfkraft und Moral schon deutlich eingeschränkt waren: Teile des 38. SS-Panzergrenadierregiments (von der 17. SS-Division «Götz von Berlichingen») und des Luftwaffenfeldregiments 21. Hinzukamen die in Nürnberg und Fürth stationierten Ersatztruppenteile (vielfach Kranke und Genesende), ältere Landesschützen, Flugplatzbodenpersonal, Reichsarbeitsdienst, aus Hitlerjugend gebildete «Panzervernichtungsbataillone» und der Nürnberger Volkssturm, soweit er noch eingekleidet und bewaffnet werden konnte. Alles in allem ein Gemenge aus zwei bis drei Dutzend verschiedenen Truppenteilen und Verbänden mit einer Gesamtstärke von (höchstens) 12000 Mann. Panzer und schwere Artillerie standen nicht zur Verfügung. Die stärkste Waffe der Verteidiger waren die zahlreichen rings um Nürnberg stationierten Flakbatterien, die allerdings überwiegend ortsfest waren und nur in wenigen Fällen beweglich gemacht werden konnten (es handelte sich um ca. 140 Geschütze). Bedient wurden sie überwiegend von blutjungen «Arbeitsdienst»-Männern, Hitler-Jungen und russischen «Hilfswilligen» (das Personal der dazugehörenden Scheinwerfer- und Horchbatterien bestand zu 90% aus dienstverpflichteten Frauen und Mädchen). Munitionsmangel bestand nicht, nachdem kurz zuvor auf dem zerschossenen Rangierbahnhof noch ein Güterzug voll Flakmunition gefunden worden war. Dieser Fund kostete nach Meinung eines militärischen Gewährsmanns «den Amerikanern mindestens 1½ Tage Verzögerung»[16]. Als «persönlich verantwortlicher», d. h. letztlich mit seinem Kopf haftender Kampfkommandant war seit 15. April Oberst Richard Wolf, Ritterkreuzträger und Stalingradkämpfer, eingesetzt, der wenige Tage zuvor den Endkampf in Würzburg geleitet hatte.

Zahlreiche Brücken über die Rednitz westlich der Stadt, von woher man den Hauptangriff erwartete, jagte man am 16. April in die Luft (einige waren schon vorher gesprengt). Gegen Mittag erreichten amerikanische Panzer beim östlichen Vorort Erlenstegen erstmals die Stadtgrenze, weshalb um 12.45 Uhr durch Rundfunk, Lautsprecherwagen und die wenigen noch intakten Luftschutzsirenen das Signal «Feindalarm» ausgelöst wurde. Es bedeutete, daß sich die Bevölkerung «in Deckung begeben», d. h. Keller und Bunker aufsuchen sollte: der Endkampf um Nürnberg hatte begonnen. Zu diesem Zeitpunkt hausten im Stadtgebiet noch ca. 200000 Einwohner. Im Lauf dieses Tages drangen die Angreifer auch im Norden (Buchenbühl) und Südosten (Rangierbahnhofsiedlung) auf städtischem Gebiet vor. Für die Amerikaner überraschend griff die deutsche Luftwaffe, die als endgültig ausgeschaltet galt, nochmals ein. Jagdflugzeuge flogen zahlreiche Tiefangriffe mit Bomben und Bordwaffen gegen die Angriffsspitzen der 45. Division, konnten aber das Vordringen nicht ernstlich behindern. Anderntags begann das amerikanische Artilleriefeuer auf die Stadt. Eine telefonische Aufforderung zur Übergabe ließ Oberbürgermeister Liebel, der gegen die aussichtslose Verteidigung seiner Vaterstadt war, unbeantwortet – konnte sie nach Lage der Dinge wohl auch gar nicht annehmen. An allen Angriffsstellen kamen die Panzer und Infanterie der Angreifer voran, auch gegen den bei Almoshof, Lohe und der Südkaserne besonders heftigen Widerstand. Am Abend war die äußere deutsche Hauptkampflinie im Norden, Osten und Südosten der Stadt verloren.

96 *Die Titelseite der allerletzten während des Dritten Reiches in Nürnberg erschienenen Zeitung. Am Mittag dieses Tages (16. April) wurde durch Rundfunk, Lautsprecherwagen und die wenigen noch intakten Luftschutzsirenen für die Zivilbevölkerung das Signal «Feindalarm» gegeben: Amerikanische Panzer hatten die Stadtgrenze erreicht.* ▷

Der vorgeschobene Beobachter
Foto: PK.-Etzol.

8 Uhr-Blatt

Die große illustrierte Abendzeitung Süddeutschlands

Montag, 16. April 1945 ★ ★ ★

USA. beanspruchen Vorherrschaft auf den Meeren

„Freudenbotschaft" für England

Madrid. Der Präsident der [illegible], [illegible], Basil Harris, erklärte in einer Rede, daß die USA ihre „gigantische Kriegsflotte" nach dem Krieg in vollem Umfang aufrechterhalten würden", da die Geschichte der USA unzertrennlich mit der Vorherrschaft zur See verknüpft seien. Eine Rede, über die sich die abgetakelten britischen „Beherrscher der Meere" besonders freuen werden.

27. Jahrgang | Bezugspr. 2,20 RM mtl. einschl. Zust. Postbez. (einschl. 18 Pfg. Zustellgeb.) mit 2,20 RM. zuzügl. 36 Pfg. Bestellg. Einzelverk. 10 Pfg. ausw. 15 Pfg. | Nr. 87

Kapitulation bedeutet Verschwinden Deutschlands

Das deutsche Volk denkt nicht daran, durch Kapitulation die Politik der Auslöschung zu verwirklichen

Bern, 16. April. Der französische Rechtsgelehrte und ehemalige Minister Bastide schreibt in der Zeitung „Aurore", daß die bedingungslose Kapitulation nach neuen amtlichen Andeutungen das Verschwinden Deutschlands zur Folge haben werde. Diese juristische Definition der Kapitulation deckt sich absolut mit den feindlichen Vernichtungs- und Ausrottungsplänen, die das deutsche Volk aus den Ankündigungen der alliierten Kriegsverbrecher und insbesondere aus dem Komplott von Jalta seit langem kennt. Daß das deutsche Volk nicht daran denkt, durch Kapitulation die Handhabe zur Verwirklichung dieser Politik der Auslöschung unseres Reiches und Volkes zu bieten, wird auch im Feindlager von Tag zu Tag mehr erkannt. Die französische Zeitung „Les Allobroges" schreibt: „Es wird keine deutsche Kapitulation geben. Alliierte Bomben und Kanonen können wohl die Reste deutscher Ruinen pulverisieren, niemals aber den Nationalsozialismus zum Verschwinden bringen."

In einem Dörfchen an der Westfront hat sich dieser vorgeschobene Posten hinter der Mauer eines zerstörten Hauses zur Verteidigung eingerichtet
PK.-Aufn. Kriegsber. Wehmeyer HH.

Abwehrkämpfe und Gegenangriffe an allen Fronten

Wechselvolle Kämpfe in den Niederlanden, in Mitteldeutschland, in Mainfranken und am Oberrhein

Berlin, 15. April. Das Schwergewicht der Kämpfe mit den angreifenden Amerikanern lag am Samstag im mitteldeutschen Raum zwischen Magdeburg und Chemnitz. Aber auch im rheinisch-westfälischen Industriegebiet und auf den Flanken, hier vor allem in Mainfranken, im Schwarzwald und in den Niederlanden standen unsere Abwehrlinien unter starkem feindlichen Druck. An den Brennpunkten führten unsere Verbände kräftige Gegenangriffe.

Südlich Magdeburg, dessen Westrand unter Artilleriebeschuß liegt, zerschlugen sie einen feindlichen Elbe-Brückenkopf und sind im weiteren Angriff gegen neu übergesetzte nordamerikanische Kräfte. Im Mündungsgebiet von Saale und Mulde brachten sie den vom Feind beabsichtigten Stoß auf Dessau zum Stehen. Dem zwischen Saale und Elster nach Norden vordrängenden Feind rissen unsere Panzer die Flanke auf, so daß die auf Leipzig zielenden Vorstöße scheiterten. Auch der längs der Autobahn Jena—Chemnitz angreifende nordamerikanische Panzerverband mußte sich zum Ausgleich seiner Verluste mehrere Male neu formieren, bis er den Westteil von Chemnitz erreichte. Hart südlich und nördlich der Autobahn behaupteten sich jedoch unsere Stützpunkte, so daß die schmale Einbruchsschleuse zwei lange empfindliche Flanken behielt.

Im Norden und Süden der Westfront wurde ebenfalls wechselvoll gekämpft. Während unsere Truppen im Allerabschnitt die auf Uelzen vorgedrungene feindliche Panzergruppe zurückschlugen und östlich der Ems den nach Norden vorfühlenden Feind abwiesen, machten unsere Verbände auch auf dem Südflügel dem Feind seine Bodengewinne streitig. In der Fränkischen Schweiz entwickelten sich aus unseren Angriffen bei Bamberg und feindlichen Vorstößen auf Bayreuth schwere noch andauernde Gefechte.

Wie in Mainfranken dauern die wechselvollen Kämpfe auch im nördlichen Schwarzwald zwischen oberer Enz und dem Oberrhein an. Die im Gebirge geführten feindlichen Angriffe scheiterten. Am Westrand des Schwarzwaldes konnte der Gegner jedoch in unsere Sperriegel eindringen. Unsere Gegenstöße zur Abriegelung der bis Renchen vorgedrungenen Panzerspitzen sind noch im Gange.

Im Gegensatz zum Westen brachten die wechselvollen Kämpfe im Osten nur geringe Veränderungen der Lage. Das Hauptereignis war das wieder auflebende Ringen an der Oder beiderseits Küstrin und Frankfurt. Die an mehreren Stellen mit starken Kräften, aber örtlich begrenzten Zielen angreifenden Sowjets verloren fast 100 Panzer, ohne vorwärtszukommen. An den bisherigen Schwerpunkten hielten die Bolschewisten ihren Druck ebenfalls aufrecht.

Im Südabschnitt zwischen Drau und oberer Neutra wiesen unsere Truppen und Volkssturmeinheiten den Feind in zahlreichen Gegenangriffen ab. Die Verteidiger von Breslau behaupteten ihre Stellungen, und im Samland warfen unsere Grenadiere die zunächst bis Großheidekrug vorgedrungenen Bolschewisten mehrere Kilometer nach Nordosten zurück.

Wie im Osten haben die Kämpfe in Italien ebenfalls weitere Frontabschnitte erfaßt.

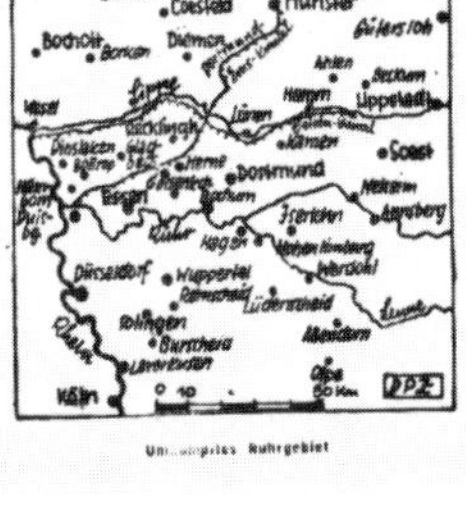

[illegible] Ruhrgebiet

Roosevelt beigesetzt

Stockholm, 15. April. Wie aus Hyde-Park gemeldet wird, wurde Roosevelt am Sonntagmorgen in dem Garten zwischen dem Sitz seiner Familie und der Franklin-Bibliothek in Gegenwart seiner Familienangehörigen sowie zahlreicher Staatsbeamter und Wehrmachtangehöriger beigesetzt.

Die Konferenz der Konferenzen

San Franzisko als Plan und Wirklichkeit — Das Grab für die Unabhängigkeit und Freiheit der kleinen Staaten

J. **Berlin, 15. April.**

Noch zehn Tage, dann soll in San Franzisko jene Konferenz steigen, von der Roosevelt, Churchill und Stalin sich bei ihrem Treffen in Jalta die größte weltpolitische Auswirkung aller Zeiten erhofften. Sie sollte den verbrecherischen Krieg der plutokratisch-bolschewistischen Koalition triumphal krönen und das Fundament zu einer Nachkriegsorganisation legen, die man hochtragend „Weltsicherheitsorganisation" nennen, in Wirklichkeit aber zur Organisation einer Weltdiktatur der plutokratisch-bolschewistischen Verschwörung machen wollte. In die 48 Nationen sollten eingeladen und durch Zustimmung zu den geplanten Beschlüssen mitverantwortlich für die Errichtung der Herrschaft der Gewalt gemacht werden.

Inzwischen hat sich jedoch militärisch und politisch allerhand ereignet, das von vornherein die Konferenz von San Franzisko zum Scheitern verurteilt. Militärisch wurden zwar sichtbare Erfolge gegen Deutschland erzielt, aber — und das ist der entscheidende Punkt — der erträumte Sieg ist wieder einmal dank des heroischen Widerstandes des deutschen Volkes in weitere Ferne gerückt, so daß man von einem Kriegsende bis Konferenzbeginn nicht mehr zu sprechen wagt. Hier hat also das deutsche Volk mit der Waffe in der Hand seinen Feinden das Konzept gehörig verdorben.

Dazu sind andere Momente gekommen, die sensationellen Charakter tragen. Da ist zunächst das stürmische Vordringen der Sowjets zur Oderlinie und die militärische Bedrohung des ganzen europäischen Festlandes durch die Sowjetunion, die politisch im Eiltempo die Chancen ihrer militärischen Machtausweitung radikal auszunutzen sucht, wie es u. a. das Vorgehen gegen die Türkei zeigt. Weiter spielt die Lösung der Polenfrage im ausgesprochenen Sinne eine nicht wenig aufregende Rolle im Ausblick auf San Franzisko, wozu ferner die aufregende Auseinandersetzung der zurückliegenden Tage über den Abstimmungsmodus kommt, die ihre ernsten Spuren zurückgelassen und mit einer neuen weltblamagen Kapitulation der Washingtoner und Londoner Regierung vor dem Kreml geendet hat. Schließlich ist die von Tag zu Tag uninteressierte Haltung der Sowjetunion zu verzeichnen, die ihren Höhepunkt darin erreichten, daß der Kreml entschied, nur einen Diplomaten dritter Garnitur nach San Franzisko zu entsenden. Diese Diskriminierung der britischen und USA.-Regierung ging selbst in London und Washington auf die Nerven.

Die Stimmen häufen sich, daß San Franzisko eigentlich von vornherein ein Fehlschlag sein werde. Es fiel bereits das Wort von der Konferenz von San Fiasko. Zumindest aber steht fest, daß sie eine Konferenz der Konferenzen sein wird, wie der Berater der USA.-Delegation für die Zusammenkunft, John Foster Dulles, es mit dem Hinweis sagte, die Konferenz werde lediglich der Auftakt großer Serien von jahrelangen Konferenzen sein! Das also ist praktisch das, was die plutokratisch-bolschewistischen Verschwörer der Welt zu bieten haben. Das ist die Wirklichkeit gegenüber den hochtrabenden Ankündigungen von Jalta!

Mit Entsetzen sehen die zahlreichen mittleren und kleinen Nationen bereits, daß ihre Unabhängigkeit und Freiheit zugunsten einer Weltdiktatur der Gewalt begraben werden soll.

Nun, die nächsten zehn Tage werden noch manch bedeutsames Ereignis bringen. Trotz des Ablebens Roosevelts will man an San Franzisko festhalten, das sich heute schon wie ein Embryo unter Alkohol darstellt.

Der gestrige Wehrmachtbericht:

Heftige Begegnungsgefechte in der Fränkischen Schweiz

Aus dem Führerhauptquartier, 15. April. Das Oberkommando der Wehrmacht gibt bekannt:

Zwischen Drau und Donau hielten die schweren Abwehrkämpfe an. Bei schwungvollen Gegenangriffen nordöstlich St. Pölten vernichteten unsere Truppen 20 Panzer. Westlich der March wurden starke feindliche Angriffe abgeschlagen, zum Teil auch nach anfänglichem Geländeverlust aufgefangen. Der in Mannhardtbrunn eingedrungene Gegner wurde durch ein Volkssturmbataillon der Hitler-Jugend wieder geworfen. Wiederholte bolschewistische Angriffe zwischen der March und dem Quellgebiet der Neutra scheiterten. Durch Gegenangriffe gelang es, verschiedene Einbruchstellen einzuengen. Die tapferen Verteidiger von Breslau wehrten auch gestern starke Angriffe gegen die Westfront der Festung ab. Zwischen der Neißemündung und dem Oderbruch führten die Sowjets zahlreiche Angriffe, die besonders westlich Küstrin durch starken Panzereinsatz unterstützt waren. Unsere Divisionen wiesen die Bolschewisten ab und vernichteten in harten Kämpfen 98 Panzer. Artillerie belegte Bereitstellungen und Aufmarschräume des Feindes wirkungsvoll mit schwerem Feuer.

Auf der westlichen Weichselniederung werden wechselvolle Kämpfe bei Großwalde gemeldet. An der Samlandfront wurden die Bolschewisten mehrere Kilometer nach Osten zurückgeworfen. Unseren Nordflügel dagegen konnte der Feind nach schweren Kämpfen geringfügig zurückdrängen.

In Holland kamen die bei Arnheim und Deventer angreifenden Kanadier trotz starker Artillerie- und Fliegerunterstützung nicht über örtliche Erfolge hinaus. Nach Norden sind Aufklärungskräfte bis in den Raum von Groningen vorgestoßen.

Zwischen Ems und unterer Elbe blieb die Lage im wesentlichen unverändert. Starke Angriffe auf Verden an der Aller und Aufklärungsvorstöße gegen Uelzen wurden unter Abschuß zahlreicher Panzer zurückgeschlagen.

Südöstlich Magdeburg warfen Grenadiere die über die Elbe vorgedrungenen Amerikaner auf ihre Uebersetzstellen zurück und brachten zahlreiche Gefangene ein. Südlich davon sind Gegenangriffe gegen weitere Brückenköpfe im Gange.

An der Ruhr im Bergischen Land setzte der Feind seine Durchbruchsversuche auch gestern unter stärkstem Materialeinsatz fort. Trotz tapferer Gegenwehr unserer Truppen konnten die Amerikaner ihren Einbruchsraum nordwestlich Lüdenscheid erweitern.

Im West- und Südharz drängte der Gegner in schweren Wald- und Gebirgskämpfen unsere Sperrgruppen zurück.

Die Abwehrschlacht in Mitteldeutschland nahm gestern an Ausdehnung und Heftigkeit zu. Südlich Bernburg erzwang eine stärkere amerikanische Kampfgruppe den Saaleübergang und stieß nach Osten vor. Jagdkommandos griffen den Feind in den Flanken an und fügten ihm empfindliche Verluste zu. Die auf Leipzig und Chemnitz vordringenden Angriffsspitzen wurden von Eingreifreserven und Flakkampftrupps im Vorfeld der Städte zum Stehen gebracht. Im Rücken des Feindes leisten noch zahlreiche Stützpunkte zähen Widerstand und binden dadurch starke Kräfte des Gegners. Im Verlauf der erbitterten Kämpfe wurde eine feindliche Panzerabteilung im Gegenangriff zersprengt. Sie verlor 22 Kampfwagen.

In der Fränkischen Schweiz entwickelten sich heftige Begegnungsgefechte mit überlegenen amerikanischen Panzerkräften. Durchgebrochene Panzerrudel drangen in Bayreuth ein.

Am linken Flügel der Westfront erzwang der Gegner unter hohen Menschen- und Panzerverlusten erneut mehrere Einbrüche südwestlich Baden-Baden.

Nach bisherigen Meldungen verloren die Anglo-Amerikaner gestern an der Westfront 94 Panzer.

In Italien haben sich die Kämpfe südwestlich des Comacchio-Sees an den Sillaro verlagert. An einigen Stellen auf das Westufer des Flusses übergesetzte Kräfte wurden durch sofort angesetzte Gegenstöße wieder geworfen.

Im Mittelabschnitt der Südfront nahm der Feind nach starker Artillerievorbereitung gestern seine Angriffe gegen unsere Bergstellungen südwestlich Vergato wieder auf. Er wurde bis auf geringfügige Einbrüche verlustreich abgeschlagen.

Auch an der ligurischen Küste gehen die Kämpfe mit gleicher Heftigkeit weiter. Während der Gegner beiderseits der Küstenstraßen im wesentlichen abgewiesen wurde, konnte er nördlich Carrara in unser Hauptkampffeld eindringen.

In Syrmien haben unsere Truppen in tagelangen schweren Kämpfen mit scharf nachdrängenden Bandenkräften neue Stellungen bezogen und zahlreiche Umfassungs- und Durchbruchsversuche des Gegners abgeschlagen.

Schwache amerikanische Kampfverbände bombardierten einige Orte in der Ostmark. Potsdam, die historische Residenz Friedrichs des Großen, war das Ziel eines nächtlichen britischen Terrorangriffs. Erhebliche Teile der Altstadt mit ihren zahlreichen historischen Bauten, darunter die Garnisonskirche, wurden vernichtet. Die Personenverluste sind erheblich. Außerdem wurden Bomben auf die Reichshauptstadt und das norddeutsche Küstengebiet geworfen.

97 Am 16. April 1945 begann der Endkampf um «die deutscheste aller Städte», wie Holz noch ins Führerhauptquartier funken ließ. Die deutschen Verteidiger – eine dürftige Streitmacht aus zahlreichen Truppenteilen und Restverbänden – befanden sich gegenüber den drei angreifenden vollmotorisierten US-Divisionen von Anfang an in aussichtsloser Lage. Im Bild: US-Truppen beim Vordringen im Norden der Stadt (Bildangabe: Buchenbühl).

Am 18. April – abermals ein heller, warmer Frühlingstag – steigerte sich der deutsche Widerstand. Längs einiger großer Straßen im Norden, Osten und Südosten (Bucher-, Rollner-, Bayreuther-, Sulzbacher-, Ostend-, Regensburger Straße) tobten erbitterte Straßenkämpfe vor allem mit SS und Luftwaffensoldaten. Die Amerikaner mußten sogar Reserven einsetzen. Im Lauf dieses Tages schlossen sie den Umfassungsring auch im Süden der Stadt und kämpften die letzten Flakstellungen nieder. Am Abend standen sie an mehreren Stellen in unmittelbarer Nähe des alten Stadtmauerrings. In der Nacht mußte die Führungsspitze der Verteidiger ihre Befehlsstelle im Paniersplatzbunker räumen, da die Dämpfe amerikanischer Phosphorgranaten eindrangen. Sie zog sich in den Palmenhofbunker in der Innenstadt zurück. Aus der an zahlreichen Stellen brennenden Stadt ließ Holz ins Führerhauptquartier funken, er werde «in dieser deutschesten aller Städte bleiben, kämpfen und fallen»[17] – zum Unglück für die leidende Bevölkerung. In seiner Antwort verlieh Hitler dem bis zum Untergang fanatischen Gauleiter für sein «heldenhaftes Wirken» einen der höchsten Orden.
Nachdem in den Morgenstunden des 19. April Nürnbergs Nachbarstadt Fürth kampflos übergeben war, drang von Westen her die 42. US-Division auch in die westlichen Nürnberger Stadtteile ein. Sie wurde zu diesem Zeitpunkt dem XV. Korps unterstellt; für den Endkampf kam der gesamte Nürnberger Kampfraum unter einen einheitlichen Oberbefehl. Im vorderen Johannis, beim Maxtor und Laufer Tor, in Hauptbahnhof- und Plärrernähe wurde vielfach nicht nur um Straßen, sondern selbst um einzelne Häuser gekämpft. Deutsche Scharfschützen machten den Amerikanern schwer zu schaffen. Dennoch konnten sich die Angreifer gegen teilweise verbissenen Widerstand bis zum Abend an vielen Stellen bis zum allerletzten Bollwerk der Stadt, an den Stadtgraben und die Stadtmauer, herankämpfen. Der heftige, oft stundenlange Beschuß mit Artillerie- und Panzergranaten konzentrierte sich auf die Altstadt und richtete dort in den letzten Tagen und Stunden des Widerstands noch weitere Verwüstungen an. Am 19. oder 20. April erhielten auch noch die Türme von St. Sebald Artillerietreffer. Zwei Tage lang brannten die Türme; ihre acht alten Bronzeglocken, die wegen ihres großen Kunstwertes nicht hatten abgeliefert werden müssen, gingen nun restlos zugrunde. Holz führte persönlich Stoßtrupps gegen gegnerische Panzereinbrüche und sandte in der Nacht zum 20. April seinen letzten Funkspruch an Hitler mit Glückwünschen zu dessen Geburtstag. In dieser Nacht nahm Oberbürgermeister Liebel im Befehlsbunker der Verteidiger sich selbst das Leben. (Eine spätere Behauptung, Holz habe Liebel im Streit erschossen, wurde 1956 vor Gericht widerrufen – Streichers gehässige Version, er selbst habe seinen Intimfeind noch kurz vor dem Ende «um die Ecke bringen lassen», ist völlig unglaubwürdig[18].)
Als Folge des zähen Widerstands von SS, HJ und Volkssturm und der anhaltenden amerikanischen Beschießung stockte in dem weitläufigen Bunkersystem unter Paniers- und Webersplatz, wo Tausende teilweise schon seit Wochen hausten, die Essens- und Trinkwasserversorgung. Die Zustände wurden in den unterirdischen Felsenkellern unerträglich. Da arbeitete sich ein mutiger Funktionär der Technischen Nothilfe, nachdem die vorgeschlagene Übergabe an die Amerikaner von der deutschen Kampfführung ausdrücklich

98 *Am Abend des dritten Kampftags standen die angreifenden Amerikaner an mehreren Stellen bereits dicht an der letzten deutschen Verteidigungsstellung, dem alten Stadtmauerring. In der Nacht mußte die Führungsspitze von Gauleitung und Stadtverwaltung ihre Befehlszentrale im Bunker Paniersplatz räumen und sich in ihr letztes Refugium, den Palmenhofbunker beim Polizeipräsidium zurückziehen.*
Im Bild: Blick in einige Räume des Tiefbunkers Paniersplatz.

99 *Vier Tage lang dauerte der befohlene Widerstand. Erbittert wurde um einzelne Straßen, in manchen Fällen selbst um einzelne Häuser gekämpft. Artillerie- und Panzerbeschuß der angreifenden Amerikaner vollendeten das Verwüstungswerk der Luftangriffe. Nochmals verloren Hunderte von deutschen Zivilisten das Leben.*
Im Bild: US-Infanteristen am Hallplatz bei der zerstörten Mauthalle (wahrscheinlich am 20. oder 21. April).

abgelehnt wurde, mitten in der Nacht auf eigene Faust zu den Amerikanern durch und erreichte tatsächlich ein Ende des Artilleriefeuers und eine kampflose Besetzung des Felsenkellersystems mit seinen Tausenden von verängstigten und gepeinigten Insassen.

In den frühen Morgenstunden des 20. April räumten die Verteidiger die Burg. Auch der Kampfkommandant der Stadt schätzte nunmehr die Lage als unhaltbar ein und ließ an alle Einheiten das Einstellen des Kampfes funken. Zu einer förmlichen Übergabe Nürnbergs konnte er sich aber nicht entschließen. Daraufhin kapitulierten im Lauf des Tages die meisten Verteidiger; die Amerikaner besetzten und säuberten bei immer geringer werdendem Widerstand die Innenstadt und einige übrig gebliebene Stadtteile im Westen und Südwesten (so Gostenhof, Schweinau, Eibach). Während die abgekämpften, todmüden Verteidiger gesammelt und kolonnenweise in Gefangenschaft geführt wurden, verschanzte sich Holz mit mehreren Parteifunktionären und einigen hundert

Mann Militär und Polizei im Gebäude des Polizeipräsidiums (Deutschhauskaserne) und ließ den aussichtslosen Widerstand ohne Rücksicht auf die Zivilbevölkerung fortsetzen. Holz ließ sogar auf deutsche Polizisten schießen, die sich in Gefangenschaft begeben wollten[19]. Am späten Nachmittag fand er bei den fortdauernden Kampfhandlungen den Tod; auch Polizeipräsident Kuschow wurde später tot aufgefunden. Dann ergaben sich auch hier die übriggebliebenen Kämpfer. An manchen Stellen der Innenstadt war noch länger vereinzelt Gefechtslärm zu hören. (Im Süden der Stadt scheinen einzelne kleine Gruppen bei ihren Ausbruchsversuchen teilweise bis zum 24. April gekämpft zu haben.) Auf dem bisherigen Adolf-Hitler-Platz, wo bis Kriegsbeginn bei den alljährlichen Reichsparteitagen uniformierte SA- und SS-Männer stundenlang bei dröhnender Marschmusik an Hitler vorbeigezogen waren, hißte am Abend des 20. April 1945 – Hitlers letztem Geburtstag – die siegreiche 3. US-Division die amerikanische Flagge. An der gleichen Stelle fand

100 *An dieser Stelle fanden am 20. April 1945 die letzten größeren Kampfhandlungen statt. Vom Gebäude des Polizeipräsidiums aus (links im Bild) ließ Holz den sinnlosen Widerstand fortsetzen, bis er am Spätnachmittag selbst fiel. Die Leiche des Polizeipräsidenten fand man später bei der angrenzenden Elisabethkirche (Aufnahme vom Mai 1946).*

GERMANY EDITION
Volume 1, Number 17
Saturday, April 21, 1945

THE STARS AND STRIPES
Daily Newspaper of U.S. Armed Forces in the European Theater of Operations

Adolf Hitler was 56 years old yesterday. It's a good bet he won't have a 57th birthday.

Nurnberg Taken by 7th Army

Foe Reports Reds 7 Miles From Berlin

Russian troops before Berlin are only seven miles from the city's outskirts, while to the south other Red Army forces pushed from their Neisse River bridgehead to reach the area of Senftenberg, 45 miles from Yanks at Wurzen, German sources reported last night.

The Red spearheads before Berlin were said to have Hangelsberg and Strausburg, only seven and eight miles from Greater Berlin respectively.

Approaching Dresden

Soviet reports placed their spearheads within 20 miles of Dresden, in partial confirmation of German acknowledgement earlier that Red Army units had captured Bautzen, 25 miles northwest of the city. It is in the Dresden area, German commentators have repeated, that the Yanks and Reds will link up.

Moscow caught up with Nazi announcements on the progress of Russian troops northeast of Berlin in its midnight communique, which told of the seizure of Seelow, 25 miles east of Berlin, and Wriezen, 22 miles northeast, both reported by the Nazis Thursday to have fallen to Russian elements. The Soviet communique added that Bad Freienwalde, 18 miles northeast of Berlin, had also been won.

Heavy Red Army attacks were reported on the lower Oder River between Greiffenhagen and Stettin, where the Germans admitted that all defensive forces had been withdrawn to the west of the river.

Souvenir Hunters Foul G-2's Hunt for Records

WITH THE 1ST ARMY, April 20—Souvenir-hunting soldiers are unwittingly impeding the work of Army intelligence officers seeking information in captured Gestapo and army headquarters in Germany, officials said today.

Vital files have been lost or destroyed by rummaging soldiers who didn't realize their importance. In one case intelligence officers had to search for three days through a pile of rubble in a backyard of a Gestapo headquarters to find badly needed lists thrown out of the windows by soldiers.

Ring Tightens on Bologna

The 8th Army's drive toward Ferrara, which would cut off Bologna from the northeast, gained yesterday. Direct attacks by both the 8th and 5th Armies were meeting stiff resistance.

British Near Hamburg; French Gain

All organized resistance in Nurnberg, the shrine of Nazidom, ended late yesterday as 7th Army troops reduced the city's stubborn resistance to isolated sniper fire.

While the center of the long front remained static except for 3d Army's strengthening its force in Czechoslovakia, the British 2d Army sent an armored division high-balling across the north German plain to reach Harburg, the section of Hamburg west of the Elbe, and cut the main highway linking Hamburg and Bremen, the Nazis' two greatest ports.

On the southern front, forces of the U. S. 7th and 1st French Army were enveloping Stuttgart. One French column struck deep into southern Germany to reach Rottweil, 30 miles from Lake Constance and the Swiss border.

French and American columns which had by-passed Stuttgart on the west and east were 30 miles apart. Their link-up would trap fairly strong enemy forces in the Stuttgart area.

Nurnberg, entered on Monday by the 45th Div., fell after four days of battle. Frontline reports said elements of three divisions, the [illegible], 42d and 45th, were in at the kill although the main squeeze had come from the 3d and 45th.

In the 7th Army's southern sec-

(Continued on Page 4)

Ruhr Battle Full Success, Ike Asserts

Twenty-one enemy divisions were eliminated and more than 317,000 prisoners captured in the battle of the Ruhr, which has ended "with complete success," Gen. Eisenhower reported yesterday in an order of the day to the American Expeditionary Force.

The Supreme Commander said the Ruhr victory was a fitting prelude to the final battle to crush the ragged remnants of Hitler's armies of the West, "now tottering on the threshold of defeat."

Outlining the envelopment of the vital industrial area through the combined efforts of the 6th, 12th and 21st Army Groups, Gen. Eisenhower said that Allied forces fully encircled German Army Group D and two corps of Army Group H, "whose mobility was rendered almost zero by our magnificent and tireless air forces."

In the pockets thus created, he asserted, the 12th Army Group wiped out the 21 divisions, including three panzer, one panzer-grenadier and three parachute divisions. Twenty-one generals and one admiral were taken in the trap, and many tanks and more than 750 guns were destroyed or taken.

8th Captures A Road Hub

ROME, April 20 (Reuter)—Eighth Army troops today held Porto Maggiore, junction of roads and railways between Rome and Ferrara, after a three-mile advance to the Argenta Gap and hours of house-to-house fighting.

Seizure of Porto Maggiore put 8th Army troops within 12 miles of Ferrara and opens Bologna to attack from the northeast. Today's communique said Allied troops hold a solid line from Lake Comacchio to Porto Maggiore.

The 5th and 8th Army drives directly on Bologna made little progress yesterday. The 8th above Imola enlarged its bridgehead over the Balana Canal, while 5th Army troops to the southwest captured Monte San Michele, nine miles below Bologna.

Heavy bombers today attacked ahead of the 8th Army and also at targets in the Brenner Pass. Light bombers also crossed the Alps to hit rail lines south of Munich, mediums concentrated on the Bologna-Ferrara area and fighters were over the battle sectors.

Heavies Rip Berlin Area

Eighth AF heavies numbering about 600 Friday struck at seven railroad towns in an arc from 15 to 35 miles from Berlin as 300 others pummeled targets between Munich and Prague in an effort to cut off enemy escape routes into the southern stronghold.

While the smaller force of bombers hammered Germany's remaining north-south rail connections for the fifth consecutive day, the other formations scourged marshalling yards and rail facilities on all sides of Berlin except that on which the Russians are fighting. Eight hundred fighters escorted the two groups.

The heavies hit objectives at Brandenburg, 35 miles west of Berlin, Seddin, southwest of the capital; Oranienburg, twenty miles northward; Nauen, twenty miles northeastward and several other communities including Wustermark.

In the southern operation, the bombers blasted Zweisel, Muhldorf and Irrenloeh in Germany and Klatovy in Czechoslovakia. Ninth AF airmen attacked an oil depot at Beggendorf, the ordnance depot at Starubi and Straubing, both in the Bavarian forest, and railyards at Memmingen, 70 miles west of Munich.

'My Day' Resumed

NEW YORK, April 20 (ANS)—Mrs. Franklin D. Roosevelt has resumed her column "My Day" with these words: "When you have lived for a long time in close contact with the loss and grief which today pervades the world, any personal sorrow seems to be lost in the general sadness of humanity.

"There is only one way in which those of us who live can repay the dead who have given their utmost for the cause of liberty and justice," Mrs. Roosevelt wrote. "They died in the hope that through their sacrifice, enduring peace would be built and a more just world would emerge for humanity."

Isle Seized Near Borneo

MANILA, April 20 (ANS)—Invasion and capture of the island of Balabak, only 45 miles north of Borneo, and the fall of Catabato, capital of the southern Mindanao province of the same name, were announced today by Gen. MacArthur.

An unopposed landing on Balabak Wednesday by 41st Div. troops gave the Yanks a second jump-off point for possible invasion of oil-rich Borneo. Tawi-Tawi Island, 30 miles east of Borneo, already has been taken.

On Mindanao, the 24th Div., which landed on the west coast Tuesday, drove 22 miles from its beachhead to within 52 miles of Davao, major port of the southern Philippines.

Lawmaker to Press For Infantry Bonus

WASHINGTON, April 20 (ANS)—Retroactive pay bonuses for all front-line combat infantrymen in this war were urged yesterday by Rep. Samuel A. Weiss (D-Pa.) as a "tribute to Ernie Pyle."

The Weiss bill was introduced originally in line with suggestions made in dispatches by Pyle.

Ernie Pyle To Be Buried Among His Friends – the GIs

OKINAWA, April 20 (ANS)—Ernie Pyle, killed Wednesday in a Jap ambush on Ie Island, off Okinawa, will be buried there tomorrow with simple military honors. Ernie will lie among the soldiers he praised and who, like him, died in action.

The correspondent had a premonition that he would meet death in the Okinawa campaign, friends revealed today. They had attempted to persuade him to go back to the States but he was determined to stick out this invasion before going home. After that, he had promised, he would return.

Ernie was on his way to the front in a jeep when he came to a crossroad a mile behind the line. A hidden Jap machine gun opened up. Ernie and his companion, Lt. Col. Joseph B. Coolidge, regimental comander leaped from the car and into a ditch.

After the firing ceased, Coolidge raised his head from the ditch and looked around. Pyle did the same—and the Jap MG opened up again. Three slugs went through his head. It was quick.

Coolidge crawled back to report the correspondent's death, and four soldiers attached to a graves registration detail volunteered to go

(Continued on Page 3)

Allies' PW Bag Reaches 2,055,575

SHAEF, April 20—Prisoners of war figures released at Supreme Headquarters disclosed that 2,055,575 Germans had been captured since D-Day by Allied armies in Europe. Of this total, 790,778 were captured in the period from April 1 to April 17.

In the Ruhr pocket alone, troops of the 1st and 7th U. S. armies took 266,806 prisoners. The 1st captured 220,225 and the 9th, which had been operating at the north of the pocket only, took 46,581.

On April 16 the 1st Army took 97,118 prisoners, highest total for a single day's take.

Krauts Flee By Tram, Neglect to Pay Fare

LEIPZIG, April 20—German soldiers defending Leipzig made one of the first "retreats by street car" in military history.

Fifteen of the city's defenders fought on in a suburban village until convinced their assignment was hopeless. Then they hitch-hiked a ride on a streetcar running back into the city.

Some German troops wrote their own discharges from the army and succeeded in having officers sign them before the Americans caught up with them.

101 *«Nürnberg von der 7. Armee eingenommen» meldete die Zeitung der US-Streitkräfte in Europa am 21. April 1945 in großer Aufmachung. «Jeglicher planmäßige Widerstand», hieß es in den militärischen Nachrichten, «endete in Nürnberg, dem heiligen Schrein des Nazitums, am gestrigen späten Abend, als die Truppen der 7. Armee den hartnäckigen Widerstand der Stadt bis auf vereinzeltes Scharfschützenfeuer brachen. Nürnberg, von der 45. Division am Montag erreicht, fiel nach vier Kampftagen . . .»*

102 *Am 21. April 1945 veranstaltete die amerikanische Armee auf dem Hauptmarkt inmitten der Ruinenfelder der Altstadt eine große Siegesfeier. Tags zuvor hatte diese Stelle noch Adolf-Hitler-Platz geheißen.*
Im Bild: Vorbeimarsch vor der Ehrentribüne – im Hintergrund rechts die noch in den letzten Tagen des Endkampfs ausgebrannten Türme der St. Sebaldus-Kirche.

anderntags, im Beisein zahlreicher Kriegsberichterstatter und Fotografen, eine große Siegesparade vor den Oberbefehlshabern der 7. US-Armee und des XV. US-Korps, den Generalen Patch und Haislip, statt.
Während der Kampfhandlungen und in den ersten Tagen danach ging eine Welle von Plünderungen riesigen Umfangs durch die Stadt. Mit dem Zusammenbrechen jeglicher staatlichen und militärischen Ordnung kamen auch Zehntausende sogenannte «Fremdarbeiter» und Kriegsgefangene (Russen, Polen, Tschechen, Italiener) frei, die Zwangsarbeit für Deutschland geleistet hatten und sich nun für jahrelange Entbehrungen und Demütigungen schadlos hielten. Die Gepäckaufbewahrung im Hauptbahnhof, ganze Güterzüge im Rangierbahnhof, Vorratslager von Wehrmacht und Firmen, Keller von Kaufhäusern und Geschäften: alles wurde ausgeplündert. An dieser wahren Orgie von Plünderungen, die ihren Höhepunkt zwischen 17. und 24. April fand, beteiligten sich auch sehr viele deutsche Zivilisten. Sackweise, kofferweise, mit Leiterwagen, Pferdefuhrwerken, Kinderwagen raubte eine außer Rand und Band geratene Masse Mensch Lebensmittel, Delikatessen, Spirituosen, Rauchwaren, Textilien, Schuhe, Hausrat, Elektrogeräte und andere jahrelang entbehrte Dinge. Es kam zu Brandstiftungen – im Tiergarten wurden fast alle schlachtbaren Tiere getötet oder fortgetrieben – der Ausstattungsfundus des Opernhauses wurde ebenso ausgeraubt wie das Bakteriologische Institut im Städtischen Schlachthof, wo die Plünderer selbst vor verseuchtem Fleisch und virulenten Paratyphuskulturen nicht zurückschreckten. In Schutt und Trümmern lagen im April 1945 nicht

103 *«Nürnberg . . . Das war eine Stadt; und ist eine Schutthalde. Das war gemütlich-bürgerlich; und ist ein Grauen . . . Eine Häßlichkeit. Eine Trostlosigkeit . . . Eine Schutthalde». Der Weg zwischen St. Lorenz und St. Sebald ist «eine Seelenfolter», schrieb der berühmte Schriftsteller und Kritiker Alfred Kerr über sein Wiedersehen mit der verwüsteten Stadt.*
(Ein Ausschnitt dieses Weges – mit den Resten der Plobenhofstraße – ist hier im Bild.)

nur die meisten Gebäude der Stadt. Nach dem totalen Krieg war auch der Zusammenbruch total.

> «Dies war die Stadt, der Albrecht Dürer, Hans Sachs und Peter Vischer ein künstlerisches Erbgut hinterließen. Sie wählte stattdessen Hitler, und die letzten Spuren der alten Meister sind in dem Staub und der Asche der Stadt untergegangen, die einst Nürnberg war.»
>
> *(Aus einem Korrespondenten-Bericht vom 20. April 1945 für die deutschsprachige «New Yorker Staatszeitung und Herold»)*[20].

Die Bilanz von zwölf Jahren «Stadt der Reichsparteitage» sah für Nürnberg so aus: 8076 Luftkriegsopfer (davon 6111 deutsche Zivilisten), mindestens 682 Tote auf deutscher Seite beim Endkampf (davon 371 Zivilisten), 1626 umgebrachte jüdische Mitbürger. Über 90 % aller Wohnhäuser, öffentlichen und gewerblichen Gebäude waren zerstört oder beschädigt – über 90 %! Zwei weitere Zahlen mögen schlaglichtartig den heute

104 *Die «Stadt der Reichsparteitage» am Ende des Dritten Reiches im Frühjahr 1945. (Blick vom Nordturm von St. Lorenz auf die Ruinenfelder der östlichen Altstadt).*

nicht mehr vorstellbaren Grad der Verwüstung beleuchten: Von den 42 evangelischen Kirchen und Betsälen Nürnbergs war bei Kriegsende kein einziges Gebäude unbeschädigt. Im Straßennetz der Stadt klafften 1350 Bombentrichter. In Zahlen überhaupt nicht ausdrücken lassen sich die kulturellen, geistigen und moralischen Schäden. «Stadt der Reichsparteitage», Verkündigungsstätte der «Nürnberger Gesetze», Ort des Wütens von Julius Streicher und seiner Trabanten gewesen zu sein: daran werden Nürnberg und seine Bewohner noch lange Zeit zu tragen haben.

Quellen

Archivbestände:
BA = Bundesarchiv Koblenz
BDC = Berlin Document Center
BHStA = Bayerisches Hauptstaatsarchiv München
IfZ = Institut für Zeitgeschichte München
StadtAN = Stadtarchiv Nürnberg
StAN = Staatsarchiv Nürnberg

Fränkische Feldpost. Soldatenzeitung des Gaues Franken. Nürnberg 1943–44
«Halts Maul – sonst kommst nach Dachau!» Frauen und Männer aus der Arbeiterbewegung berichten . . . Hrsg. von Sabine Asgodom. Köln 1983
Kleine Nürnberger Schau. Weihnachtsgabe der Stadt der Reichsparteitage Nürnberg an die Nürnberger Soldaten. Nürnberg 1940–41
Meldungen aus dem Reich. Auswahl aus den geheimen Lageberichten des Sicherheitsdienstes der SS 1939–1944. Hrsg. von Heinz Boberach. Neuwied 1965
Nürnberger Schau. Monatsschrift der Stadt der Reichsparteitage Nürnberg. Nürnberg 1939–42
Der Prozeß gegen die Hauptkriegsverbrecher vor dem Internationalen Militärgerichtshof. Band 28. Nürnberg 1948
Rechenschaftsbericht der Stadt der Reichsparteitage Nürnberg 1938/39. Nürnberg 1939

Zeitungen:
AUB = Acht-Uhr-Blatt Nürnberg
FK = Fränkischer Kurier Nürnberg
FTZ = Fränkische Tageszeitung Nürnberg
NZ = Nürnberger Zeitung
STÜ = Der Stürmer Nürnberg

Literatur

Baier, Helmut: Kirche in Not. Die bayerische Landeskirche im Zweiten Weltkrieg. Neustadt/Aisch 1979
Beer, Helmut: Widerstand gegen den Nationalsozialismus in Nürnberg 1933–1945. Nürnberg 1976
Campbell, James: The Bombing of Nuremberg. London 1973
Craven, W. F. / Cate, J. L.: The Army Air Forces in World War II. Vol. 3. Chicago 1951
Fries, Konrad / Lincke, Julius: Der Kunstluftschutz in der Stadt Nürnberg während des Zweiten Weltkrieges. In: MVGN 66 (1979). S. 292 ff.
Grieser, Utho: Himmlers Mann in Nürnberg. Nürnberg 1974
Hahn, Fred: Lieber Stürmer. Leserbriefe an das NS-Kampfblatt. Stuttgart 1978
«Halts Maul – sonst kommst nach Dachau!» Frauen und Männer aus der Arbeiterbewegung berichten . . . Hrsg. von Sabine Asgodom. Köln 1983
Middlebrook, Martin: Die Nacht in der die Bomber starben. Der Angriff auf Nürnberg und seine Folgen für den Luftkrieg. Frankfurt/M. 1975
Mossack, Erhard: Die letzten Tage von Nürnberg. Nürnberg 1952
Müller, Arnd: Geschichte der Juden in Nürnberg. Nürnberg 1968
Mulzer, Erich: Die Ereignisse in den letzten Kriegsmonaten 1945 und die Besetzung in Nürnberg. (Maschinenschriftl. Zulassungsarbeit.) Erlangen 1953
Mulzer, Erich: Die Zerstörung der Nürnberger Altstadt im Luftkrieg. In: Nürnberger Altstadtberichte. Nr. 4/1979. S. 45 ff
Nadler, Fritz: Ich sah, wie Nürnberg unterging. Nürnberg 1972
Nadler, Fritz: Eine Stadt im Schatten Streichers. Nürnberg 1969
Nürnberg – Geschichte einer europäischen Stadt. Hrsg. von Gerhard Pfeiffer. München 1971
Rückkehr unerwünscht. Joseph Drexels «Reise nach Mauthausen» . . . Hrsg. von Wilh. Raimund Beyer. Stuttgart 1978
Schicksal jüdischer Mitbürger in Nürnberg 1850–1945. Nürnberg 1965
Schirmer, Hermann: Das andere Nürnberg. Antifaschistischer Widerstand in der Stadt der Reichsparteitage. Frankfurt/M. 1974
Schramm, Georg Wolfgang: Der zivile Luftschutz in Nürnberg 1939–1945. Nürnberg 1983
Schwemmer, Wilhelm: Die Bergung und Rückführung beweglicher Nürnberger Kunst- und Kulturgüter während des Zweiten Weltkriegs. In: MVGN 66 (1979). S. 304 ff.
Schwemmer, Wilhelm: Die Reichskleinodien in Nürnberg 1938–1945. In: MVGN 65 (1978). S. 397 ff
Webster, Charles / Frankland, Noble: The Strategic Air Offensive against Germany 1939–1945. Vol. 2 and 3. London 1961

Fotografierte
Zeitgeschichte
Droste

Robert Fritzsch

Nürnberg unterm Hakenkreuz

Im Dritten Reich 1933–1939

112 Seiten mit 99 Abbildungen, celloph. Einband
Droste-Reihe „Fotografierte Zeitgeschichte"

Was geschah in jenen Jahren 1933–1939 in Nürnberg? Wie sah der Alltag der Menschen aus? Wie bot sich Nürnberg dar, wenn Hunderttausende, Hitlers braune und schwarze Bataillone und besonders auch junge Menschen begeistert das nationalsozialistische Massenritual darbrachten?

Droste Verlag Düsseldorf